浙江大学文科高水平学术著作出版基金
中央高校基本科研业务费专项资金　资助

浙江学者丝路敦煌学术书系

敦煌石窟艺术

常书鸿 著

刘进宝 宋翔 编

ZHEJIANG UNIVERSITY PRESS

浙江大学出版社

图书在版编目（CIP）数据

敦煌石窟艺术 / 常书鸿著；刘进宝，宋翔编. —
杭州：浙江大学出版社，2022.1
（浙江学者丝路敦煌学术书系 / 柴剑虹，张涌泉，
刘进宝主编）
ISBN 978-7-308-21103-1

Ⅰ．①敦… Ⅱ．①常… ②刘… ③宋… Ⅲ．①敦煌石
窟－研究 Ⅳ．①K879.214

中国版本图书馆 CIP 数据核字（2021）第 030891 号

敦煌石窟艺术

常书鸿　著　刘进宝　宋　翔　编

责任编辑	胡　畔
责任校对	吴　超
封面设计	项梦怡
出版发行	浙江大学出版社
	（杭州市天目山路 148 号　邮政编码 310007）
	（网址：http://www.zjupress.com）
排　　版	浙江时代出版服务有限公司
印　　刷	浙江新华数码印务有限公司
开　　本	880mm×1230mm　1/32
印　　张	9.75
字　　数	288 千
版 印 次	2022 年 1 月第 1 版　2022 年 1 月第 1 次印刷
书　　号	ISBN 978-7-308-21103-1
定　　价	58.00 元

总　　序

　　浙江，我国"自古繁华"的"东南形胜"之区，名闻遐迩的中国丝绸故乡；敦煌，从汉武帝时张骞凿空西域之后，便成为丝绸之路的"咽喉之地"，世界四大文明交融的"大都会"。自唐代始，浙江又因丝绸经海上运输日本，成为海上丝路的起点之一。浙江与敦煌、浙江与丝绸之路因丝绸结缘，更由于近代一大批浙江学人对敦煌文化与丝绸之路的研究、传播、弘扬而令学界瞩目。

　　近代浙江，文化繁荣昌盛，学术底蕴深厚，在时代进步的大潮流中，涌现出众多追求旧学新知、西学中用的"弄潮儿"。20世纪初因敦煌莫高窟藏经洞文献流散而兴起的"敦煌学"，成为"世界学术之新潮流"；中国学者首先"预流"者，即是浙江的罗振玉与王国维。两位国学大师"导夫先路"，几代浙江学人（包括浙江籍及在浙工作生活者）奋随其后，薪火相传，从赵万里、姜亮夫、夏鼐、张其昀、常书鸿等前辈大家，到王仲荦、潘絜兹、蒋礼鸿、王伯敏、常沙娜、樊锦诗、郭在贻、项楚、黄时鉴、施萍婷、齐陈骏、黄永武、朱雷等著名专家，再到徐文堪、柴剑虹、卢向前、吴丽娱、张涌泉、王勇、黄征、刘进宝、赵丰、王惠民、许建平以及冯培红、余欣、窦怀永等一批更年轻的研究者，既有共同的学术追求，也有各自的学术传承与治学品格，在不同的分支学科园地辛勤耕耘，为国际"显学"敦煌学的发展与丝路文化的发扬光大作出了巨大贡献。浙江的丝绸之路、敦煌学研究者，成为国际敦煌学与丝路文化研究领域举世瞩目的富有生命力的学术群体。这在近代中国的学术史上，也是一个值得关注的现象。

始创于1897年的浙江大学，不仅是浙江百年人文之渊薮，也是近代中国社会科学与自然科学英才辈出的名校。其百年一贯的求是精神，培育了一代又一代脚踏实地而又敢于创新的学者专家。即以上述研治敦煌学与丝路文化的浙江学人而言，不仅相当一部分人的学习、工作与浙江大学关系紧密，而且每每成为浙江大学和全国乃至国外其他高校、研究机构连结之纽带、桥梁。如姜亮夫教授创办的浙江大学古籍研究所（原杭州大学古籍研究所），1984年受教育部委托，即在全国率先举办敦煌学讲习班，培养了一批敦煌学研究骨干；本校三代学者对敦煌写本语言文字的研究及敦煌文献的分类整理，在全世界居于领先地位。浙江大学与敦煌研究院精诚合作，在运用当代信息技术为敦煌石窟艺术的鉴赏、保护、修复、研究及再创造上，不断攻坚克难，取得了举世瞩目的成就，拓展了敦煌学的研究领域。在中国敦煌吐鲁番学会原语言文学分会基础上成立的浙江省敦煌学研究会，也已经成为与甘肃敦煌学学会、新疆吐鲁番学会鼎足而立的重要学术平台。由浙大学者参与主编，同浙江图书馆、浙江教育出版社合作编撰的《浙藏敦煌文献》于21世纪伊始出版，则在国内散藏敦煌写本的整理出版中起到了领跑与促进的作用。浙江学者倡导的中日韩"书籍之路"研究，大大丰富了海上丝路的文化内涵，也拓展了丝路文化研究的视野。位于西子湖畔的中国丝绸博物馆,则因其独特的丝绸文物考析及工艺史、交流史等方面的研究优势,并以它与国内外众多高校及收藏、研究机构进行实质性合作取得的丰硕成果而享誉学界。

现在,我国正处于实施"一带一路"倡议的起步阶段,加大研究、传播丝绸之路、敦煌文化的力度是其中的应有之义。这对于今天的浙江学人和浙江大学而言,是在原有深厚的学术积累基础上如何进一步传承、发扬学术优势的问题,也是以更开阔的胸怀与长远的眼光承担的系统工程,而决非"应景""赶时髦"之举。近期,浙江大学创建"一带一路"合作与发展协同创新中心,举办"丝路文明传承与发展国际学术研讨会",都是在新的历史条件下迈出的坚实步伐。现在,浙江大学组织出版这一套学术书系,正是为了珍惜与把握历史机遇,更好地回顾浙江学人的丝绸之路、敦煌学研究历程,奉献资料,追本溯源,检阅成果,总结经验,推进交流,加强互鉴,认清历史使命,展现灿烂前景。

浙江学者丝路敦煌学术书系编委会
2015 年 9 月 3 日

出版说明

　　本书系所选辑的论著写作时间跨度较长,涉及学科范围较广,引述历史典籍版本较复杂,作者行文风格各异,部分著作人亦已去世,依照尊重历史、尊敬作者、遵循学术规范、倡导文化多元化的原则,经与浙江大学出版社协商,书系编委会对本书系的文字编辑加工处理特做以下说明:

　　一、因内容需要,书系中若干卷采用繁体字排印;简体字各卷中某些引文为避免产生歧义或诠释之必需,保留个别繁体字、异体字。

　　二、编辑在审读加工中,只对原著中明确的讹误错漏做改动补正,对具有时代风貌、作者遣词造句习惯等特征的文句,一律不改,包括原有一些历史地名、族名等称呼,只要不存在原则性错误,一般不予改动。

　　三、对著作中引述的历史典籍或他人著作原文,只要所注版本出处明确,核对无误,原则上不比照其他版本做文字改动。原著没有注明版本出处的,根据学术规范要求请作者或选编者尽量予以补注。

　　四、对著作中涉及的敦煌、吐鲁番所出古写本,一般均改用通行的规范简体字或繁体字,如因论述需要,也适当保留了一些原写本中的通假字、俗写字、异体字、借字等。

五、对著作中涉及的书名、地名、敦煌吐鲁番写本编号、石窟名称与序次、研究机构名称及人名,原则上要求全卷统一,因撰著年代不同或需要体现时代特色或学术变迁的,可括注说明;无法做到全卷统一的则要求做到全篇一致。

书系编委会

目　录

常书鸿先生与敦煌艺术研究

常书鸿(1904—1994)先生被誉为"敦煌的守护神"。他早年留法学习油画,一次偶然的机会在巴黎塞纳河畔发现伯希和的《敦煌图录》,即为其中的敦煌艺术所吸引,并最终远赴敦煌。[①]他所领导的"国立敦煌艺术研究所"是近代以来第一个由中央设立、集保管与研究于一身的石窟保护机构。在他的组织与努力下,敦煌石窟逐渐得到了有效的保护。与此同时,此前不显的敦煌艺术研究也得益于此,开始陆续展开,并引发学人的广泛关注,最终成为敦煌学的重要组成部分。故常先生对于敦煌石窟的保护与研究功莫大焉。

从其个人来讲,常书鸿先生的敦煌艺术研究具有独特性。他是一位优秀的油画家,欧洲留学经历、对于西方美术史的系统学习、长期的洞窟观察与临摹,使他的研究具有同时期诸多学者所不具备的条件。他"对敦煌艺术的总结和概述,在当时具有开创意义,为后来的美术研究奠定了基础"[②]。而作为一名学术领导者,他的研究思路也决定了"国立敦煌艺术研究所"(后改名为"敦

---

① 常书鸿先生在与池田大作的对谈中曾提及:"1935 年秋天,我偶然发现了伯希和写的《敦煌千佛洞》(编者注:即《敦煌图录》)一书,如果说这次发现迎来了我人生中最大的转机,毫不为过。这本书给我以很大启发,而且决定了我以后的人生之路。"(高屹、张同道编译:《敦煌的光彩——池田大作与常书鸿对谈、书信录》,中国社会科学出版社 1991 年版,第 37 页)

② 樊锦诗:《纪念常书鸿先生》,《敦煌研究》2004 年第 3 期,第 43 页。

煌文物研究所")的发展方向,影响了一批凝聚在他周围的敦煌艺术研究者。由此可见,从学术史的角度梳理常书鸿先生的敦煌艺术研究是十分必要的,对于我们今天的研究也具有重要的借鉴意义。

一

1935 年,常书鸿先生在巴黎第一次看到伯希和编著的《敦煌图录》,并参观了集美博物馆所藏的敦煌绢画,才开始关注敦煌。1943 年 3 月,常先生首次到达敦煌莫高窟时,他已经 40 岁了。此前的常书鸿主要是作为一位优秀的油画家在活动。不过,青年时期的绘画经历却深深影响了他日后的敦煌艺术研究。

常书鸿先生最早是学习染织的,故"喜欢丰富的色彩和富有装饰性的花卉。这些对于以后临摹敦煌壁画起了很大的作用"①,也让他更为关注敦煌壁画中的装饰性图案及其在工艺美术领域中的应用。

后来,常先生赴法留学,改攻油画。② 先后受教于里昂美术专科学校、巴黎高等美术学院。其间接受了严格的学院派训练,掌握了严谨的写实技巧。"在法国学习的时候,不喜欢法国后期

---

① 高屹、张同道编译:《敦煌的光彩——池田大作与常书鸿对谈、书信录》,第 32 页。

② 张学勤、徐华美《谁改变了常书鸿的人生轨迹——历史档案揭示常书鸿留学法国并非为了学画》一文根据浙江省档案馆所藏 1930 年常书鸿致浙江大学校长的一封信,认为"常书鸿当年留学法国并非是为了学画,而是想继续自己以前在浙江省立甲种工业学校(浙江大学工学院前身)的学业,'在里昂丝线工业方面作进一层的研究'"。后由于各种原因,未能如愿,而走上了美术家的道路。(《浙江档案》2007 年第 9 期,第 52—53 页)

印象派。我喜欢新现实主义。我的老师也是新现实主义派。当时我极其重视描绘静物、人物的现实主义。"①其所作油画也多次获奖,如《病妇》参加里昂1934年春季沙龙,获得金质奖,由法国国家博物馆收藏。《画家家庭》参加巴黎1934年春季沙龙,获银质奖。《裸妇》参加里昂1935年春季沙龙,获金质奖,由国立里昂美术馆收藏等等。

此外,当时作为艺术之都的巴黎,各种艺术流派汇聚于此,各时期具有代表性的艺术作品陈列于卢浮宫等博物馆、美术馆中。"到巴黎的第二天,热情友好的郎鲁逊带我参观了伟大的卢浮宫。从文艺复兴、古典主义、浪漫主义到现实主义、印象主义,从达·芬奇的《蒙娜丽莎》、达维的《拿破仑加冕》、德拉克洛瓦的《西岛大屠杀》、库尔贝的《画室中》,直到马奈的《林中之野餐》等伟大的艺术杰作,这样系统的、完整的展览,深深地印在我的脑际中。……我感到我到法国来的动机是正确的。我要努力钻研西洋美术史,我要认真学习西洋绘画。""我比较希腊、罗马、埃及、印度、波斯古代的文物和艺术名作,它们各自具备着强烈的民族风格和地方特色,每一件艺术作品无论从主题内容或艺术表现手法,都显示了鲜明独特的艺术才华和各自的特点。如希腊艺术的优美、罗马艺术的朴实、埃及艺术的庄严、波斯艺术的金碧辉煌。这些艺术杰作给我以世界美术史系统的、感性的认识,在我记忆中组成了一个色彩陆离的美的世界。"②

在敦煌艺术研究中,严格的油画技巧训练,使得常先生能够较为准确地判断作品的创作风格及时代特征,而系统的西方美术

---

① 高屹、张同道编译:《敦煌的光彩——池田大作与常书鸿对谈、书信录》,第99—100页。

② 常书鸿:《九十春秋——敦煌五十年》,甘肃文化出版社1999年版,第13、22页。

史知识，又使其具备了广阔的视野，能够深入对比东西方艺术之异同。

留法时期，也是常先生艺术理念的形成阶段。① 中国民族危机的日益加剧以及对近些年来国内"新艺术运动"发展的不满，促使常先生开始思考艺术的本质问题，亦即艺术所要表现的内容及其功用。1933 年写于巴黎的《中国新艺术运动过去的错误与今后的展望》一文，即倡导艺术家要用自己的眼光来观察生活，艺术创作要反映现实生活，要能够表现民族性、时代精神。② 总体来讲，此一艺术理念之提出，符合当时内忧外患的国内环境。且在新艺术创作中所要表现出来的"民族性""时代精神"以及"反映现实生活"等特质，也成为日后常先生敦煌艺术研究中的几个重要主题。

常书鸿先生艺术理念中对于"民族性"的追求，也促使他初遇敦煌艺术时即为其所震撼，并最终走向敦煌。常先生在巴黎高等美术学院的导师劳朗斯即非常重视东方艺术，认为"中国民族是富有艺术天才的民族，我很希望你们这些青年画家不要遗忘你们祖先对于你们艺术智源的启发，不要醉心于西洋画的无上全能！只要追求着前人的目标，没有走不通的广道！"③前文中我们也已

---

① 关于常书鸿艺术思想的研究，可参阅赵声良《常书鸿先生早年艺术思想探微》（《敦煌研究》2004 年第 3 期）、《常书鸿对中国现代美术发展的贡献》（《敦煌研究》2006 年第 1 期）二文。

② 常书鸿：《中国新艺术运动过去的错误与今后的展望》，《艺风》1934 年第 2 卷第 8 期，第 33—44 页。苏立文《20 世纪中国艺术与艺术家》一书中提到：此一时期"少数艺术家和批评家开始认识到，正当中国艺术走向西方的时候，西方艺术也在走向东方"。（迈克尔·苏立文著，陈卫和、钱岗南译：《20 世纪中国艺术与艺术家》，上海人民出版社 2012 年版，第 131 页）

③ 常书鸿：《巴黎中国画展与中国画前途》，《艺风》1933 年第 1 卷第 8 期，第 14—15 页。

提及,在参观卢浮宫时,常先生即注意到"希腊、罗马、埃及、印度、波斯古代的文物和艺术名作,它们各自具备着强烈的民族风格和地方特色",那能够代表中国民族风格的艺术在哪里呢?

一个偶然的机会,常先生发现了敦煌艺术。"那大幅大幅的佛教画,尤其是 5 世纪北魏早期壁画,气势雄伟的构图像西方拜占廷基督教绘画那样,人物刻画生动有力,其笔触的奔放甚至于比现代野兽派的画还要粗野。这距今 1500 年的古画,使我十分惊异,甚至不能相信。""拿远古的西洋文艺发展的早期历史与我们敦煌石窟艺术相比较,无论在时代上或在艺术表现技法上,敦煌艺术更显出先进的技术水平。……上面的比较,使我惊奇地发现东西方文化艺术的发展有如此不同的差距,看到了我国光辉灿烂的过去。"[①]这一发现也促成了常先生放弃巴黎优越的生活环境,返回国内,并最终远赴敦煌。

总体来讲,此一时期主要是常书鸿先生对油画技巧的掌握、西方艺术史知识的积累以及艺术理念的形成阶段。虽然初次接触了敦煌艺术,但主要是以一个油画家的身份,希望借助敦煌艺术来实现其油画创作的民族化。

二

"国立敦煌艺术研究所"时期(1942—1950)[②]是常书鸿先生敦煌艺术研究的第二阶段。此时,他远赴敦煌,在长期观察洞窟、

---

① 常书鸿:《九十春秋——敦煌五十年》,第 22—23 页。

② 本文所采用的该所起始时间是"从 1942 年 1 月 12 日,在重庆召开的国防最高委员会第 75 次常务会议讨论通过了于右任关于设立敦煌艺术学院的提议"算起。结束时间则根据孙儒僩《1950 年敦煌文物研究所的命名》(《敦煌研究》2004 年第 4 期)一文中的观点。

临摹壁画的基础上，对于敦煌艺术形成了一些基本认识。此外，作为"国立敦煌艺术研究所"所长，常先生致力于敦煌石窟保护的同时，也制定了一系列研究计划，并积极举办展览，推广敦煌艺术。可见，这一阶段的常书鸿先生已开始从一位油画家转变为敦煌艺术的研究者、保护者以及学术领导者。

常先生非常重视客观、忠实的壁画临摹工作，这也是他敦煌艺术研究的起点与基础。远赴敦煌前，他曾拜会过于右任先生。在二人的谈话中，于先生提到："目前的工作先从保护开始，同时清除积沙，修理栈道桥梁，保护千佛洞林木。研究工作可以从临摹壁画和塑像开始，然后进行研究。"[①]常书鸿先生十分赞成这一想法。到达敦煌后，"临摹壁画便成为我们首当其冲的工作。通过临摹，可以研究中国古代艺术的深层结构。壁画的年代从北凉时代到元代，长达近千年，几乎包含着一部中国美术史"[②]。

对于壁画的临摹，可以使研究者更好地理解、揣摩古代画匠的创作意图以及绘画技巧、风格等。而在此基础之上即可进一步

① 常书鸿：《九十春秋——敦煌五十年》，第38页。

② 高屹、张同道编译：《敦煌的光彩——池田大作与常书鸿对谈、书信录》，第64页。直到晚年，当常书鸿先生被问及"怎样推进敦煌艺术的研究事业"时，他仍然强调"首先是要继续加强石窟（包括环境）保护与壁画临摹。……临摹工作，则既是保护文物的一项手段，也是分析研究古代艺术发展演变的重要实践，是深入研究的基础。多年来，敦煌研究院的同志在进行临摹的同时开展了研究工作，即通过临摹不但要研究壁画的艺术技法，如人物、建筑、山水、花鸟、图案的描绘、着色、勾勒、烘染、布局等，而且要熟悉摹本的主题内容，一切有关美术史、佛教史、佛经经义、图像学、哲学、民俗学等等都成为学习的内容。通过临摹，取得既保护了文物，又培养了研究队伍的良好效果。现在，随着摄影、印刷技术的提高，虽然出版了有关敦煌艺术的许多精美的图录、画册，但是从学习与研究绘画的角度讲，仍然无法替代临摹，而从保护文物的角度讲，过多的灯光摄影更是有害的。"（柴剑虹：《"敦煌守护神"的回答》，载常书鸿：《九十春秋——敦煌五十年》，第289页）

系统分析敦煌艺术风格的演变。常书鸿先生《敦煌艺术与今后中国文化建设》(1946)一文是这一时期的代表作。该文从艺术风格的角度将敦煌艺术划分为三个时期：

  一、印度艺术传入时期——象征的——北魏西魏诸窟

  二、中国艺术繁盛时期——写实的——隋唐五代诸窟

  三、衰退时期——装饰的——宋元诸窟①

在每一时期，又具体分析绘制壁画时所用之笔法、色彩以及构图等，而重点则放在了"描写的态度"上，如象征还是写实等，并以此作为各时期的标志性特征。② 同时，该文还时常将敦煌艺术与印度、欧洲以及中原地区绘画风格相比较，以讨论它们之间的异同，并由此勾勒出一条敦煌艺术从初期印度佛教艺术传入、到隋唐五

———————

  ① 常书鸿：《敦煌艺术与今后中国文化建设》，《新思潮》1946 年第 1 卷第 2 期，第 37 页。此后，常先生在《敦煌艺术特点》一文中又将敦煌艺术划分为两魏、隋、李唐、五代宋元四个时期，对每一时期的艺术特点作了更为细致的讨论。其中需要特别注意的是文章中突出了隋、五代两个过渡阶段的重要地位。如对于隋代艺术，"综观此时代之艺术，可谓为六朝与李唐间之桥梁。由自由到规律的，由象征到写实，由异国情调到民族色彩的蜕变时期的标本"。（载《国立敦煌艺术研究所〈敦煌艺展〉目录》，1948 年 8、9 月，第10—11 页）

  ② 如《敦煌艺术与今后中国文化建设》一文中对北魏第 254 窟的分析："北壁的降魔变那种用粗线条描述的动作形势，笔触色彩，没有一处不表现力量和动作。""同窟南壁一幅舍身饲虎故事中，王子剥了衣服长跪着预备向山下投身饲虎的顷刻的描写，简直是油画画成的一个模特儿的习作。其凹凸光暗立体型的表现，笔触的放纵，颇有大气磅礴、睥睨一切的气概，把东方画的线条运用在面的表现上，其效果之成功，真有令人不可相信的地方。"（第 37 页）又如论述盛唐第 172 窟北壁西方净土变，"全画构图紧凑，用色雅典。菩萨像圆润丰厚带有肉感的线条……至于楼台结构的严整、细密，远近法的入情入理，真是得未曾有。其他宝池中水纹的荡漾，楼台屋顶微光的映辉，加上远远配置在亭角间的佛光神影，俨然已写出西方极乐世界的真迹"。（第 38 页）

代转变为中国民族艺术的繁盛、后而衰落的发展脉络。

此文之最终落脚点则是希望借鉴"表现汉唐精神"的敦煌艺术来建设新文化。文化的建设需要内发的力量，"文化的内容，不能没有自发的基于民族立场的主体"①。而这种民族性文化需要通过"引证历史的实例"来探寻。常先生认为最好的实例即为敦煌艺术。与唐以来以山水画为代表的中国文人画不同，敦煌艺术是汉唐精神的表现。它"切切实实地描绘社会生活和理想中的佛家世界，使人们喜闻乐见。他们的笔触刚劲有力，线条流畅自如，刚柔相济，用色厚重而明快，描绘精致而完整，造型更是生动完美，美轮美奂。画工所形成的淳朴而浑厚的画风与后来中国文人画的绘画风格，是两种不同的风格和路子。我认为这是中国艺术的正宗与主流"②。"中国人已把佛教悲观的消极思想改变，在千佛洞唐画经变中，……真可以代表大唐民族奋发有为的精神。"③在经过艰苦抗战、胜利终于来临之时，今后中国文化建设无疑需要此种精神。

通过以上的讨论，我们可以看到常先生是以一位油画家的敏

---

① 常书鸿：《敦煌艺术与今后中国文化建设》，《新思潮》1946 年第 1 卷第 2 期，第 36 页。

② 该段论述出自 1946 年 6 月常书鸿先生从重庆返回敦煌途中与沈福文的谈话。常先生提到，这一认识"是从我真正认识了敦煌后所形成的"。（《九十春秋——敦煌五十年》，第 82—83 页）

③ 常书鸿：《敦煌艺术与今后中国文化建设》，《新思潮》1946 年第 1 卷第 2 期，第 38 页。以山水画为代表的中国文人画则不同，常先生此文认为唐以来山水画的历久存在，反映了中国人"是从宇宙中间去看人"，"觉得在茫茫宇宙间，人类不过是一个无足重轻，补点在山水中的穿插而已。于是从看天而到怕天，由怕天而到倚靠天，所谓'靠天吃饭'，'听天由命'，消极出世的观念，使中国文化整个都埋葬在避世怨生的阴影里。这并不是一个很好的现象"。（第 38 页）

锐直觉，从艺术风格的角度，去系统分析敦煌艺术——主要在壁画方面的风格演变，总结时代特征。又通过东西绘画艺术之对比，勾勒出一条敦煌艺术逐渐民族化（或中国化）的发展脉络。同时还不断提示其所代表的时代民族精神，并希望借鉴此一民族精神来建设中国的新文化。

　　除了个人研究以外，作为"国立敦煌艺术研究所"所长，常书鸿先生还制定了诸多研究计划。其中较为重要者如石窟调查。他在《从敦煌近事说到千佛洞的危机》（1948）一文中即提到："我们很知道，敦煌艺术研究，应该从整个东方佛教艺术互参对比中找出路。我们从不能西越葱岭横跨喜马拉雅高原，追溯恒河流域的印度佛教艺术之源，甚而扩充到有关的希腊波斯艺术的渊源；至少也该在国内云岗、龙门、库车、刻字儿（编者注：即克孜尔）那一带石窟艺术做一个实地比较研究工作。"① 在有限的经费下，"国立敦煌艺术研究所"还是完成了《天水麦积山石窟调查报告》

---

　　① 常书鸿：《从敦煌近事说到千佛洞的危机（四）》，《大公报》（上海版）1948年12月13日第3版。此外，1948年7月14日，常书鸿先生曾致函教育部长朱家骅，其中亦提到："（三）添加发掘设备，请颁发掘证，以展开比较研究工作。按西域文物因历代兵燹及自然所致，损失殆尽。敦煌仅录古物，若无其他标准尺度可资参证比较，对于敦煌佛教艺术渊源之中欧印三方面艺术传布迹象之探讨，有待于地下宝藏之发掘，兹拟定路线在天山北路方面高昌、土鲁番、焉耆、库车、喀什尔、阿克苏及天山南路之于阗、沙车、疏勒等处，作为地面及地下古物之局部探检，除增加设备费外，并祈钧长准予转请内政部发给发掘执照，以便进行。"（原件藏台北，档案号：019000001392A。此据车守同：《国立敦煌艺术研究所的时代背景与史事日志》，擎松图书2013年版，第587—588页）

《河南洛阳龙门石窟略志》以及《河南巩县石窟记》等调查记①。此外，常先生还组织所内人员分专题临摹壁画。"不到三年的时间，初步完成了历史壁画代表作选、历代藻井图案选、历代佛光图案选、历代莲座图案选、历代边饰图案选、历代山水人物选、历代舟车选、历代动物选、历代建筑资料选、历代飞天选、历代服饰选等十几个专题选绘的摹本 800 余幅。这些总面积共达 600 多平方米的壁画摹本，都是我们以忠实于原画的风格和一丝不苟的精神所精心绘制出来的。"②这些绘画选集为以后的专题研究打下坚实基础的同时，通过部分临摹品的展览也起到了宣传推广敦煌艺术的作用。

三

1950 年，"国立敦煌艺术研究所"改为"敦煌文物研究所"，常书鸿先生继续任所长一职。在新的形势下，敦煌石窟的保护和研究工作得到了前所未有的发展。常先生此前所制定的诸多研究

---

① 见《国立敦煌艺术研究所三十六年度工作报告》所载："4.天水麦积山石窟调查报告。麦积山为秦陇佛教间之胜迹，与莫高窟及云冈、龙门，均属同一系统之胜迹，本所为比较研究起见，特派专员前往调查，将其中二十七个石窟内容全部调查完竣（并附测绘全图一幅）。实施情形：已完成。5.河南洛阳龙门石窟略志。是篇亦为比较研究之材料，将龙门石刻内容作简叙述报导及测绘图。实施情形：已完成。6.河南巩县石窟记。巩县石刻建于北魏，虽仅五窟，其中大半淹塞，但其质亦不下云冈、龙门，故本所经一并调查，以备参考。实施情形：已完成。"（原件藏台北，档案号：019000001392A。此据车守同：《国立敦煌艺术研究所的时代背景与史事日志》，第 568—569 页）

② 常书鸿：《莫高窟檐角的铁马响丁当——我在敦煌四十年》，《人民中国》1978 年第 6—12 期。此据《敦煌文史资料选辑》第 1 辑，1991 年，第 21 页。

计划也得以逐步开展。如五十年代初,他对甘肃境内的炳灵寺、麦积山以及新疆境内的克孜尔、库木吐拉、森木塞姆、吐峪沟及伯孜克里克等石窟进行了调查。又利用访问印度的机会考察了阿旃陀石窟等。同时,此一阶段常先生的敦煌艺术研究也进入了成熟期,尤其是五十年代,"五十年代,真正搞理论研究的只有常书鸿一人"①。他发表了一批高水平的研究论文,其指导意义延续至今。

在进入社会主义时期的新形势下,如何认识敦煌艺术是一首要问题。常先生曾提到,当时"受'左'倾思潮影响,一些同事坚持不再进行宣传封建迷信的壁画临摹工作,提议搞大生产。在'不劳动者不得食'的口号下,我们不得不放弃了继续对壁画和彩塑进行分类临摹和研究的计划,而全部投入了蔬菜和粮食的生产"②。故作为所长的常书鸿先生,在其《敦煌艺术》(1951)一文中专辟一节讲"怎样来认识敦煌艺术","这并不等于说敦煌艺术仅仅是一些宣传佛教的工具,这里更重要的是:被压迫的人民通过被迫受雇而从事的宗教艺术的创作,所透露出来的自己的愿望,自己的感情,和当时社会现实中的生活形态"。"是中国士大夫阶级笔下的、美术史上从来也没有提到过的无名画工艰苦的劳动创造所遗给我们最优秀的民族艺术传统"。③ 突出敦煌艺术的人民性、民族性,对于此时敦煌石窟的保护与研究是具有重要意义的。

此外,新时期对于"民族化"的文艺形式以及"社会主义现实

---

① 段文杰:《悼念敦煌文物事业的开创者常书鸿先生》,《敦煌研究》1994年第4期,第2页。

② 常书鸿:《九十春秋——敦煌五十年》,第99页。

③ 常书鸿:《敦煌艺术》,《新观察》1951年第2卷第9期,第25页。

主义"①艺术创作的提倡，也为常书鸿先生敦煌艺术研究的深入
展开提供了有力保障。如前所述，常先生的艺术理念即为艺术创
作要反映现实生活，要能够表现民族性、时代精神，这与新时期的
文艺政策大体是吻合的。此前，常先生对敦煌艺术的探讨亦在努
力揭示其所反映的民族性、所代表的汉唐精神。故新时期的文艺
政策加之物质条件等方面的改善，使得常先生能够在此前研究的
基础上将其讨论进一步深化、提升。

关于"民族性"。此时常先生是从敦煌艺术的源流上给予其
以准确定位。在《敦煌艺术的源流与内容》(1951)②一文中谈到
敦煌艺术的来源时，他指出由于较少受到中原地区大乱的波及，
敦煌"一直保留着汉代正宗的文化传统"。义教的昌盛也使得"敦
煌应该有莫高窟前期艺术存在的必然性"。故当佛教艺术传入之
时，为了迎合敦煌百姓的需求，无论是思想内容还是艺术技巧方
面，都要糅合当地本已存在的民族文化传统，使其易于接受。而
在这一融合过程中，汉以来所保存的民族文化传统是"源"，外来

---

① 吕澎《20 世纪中国艺术史》一书中提到，"'社会主义现实主义'这个
概念是 20 年代末到 30 年代初在苏联发生的文学和艺术创作方法的争论中
出现的。……在苏联作家协会章程(1934 年 9 月 1 日通过)里，中国文艺工
作者……可以看到对这个概念的定义解释:'社会主义的现实主义,作为苏
联文学与苏联文学批评的基本方法,要求艺术家从现实的革命发展中真实
地、历史地和具体地去描写现实。同时艺术描写的真实性和历史具体性必
须与用社会主义精神从思想上改造和教育劳动人民的任务结合起来。'"(新
星出版社 2013 年版,第 384 页)

② 常书鸿:《敦煌艺术的源流与内容》,《文物参考资料》1951 年第 2 卷
第 4 期。

佛教艺术是"流"。① 这一观点肯定了敦煌艺术的"民族性",它既是对"文化西来说"的直接反驳,又是基于常先生对中西美术史的长期观察与思考。在此之上,他也给出了中西文化交融的一种路径,即以本民族文化传统为主,为本源,再有选择地接受外来影响,并最终形成自己新的文化。

同时,通过敦煌艺术研究,常先生也开始撰文探讨中国民族艺术的特点。如他在《从敦煌艺术看中国民族艺术风格及其发展特点》(1951)一文中特别指出敦煌壁画对于"线"的运用,"从敦煌艺术的研究知道,中国民族艺术在历史上很早就有了辉煌的创造,这就是线。而这个线,既非日本人藤田嗣子口中庸俗化的线,也非法国资产阶级野兽派的线,亦非目前所谓的单线平涂,敦煌壁画中的线是帮助形体、光暗、色泽三者共同存在的具体轮廓。……这就是中国民族艺术的特点,是我们应该学习与发扬的遗产"②。又如《敦煌采塑》(1960,编者注:"采塑"即"彩塑",下同)

---

① 常书鸿先生在《敦煌艺术》一文中也专门谈到"敦煌艺术的源流"问题。他指出"敦煌在莫高窟艺术以前显然还存在着汉代艺术正统的典型的。……我们伟人祖国的艺术传统,在发展的过程中,是曾经吸收与融和外来的成分。敦煌艺术中是有着印度佛教艺术的影响,但决不是像勒库克(编者注:即勒柯克)所说,佛教艺术经过印度中央亚细亚而原封不动的到达中国。从西域的画风,敦煌的画风,以及东行麦积山、广元一带的画风看来,我们有充分的证据来说明由西而东,民族艺术的成份是经过敦煌而逐渐加重它固有的性格与特点。由于我们的文化艺术具有优厚的便于多方面发展的蕴藏,而能顺利敏感的接受外来影响,又进一步结合了民族的思想感情和风格而丰富而发展,成为自己的东西。"(《敦煌艺术》,《新观察》1951年第2卷第9期,第24页)常书鸿先生的这一观点对此后段文杰、史苇湘的研究产生了影响。

② 常书鸿:《从敦煌艺术看中国民族艺术风格及其发展特点》,原载《艺术生活》1951年第3期。此据敦煌研究院编:《常书鸿文集》,甘肃民族出版社2004年版,第124页。

一文中提到，"采塑造象是祖国卓越的民族艺术遗产之一"，"这些采塑配置在绚烂夺目的建筑采绘和壁画装饰着的石窟中；它们不但是彼此映辉，而且是互相依存的；……这些具体事实，生动地说明了中国古典艺术建筑、雕塑、绘画三者互相依存、密切联系的特点。这也符合中国艺术'绘塑不分'的古老传统"。[①] 再如敦煌壁画中"出色地运用了中国民族传统绘画的一种高瞻远瞩的散点透视法"[②]等等。

此外，这一阶段常书鸿先生的敦煌艺术研究还表现出内容全面，且更加突出敦煌艺术"现实主义"作风的特点。其研究对象既包括壁画、塑像和石窟建筑形式，认为它们是"三位一体的紧密的关系"，也涵盖到了石窟中的图案、飞天形象等。常先生多从艺术风格的角度，分析它们的时代特征，其中又特别关注"现实主义"创作手法的采用。除了人物的比例、山水的透视，造像的解剖是否符合写实的原则外，常先生进一步突出了敦煌艺术对于现实生活的反映。其《敦煌壁画中的历代人民生活画》（1956）一文中即提到："敦煌历代壁画中的本生故事画与大幅经变画中，穿插着各种有关人民生活的特写，由于古代画家采取了当时的服饰、礼制、生活习惯的现实形象，来组织人物故事，用了平易近人的民间手法，朴质壮健的乡土风采，因此，在这些画面上流露出真实的生活的感情。"而"唐代是中国古典艺术现实主义传统发展的高潮"，其原因也在于"作家对于现实生活有深刻的体验"。[③]

综上，我们可以用常书鸿先生《敦煌莫高窟介绍——中国人

---

① 常书鸿：《敦煌采塑》，载敦煌文物研究所编《敦煌采塑》，人民美术出版社 1960 年版，第 1 页。

② 常书鸿：《九十春秋——敦煌五十年》，第 54 页。

③ 常书鸿：《敦煌壁画中的历代人民生活画》，《文物参考资料》1956 年第 2 期，第 7、8 页。

民的艺术宝库》一文中话,来作为他这一阶段对于敦煌艺术的总
体认识,即"敦煌莫高窟是祖国伟大的艺术传统中最富有人民性
和现实主义因素的艺术遗产的宝库;它们继承了汉代艺术成熟的
经验和生动活泼的传统,把丰富的佛教故事与神话传说细致曲
折、生动活泼地用不同时代风格和乡土色彩体现出来"①。

结　语

通过以上梳理可以看到,早年的绘画学习经历是常书鸿先生
敦煌艺术研究的基础奠定时期。严格的学院派训练以及西方美
术史的系统学习,使得他既能够较为准确地判断敦煌艺术作品的
时代特征,又具备了广阔的视野,可以深入对比东西方艺术之异
同。此外,这一时期也是常先生艺术理念的形成阶段。他认为艺
术创作要"反映现实生活",要表现"民族性""时代精神"。而这些
也成为他日后敦煌艺术研究中的几个重要主题。

"国立敦煌艺术研究所"时期,常书鸿先生完成了向学术研究
者以及领导者身份的转变。他重视临摹,且侧重于从艺术风格的
角度,去分析敦煌艺术的风格演变,总结时代特征。他主张文化
的建设需要内发的力量,并希望借助代表汉唐精神的敦煌艺术来
建设中国的新文化。而作为"敦煌艺术研究所"的所长,他还制定
了诸多研究计划,如国内外石窟调查、分专题临摹等。

进入社会主义新时期,常书鸿先生的敦煌艺术研究也步入了
成熟期。此时他特别关注敦煌艺术的"民族性"及其所表现出的
"现实主义"作风。他从源流之辨的角度对敦煌艺术的"民族性"

---

① 　常书鸿:《敦煌莫高窟介绍——中国人民的艺术宝库》,载敦煌文物
研究所编《敦煌莫高窟》,甘肃人民出版社 1957 年版。

予以肯定的同时，又提示了中西文化交融的一种路径，即以本民族文化传统为主，再有选择地接受外来影响，并最终形成自己新的文化。而强调"现实主义"作风，虽然是受此时"社会主义现实主义"文艺政策的影响，但对壁画中反映劳动人民生活图像的关注也不失为敦煌艺术研究中的一个新方向。

编者

2020 年 4 月 13 日

敦煌莫高窟介绍——中国人民的艺术宝库

一

敦煌莫高窟在现今甘肃省西边敦煌县城东南 40 华里的三危山与鸣沙山之间的削壁上。汉代称敦煌县为敦煌郡,与酒泉、张掖、武威同为河西四郡之一,它恰恰在阳关大道的口子上,是古代从内地经新疆到印度、波斯、罗马西方国家的门户,是中西文化交流的总汇。

公元 1 世纪左右佛教从印度传入中国之后,佛教艺术也随着发展起来。莫高窟创建于公元 366 年的东晋时代,经北魏、隋、唐、五代、宋、元的继续开凿,是 4 世纪到 14 世纪中国佛教艺术成长时期无数艺术匠师们在那里继续不息的集体创作出来的艺术宝库。根据文献的记载,莫高窟在 7 世纪的时候已有绘满了壁画和装配着彩塑的石窟一千余个,它们经过千百年的风日侵蚀与人为的损坏,岩石风化所引起的坍塌,流沙的掩埋,洞窟的数量已逐渐的减少。经过敦煌文物研究所历年发掘和清理的结果,到目前为止,还有比较保存完好的洞窟 480 个。全部洞窟沿着削壁自南向北长达 4 华里,它们南北贯连上下相接,最多的地方共有 4 层;在蜂巢一样的洞窟内部,包含了晋、魏、隋、唐、五代、宋、元 7 个朝代,一千数百年中所绘的壁画和彩塑。如果将石窟全部画壁展开连接起来,可以伸展到 60 华里左右;把 2400 多个彩塑排起队来,长度也可以到达二、三华里。其中有两个高达 30 多公尺精美壮丽栩栩如生的彩塑大佛，和数百个形体生动、姿态活泼的飞天影塑还没有计算在内。另外五座唐宋的木构窟檐建筑，是中国现存古代建筑中最宝贵的标本。

二

1900 年 5 月，就在这些石窟群中，还偶然发现了一个可能封闭在 10 世纪左右约有 10 市尺见方的暗室（现在编号 17，就是著名的藏经洞），内面秘藏了 3 万多件自 5 世纪到 10 世纪用古代汉、西藏、回鹘、龟兹、和阗等各种文字书写和木板刻印的经卷文书，以及卷轴、幡画、刺绣、铜像等，它们包含了反映千百年间古代封建社会有关宗教、历史、文学、艺术、人民生活各方面的重要文献材料，是 20 世纪人类文化历史上一个空前的发现，因此引起各国帝国主义分子的垂涎；从 1907 年到 1924 年中间，在昏庸的清政府与反动的国民党统治下，让美、英、法、日文化间谍在上述藏经洞和石窟中劫取了数以千万计的文书古画和石室的壁画、彩塑等。但是这些古代艺术匠师们智慧的创造，也就是热爱祖国的中国劳动人民所最为珍惜与爱护的，在无可容忍的帝国主义分子卑鄙的一再劫夺之下，燃起了敦煌人民愤怒的火焰：1925 年美帝华尔纳和他的走狗霍雷斯杰尼再度"光顾"莫高窟，企图大举劫夺的时候，终于遭受到劳动群众坚决的反对，并把他们驱逐出去，摧毁了帝国主义分子无耻的阴谋。

三

敦煌莫高窟是祖国伟大的艺术传统中最富有人民性和现实

主义因素的艺术遗产的宝库；它们继承了汉代艺术成熟的经验和
生动活泼的传统，把丰富的佛教故事与神话传说细致曲折、生动
活泼地用不同时代风格和乡土色彩体现出来。使我们今天站在
这些丰富多彩的石窟艺术品面前的人最容易体会到；古代优秀的
艺术匠师——石窟艺术的创造者——和他们同时代佛经翻译者
与变文俗文学的创造者一样，知道如何从烦琐的经典文书和神话
传说，概括、扼要地用艺术的形象，把主题内容结构，组织在从几
个人到几百个人的经变或本生故事画的不同大小的范畴中。它
们伟大的艺术上的成就，在于不但是雄辩地说明了故事的本身，
而且是极其富有感染力的刻划了各时代封建社会的统治者与被
剥削的劳动人民的意识形态，使我们对历史的认识有了更现实的
体验。此外在中国艺术史方面，通过这些杰出的遗产，展示出一
千五、六百年民族艺术的演变成长和发展的各个阶段，使我们有
可能运用古典艺术优秀而丰富的创作经验，为继承民族艺术遗
产，推陈出新创造社会主义现实主义的新艺术提供有利的条件。

　　敦煌艺术还反映了千余年来一脉相传的中国人民在民族与
民族，中国与外国，东方与西方之间和平相处的文化交流活动中
辉煌的成就，因此它不仅是祖国伟大的艺术传统中最富有民族个
性的艺术遗产，而且是人类整个文化和平创造的历史中不可分割
的组成部份；它受到中国人民的珍惜与爱护，同时也受到全世界
和平民主人士的珍惜与爱护。它是人类文化和平创造中的骄傲。

四

　　在伟大的社会主义建设时代，敦煌已成为中国人民最为珍贵
的艺术宝库，早在 1950 年敦煌解放的初期，中国共产党领导下的
人民政府就从北京打电报到敦煌，给予曾经为国民党解散过在遥

远的沙漠中孤苦无告地为祖国艺术坚持工作的同志们以热切的慰问，决定把敦煌文物研究所直属中央文物局，并于1951年在北京举行第一次敦煌艺术展览会的时候，由政务院文化教育委员会隆重的颁发了奖金与奖状。这一切都大大地鼓舞并激发了全所工作人员劳动的热情；加上逐年增加的工作人员的编制和与之相适应的各种改进业务的设备与投资，使敦煌艺术宝库的发扬和保护工作得按照计划、在发展中得到了初步的成就。

首先在保护修缮方面，主要的修理并复原了五座暴露在风沙中已成摇摇欲坠的危楼——唐宋木构窟檐。清除了5280立方公尺的窟前积沙，修筑了1088公尺防沙墙和防沙沟、700公尺的防水堤坝、500平方公尺的窟顶保固工程，新建桥廊通道250公尺、洞窟门窗176付、洞窟保护隔墙及窟檐55座，其他窟内外零星修补及地面铺作150余处，共计2000个平方公尺。在整理工作中重新整理并书写了480个洞窟中内容说明牌，整理并修补了彩塑200余件。在消除沙土和修缮整理的同时，还新发现了唐及五代的洞窟共计11个，并在第108窟南面发现了五代人具有年代题记反映当时修建洞窟情况的诗文的墙壁一堵。

在发扬工作中，为了纠正过去零星片段的细碎临摹介绍，近年开展了整窟原大的临摹，各种原大本生故事及经变画的临摹，各时代壁画中有关人民生活及装饰图案各种专题材料的介绍和收集，也是有计划的发扬介绍工作中的一部份。历年积累下来数以千百计算的壁画摹本，除开1955—1956年在北京故宫奉先殿展出外，1951年在北京午门第一次展出，参加各个出国文化代表团先后在印度、缅甸及捷克、波兰等一些人民民主国家举行了多次的展出，最近又把过去未曾介绍过的莫高窟所宝藏的2000余个各时代的彩塑用临摹和摄影介绍出来。全面的整理和进一步的对敦煌艺术系统的研究工作正在按照规划逐渐的展开。如经过研究有根据地恢复原色的壁画临摹工作,各种本生故事画、经变画、供养人、佛及菩萨在各时代不同的表现方法和不同的艺术作风的比较分析研究也在一步一步进行。中国造型艺术所特有的彩塑技术也作了初步的探讨和研究。几年来,这些工作对于敦煌如此伟大的艺术宝库来说显然是不够的;大规模有计划有步骤的修缮,系统的研究和大量的出版与介绍成为爱好敦煌艺术的人民群众一致的期望和最迫切的要求,为了满足群众的要求,中央文化部文物局除邀集专家研究莫高窟的全面修缮计划外,并于1954年在石室中安装了电灯,在敦煌文物研究所中添设了摄影部门;今后要配合有系统的研究从黑白片到彩色片展开全面摄影工作,以便在短期内收集全部纪录资料,为分析研究大量出版介绍创造条件。

在中国共产党和人民政府的领导和人民群众的爱护与督促下,敦煌艺术的发扬和保护工作,像祖国伟大的社会主义建设事业亿万工作部门一样,正在针对着改善人民物质和文化生活总的要求和目标,一步接一步地在广阔的道路上前进!

（原载《敦煌莫高窟（366—1956）》,甘肃人民出版社 1957年版）

敦煌莫高窟

一　历史沿革

敦煌,在甘肃新疆交界的地方,是汉武帝于元鼎六年(公元前111年)开辟的河西四郡之一(河西四郡包括河西走廊的、自东向西的武威、张掖、酒泉、敦煌),著名的古代阳关、玉门关所在,世世代代祖国儿女们用血肉所戍守的西北边疆。

这个历史的都城,一方面是文化荟萃的中心,另一方面,又是总绾东西交通的枢纽。《汉书·郡国志》"敦煌郡"条刘昭著引《耆旧记》:

> 国当乾位,地列艮墟。水有县泉之神,山有鸣沙之异。
>
> 川无蛇虺,泽无兕虎;华戎所交,一都会也。

古代从敦煌,西出阳关、玉门关,沿天山北路到吐鲁番、库车等地;南路经白龙堆、罗布河到达古于阗。四世纪时的法显(后秦姚兴弘始元年,公元399—412年)是走的北道,由敦煌出玉门关,经伊吾(即哈密)、龟兹(即库车)西行至疏勒(即今喀什)出葱岭。六世纪时的宋云、慧生(518—522年),唐僧(玄奘)(629—644年)往返走的是南道。从敦煌出阳关、玉门关西行,不管走南北哪一条路,都要经过一、二百里的大沙漠,才有息脚取水的尖站。那交通不便,差不多都要步行或骑驴马,经流沙和戈壁,瀚海千里,在烈日、寒风中跋涉,非常危险。法显在他的《佛国记》从敦煌到鄯善(即古楼兰）经过约一千五百里的流沙大沙漠时说：

> 沙河中常有恶鬼、热风，遇到皆死，无一全者。上无飞
> 鸟，下无走兽，远望极目欲求度处，则莫知所拟，惟以死人枯
> 骨为标识耳。

《慈恩传》说玄奘在经过这一带时也是：

> 夜则妖魅举火，烂若繁星，尽则惊风拥沙，散如时雨。

因此这个位于沙漠核心的古城，号称塞外江南的绿洲，就必然成为东西行旅往来人畜供给粮草的孔道。在汉唐兴盛的时候，往来东西的将帅官绅，士商僧侣，莫不云集在这条西方人称为"绢丝之路"的尽头，通向长安的古代边城。根据史册的记载，这个时候的敦煌繁荣情况，可以从每天集市有早、中、晚三次来证明。于是为了宣传佛教而滞留在此的行脚僧，就逐渐找到传布的对象。他们用"普渡众生"的大乘佛教教义，来接受为了升官发财要求纳福免灾远行的官商士绅许愿。也有偶然碰着运气居然平安幸福升官发财地回来了，就按照许愿的诺言，在这个三危山鸣沙山之间的岩壁上凿窟画像，以谢神恩以了心愿。因此，敦煌不但是当时政治商业文化的中心，也就形成了佛教中心。宋晋时有名高僧竺法护（是一个大月氏人，世居敦煌）号称敦煌菩萨。北魏时的高僧宋云也是敦煌人。

据唐代武周圣历元年（公元698年）李怀让重修莫高窟碑所记，莫高窟修建于历史上称"五胡乱华"的苻秦建元二年（公元366年），碑文很长，有一段是这样说的：

> ……莫高窟者，厥前秦建元二年，有沙门乐僔，戒行清虚，执心恬静。尝杖锡林野，行至此山，忽见金光，状有千佛。……造窟一龛，次有法良禅师，从东届此，又于僔师窟侧更即营建。伽蓝之起，滥觞于二僧。……

莫高窟经上面两个和尚的开凿，经过北魏、随、唐、五代、北

宋、西夏、元等八个朝代，四世纪到十四世纪前后，千余年的继续不断的修建，无数艺术匠师们在石窟中塑造描绘制了数以万计的生动活泼、彩色瑰丽的壁画和彩塑。上述李怀让的碑文中还记载着莫高窟到唐代初期已有"窟室一千余龛"。这个石室宝藏经过千数百年的历史的变革，风沙和烈日的侵蚀，保存至今还有壁画和彩塑比较完好的洞窟，共有四百九十一个。根据我们不完全的统计，现有全部洞窟内部共有壁画约计四万五千平方米。如果把全部壁画衔接展开起来计算，可以排成 25 公里长的大画廊。可以说全世界任何国家也找不出第二个规模如此巨大，历史如此悠久，内容如此丰富的文化艺术宝藏。这标志着中华民族无比伟大的文化传统，古代劳动人民卓绝的艺术创作。

二　内容概说

从主题内容来说，敦煌艺术主要是围绕着全部佛经中所有的天神菩萨和描写佛陀的前生和出世后的一切传记。它是为了宣传佛的教义而创作的，无疑的，佛教在当时是利用艺术体面外表作面纱，进行封建迷信宣传的实质，起着麻醉人民和巩固封建统治的作用的。但是这并不等于说，敦煌艺术是一无可取的糟粕。通过敦煌艺术，用一分为二的观点来分析批判，我们可以从这些古代艺术遗产中发现其中不少壁画和彩塑，包含着古代劳动人民所蕴蓄的优秀的民族艺术传统。它们不同程度地表达了生动的人物形象，反映出了某些方面阶级社会历史现实的侧面。同时也可以意味到创造敦煌艺术的古代画工们被统治阶级和寺院僧侣所利用，到这里来从事佛教艺术的创作，透露出自己在无告的被压迫的阶级社会中的愿望和希望。例如有些被大幅天神鬼怪所隐埋着的，在壁画的一小角上，悄悄地描绘着，那些穿插在法华经变中和佛本生故事中的劳动人民生活情况。作者是这样亲切而胜任愉快地刻划出自己所熟悉体验过的事物,怎样耕作、怎样洒扫、怎样喂养牲畜、怎样赶走牛马骆驼、怎样挑重担、背负行李、推磨、拉纤等等。又如唐代色彩鲜艳、金碧辉煌的西方净土变中,作者根据佛经的记载和施主的要求,用五颜六色的彩笔,从楼台亭阁,山水树石,音乐舞蹈,直到飞天化生,描绘西方极乐世界的形形色色。像这样的壁画,客观上起到粉饰"天国"的美满幸福,宣传地狱般的"人世"不能与"天国"相比的悬殊,但在作者本身,都怀着对幸福要求的满腔热情的幻想,创造了与他们实在生活有天壤之别的,依据佛经上听讲的,而实际上是不存在的,据说是人人可以达到的极乐的彼岸世界。假如说,佛教唯心主义从理论上建立一些烦琐臆造的哲学体系,它们一方面竭力粉饰"天国"的美满幸福,宣传人世不能与"天国"相比,另一方面又竭力从理论上缩小人世和天堂的距离,更为廉价地大量出售进入"天国"的门票。(见《红旗》杂志 1964 年 16 期 41 页:孔繁的《佛教思想和中国哲学思想》。)这里,敦煌壁画,却运用了造型艺术特点,从观念形态上,进一步起到上述"缩小人世和天堂的距离,更为廉价地大量出售进入""天国"门票的宣传作用。

石窟经过上述不同时代艺术匠师们千余年的创造,贯穿了十个世纪漫长的创作时间,各个洞窟的壁画和塑像,无论是石窟造型,内容布置,和艺术表现上都具备着显著的时代风格和乡土色彩。

按照文献记载,乐僔和尚最早开凿的洞窟由于缺少确凿的证据,尚难作肯定的结论。目前根据我们已掌握的资料,和比较分析的结果,初步认为莫高窟第 267—271 窟一组石窟,加上 272 窟、275 窟,是现存石窟群中最早的几个,它们的时代可能在北魏以前。其他代表北魏的重要洞窟为 249、251、254、257 和 428 等各窟，285 窟创造于西魏大统四年和五年（公元 538—539 年）。这个时期壁画以佛、菩萨、千佛、佛传故事和本生故事为主。彩塑以释迦佛、弥勒佛、菩萨、天王，以及中心柱四周的彩塑飞天伎乐为主。彩塑用泥捏塑，但在造型风格上仍保留云冈石刻那样早期古拙朴实之感。塑像服饰作"时世妆"，面象轮廓很有唐代张彦远《历代名画记》上顾恺之画那样"面如银（亦有作恨者），刻削为仪容，不尽生气"。早期彩塑着色比较简单，这个时期壁画的作风，承袭了汉魏优秀的民族传统，同时也或多或少地看出它们与西方印度、巴基斯坦、阿富汗的佛教艺术交光互映的关系。壁画人物，是在粗线条烘染刷色之后，再用"铁丝描"勾勒。多在土墙底壁，或以土红涂刷为底，或者在白垩的底壁上着青、绿（石青、石绿）、朱砂、银朱、黑、白等色种，鲜艳的原色。对比强烈，人物强调动态，线描遒劲有力，颇具有美术史上所描写的"曲铁盘丝"的风味。艺术造型主题是人物，间或有简单的"山水""树石"穿插在横条连环的人物故事的间隔中。画法简单，正如唐代张彦远所著的《历代名画记》所讲到的魏晋绘画的特点是："其画山水，则群峰之势，若钿饰犀栉，或水不容泛，或人大于山。"这个时期的洞窟型制，大都窟口有人字披，内有中心柱，顶画平棋图案。此期建窟共有三十一个。

敦煌艺术经过东晋、北魏、西魏以来约两个多世纪的演变与发展，到了隋代艺术风格上更加富有民族特色，隋代泥塑造象特点，首先显示出造型方面的是身首尺寸比例，较隋前的彩塑为调和均称。佛和菩萨面型较北魏彩塑为丰硕圆润，北魏那种"面如银，刻削为仪容"的"秀骨清象"，到隋代已绝迹。由于隋代石窟型制已不见有中心柱的布局，所以盛行在北魏的中心柱四边的飞天也已不见。在造象主题方面，除主尊外一佛二胁侍，或四胁侍的形式比较多。彩塑的主题内容虽然没有北魏那样多，但是在装銮敷彩方面却比前代要富丽细致。很多至今还遗留数以千万计的用赤金装贴的千佛壁画和全身装金的丈二立佛，如427洞等。这可能受了云岗大佛的影响，是敦煌唐代大佛的滥觞。壁画方面，隋代还是沿袭北魏西魏的本生故事和佛像故事画，但由于隋代窟型的改变，那些描写佛生前和在世故事的壁画大都仍是横条连环画，布置在人字披与覆斗形的藻井上。

隋代统一南北，自北周一度废佛后，在隋文帝提倡下得到复兴，敦煌在隋代王朝短短几十年的统治中，共修建了石窟九十余个，这时期的石窟艺术在内容和形式方面，都有了进一步的发展。它们具体地反映了当时佛教正在日益成为巩固封建统治麻醉人民的工具。并逐渐形成了一些教派。各教派虽都宣传脱离实际的唯心主义的哲学，但也还有自己的一套做法。梁武帝萧衍时代的普通元年（公元520年），从印度来到中国的菩提达摩为始祖的禅宗，就是专门教导人们对人世间的苦难要逆来顺受取消斗争的奴化性格。但在禅宗哲学上却是头脚颠倒地做了一套玩弄意识形态的巧妙把戏。正如任继愈同志在他的《汉唐佛教哲学思想》中所说："禅宗力图把佛性从彼岸世界拉回每个人的内心，把依靠佛教的经典转向引导人们相信个人的顿悟（内心神秘的启示），把拜佛转向呵佛骂祖，这就埋藏了毁灭它自己的炸弹。"禅宗是以佛教客观唯心主义向主观唯心主义转化。从隋唐时候起，类似这样挖空心思玩弄或愚弄思想意识的把戏，正如马克思在他的《〈黑格尔的哲学批判〉导言》中说过："他破除了对权威的信仰，却恢复了信仰的权威，他把僧侣变成俗人，但又把俗人变成了僧侣。"表现成为各派之间"判教"论战。这种情况反映在隋代敦煌壁画中是结构简单，以维摩诘为主题的经变画的出现。经变的主题是一个能言善辩、神通广、威力大，连舍利佛也无言可对的白衣居士维摩诘。他教唆天女把一朵朵鲜花从天上纷飞散落来捉弄犯律的比丘。他以"病本无病，病众生之病"来对答向他问疾的舍利佛。这个主题，从隋唐到五代，敦煌共绘有维摩经变的经变 61 铺。是仅次于敦煌最多的经变中西方净土、东方药师、弥勒净土的总数。其次是隋代还出现了宫殿住宅山水人物内容比较丰富，描写很精致的法华经变的各种譬喻品及序品等宣传人人皆有佛性的壁画。如 420 洞及 427 洞都画在窟顶及人字披上。隋代壁画内容比较多的还是没有什么变化的说法图和千佛。此外，如 390 窟那样，还有长队排列，佐以乐队伎乐侍从"文质彬彬"的供养仕女行列。这可能是后来绘画上发现比较多的，一种叫做"鞍马屏帷，贵游仕女"，反映上层统治阶级娱乐方式的风俗画。从历代壁画上还可以找到元代汤垕《画鉴》上所提到的："展子虔画人物，描法甚细，随以色晕开人物面部，神采如生。"的实际例证（图例）。这个时期的藻井图案也是生动美丽的，内容极为丰富，一如齐梁时代的镶嵌金属细工，金描绘，杂以金线，至今还可以看出象镶嵌金属那样，线描更形流利豁达，遒劲有力。在壁画和彩塑衣饰中，还可以清楚地从 419、420、427 等窟中见到一些来自域外（伊朗等地的）狩猎、飞马、飞鹅等图形连珠纹样，具体地说明了我国古代与中亚细亚各国和平与文化交流的关系。隋代造象风格，正在逐渐以"秀骨清象"的北魏造型转变到唐代雍容华贵的过渡，上述贴金的丈二大佛，一般已具备着体态厚重、丰硕的特点。隋代修建的洞窟共有 110 个。

唐代自李世民父子采取了一系列和缓阶级矛盾和恢复社会生产的政策和措施，社会秩序得到了安定，生产获得了发展，作为上层建筑的文学艺术也得到了上升的高潮。莫高窟初唐代表窟第 220 窟，开凿于贞观十六年（公元 642 年）。这个洞窟是 1943 年我们在剥离宋代重绘壁画表层后的新发现。窟内南北两壁各绘了药师净土和西方净土两铺大经变。入门的东壁的南北两侧各画了维摩经变。唐代佛教各宗派已在大乘有宗的唯心主义哲学理论的基础上,摆脱了外来的影响,成立了自己一套哲学体系来紧密地为唐代统治者服务。第220窟壁画内容正反映了北方以道绰(562—642年)、善导(613—684)一派为首的净土宗,《弥陀经》《观经疏》《往生礼赞》《观念法门》,简易的"念经"而得到"往生净土",提倡"净土念佛"的办法,争取了广大的群众。道绰死后,他的大弟子善导极力提倡。善导死于唐中宗嗣圣元年(684年)。那时长安城中为了斋戒地,在光明寺、慈恩寺大念"阿弥陀佛",写《弥陀经》十卷,画净土变相三百铺。龙门奉先寺大石佛的开始创作也在这个时候。96窟开凿于延载二年(695年),130窟开凿于开元中(713—741年),这两个大佛,也同样反映了唐代佛教崇拜阿弥陀佛的净土宗兴盛时的内容特点。这与华严宗的无碍缘起等理论一样,敦煌壁画和塑象,用形象思唯力图缩短佛与"人"的距离,也是缩小现实世界与宗教的幻想世界的距离。第220窟初唐的壁画,正是唐代艺术家运用他们精湛的现实主义艺术,把句法生涩难解难懂,枯燥无味的佛经理论变为任何人都能看得懂的生动的、大众化的壁画象。这就和念经拜佛的简化的崇拜相结合廉价地赢得"善男信女"投入佛教迷信的陷阱中去。

中国绘画史中,记载着唐代著名画师,大都从事佛教壁画的创制。如唐代著名画师阎立本、张孝师、尉迟乙僧、吴道子等都先后在东西两京大慈恩寺、兴善寺、安国寺、净土院等墙壁上绘制西方净土变、维摩变等内容丰富、生动活泼的画。画史上提到晋代画家顾恺之,画瓦官寺的维摩变,"闭户往来一月余日",等到画成功后"及开户,光照一寺,施者填咽,俄而得百万钱"。那幅画真是"神光谢而昼夜明,圣容开而道俗睹,振动世界"。因此,"士女骈比,拥路争趋,车马轩轰,倾都盛集"。如果不是宗教信仰,一幅画决不能感人到这么深的程度。但另一方面也可以证明,用绘画来宣传佛教,比起正襟危坐的念枯燥无味的"佛经"——《维摩诘经》其效果不知道要高出多少呢!这就是为什么唐代经变画大大地发展了净土宗的各式各样的宣传。根据我们初步不完全的统计,敦煌共有西方净土变二百二十八幅,东方药师变六十九幅,弥勒变六十八幅,维摩变六十一幅,等等。这些经变,虽然内容不同,但到了唐代后期,不管是说"天堂"或"地上"的神变故事,楼台亭阁,七宝池,八功德水,但大体上都不外乎描写天国净土,以及没有什么表情的佛象的庄严,和带有唐代贵族妇女雍容华贵仪表的菩萨的美丽。这个时候,佛教一方面竭力粉饰"天国"的美满幸福,宣传"人世不能与天国相比"。另一方面,又竭力以"放下屠刀立地成佛"的"一阐提人皆可成佛"进天国不难的理论。敦煌唐代艺术就是这样用美术作品的现实描写来缩小人世和天堂的距离。使"普度众生"的佛的"慈悲"腔调廉价地向人们出售进入"天国"的门票。

唐代经变画,一般都是长方形的格式,画面集中了场面巨大、结构严密的人物构图。描写经变故事的部分,大抵用连环故事形式来说明情节。人物一般比佛与菩萨都要小。配合的山水树石也与故事人物相称。远看起来。好像小人物与菩萨之间补填了天神之间的空白。有许多是在整幅庄严经变天神佛象的下面,在长方形的屏条格式表达出来的。从唐代开始,已见不到魏隋时代,卷轴横条连环故事画形式。新出现的屏条式,可能与书籍装订方面,已采用了一叶一叶的蝴蝶装有关,看来书籍装订的改革,对画轴的影响是非常强大的。

莫高窟在唐代中期的建中二年(公元781年)以后,是吐蕃管辖时期,这时期修建了许多洞窟,这些洞窟内容上,出现了反映少数民族人物的形象,我们可以在159窟东壁看到,吐蕃赞普的礼佛行列。

　　唐代晚期大中二年(公元 848 年)张议潮率众起义,推翻吐蕃贵族的统治后,修建了 156 窟。这个代表晚唐艺术的洞窟前室北壁题有咸通六年(公元 865 年)的《莫高窟记》。这个题记,是原有 332 窟武周圣历元年(公元 698 年)的李怀让重修莫高窟佛龛碑的另一个副本。它再一次说明了莫高窟创建于苻秦建元二年(公元 366 年),一直到咸通二年,五百九十年中,敦煌石室继续修建的重要文献。同一个洞窟内,还绘有与佛教宣传无关的张议潮统军和他妻子宋国河内郡夫人宋氏出行图。这幅画由于描写张议潮这个一代统治人物的历史记载所以要求它直接反映当时当地的现实生活,画中在突出的表现张议潮夫妇出行时鞍马车轿,贵游盛况的同时,还有音乐舞蹈百戏杂技的场面。总的说来唐代绘画已能注意人物动作、姿态、神气和面部的生动表情。殿堂楼阁,远山近水,已十分成熟地处理了透视的关系,使这个中古的绘画达到"山水平远"的王维一样"造微入妙"的水平。用色也绚烂多彩,杂以金色和沥粉堆金,呈现出金碧辉煌的效果,线描遒劲流畅,这是莫高窟艺术创作全盛时期,石窟群共有唐代创建的洞窟 247 个,约占现存石窟群总数的一半,是莫高窟的中兴时期。

　　继张氏统治河西是五代、宋初的曹议金一门三代为归义军节度使。约当于五代后唐同光二年到后晋天福五年(公元 924、940 年)间,曹议金模仿他的前代归义军节度使,在第 100 洞内东南北壁下端,画了曹议金夫妇出行图。接着又由曹议金的女婿,于阗国国王李圣天,修建了第 98 洞。东壁画了一身高达三公尺的"大朝大宝于阗国国王李圣天即是窟主"的国王写照。满身于阗国绿色的宝玉。洞窟深 13 公尺,宽 11 公尺,是莫高窟典型洞窟之一,和曹元忠为他的儿媳妇即曹延禄的姬于阗国天公主修的 61 窟一样,是千佛洞唐代以后规模最大最为精致的洞窟之一。其中主要内容为西壁一幅巨大的描写相传为文殊道场的山西五台山全图。

壁画用立体地图那样，在高 4.31 米、宽 13.3 米的巨幅壁上，详尽地记载了东台、西台、南台、北台、中台——五台山的胜景，一百多幢的寺院庵堂和客店商旅，百余个人物和穿插在中间的山水树石，楼台亭榭，城郭桥廊，还有行旅、推磨、舂米等生活场面。反映了五代城乡市街的面貌，是一幅富有现实生活描写的重要历史画。

北宋景祐二年（公元 1035 年），赵元昊人入侵瓜沙肃三州。建立西夏王国，西夏人乘胜在此改建了七八十个洞窟，富有民族的特点。著名的石室秘藏的北魏以前到隋唐人所书写的书画轴，就是在西夏占领莫高窟之前所封闭的，即现在编号十七窟。宋代修建的洞窟有四十五个。西夏在前人修建的洞窟中重绘的洞窟有七十五个。

元代在巴思八蒙古人，速来蛮西宁王主持下修建了少数的洞窟。由于蒙古人崇信蜜教，其壁画特点，绘有布长金刚（一称欢喜佛）曼荼罗式内容的壁画，如第 465 窟，也有画千手千眼观音的，如第 3 窟。这些壁画中出现了元代开始形成的有压缩的尊菜式线条的绘画。

从上述石窟群的简短浏览之后，感到这些洞窟中的壁画和塑象，经过一千多年不同时代的艺术匠师们继续不断的创造，体现了不同时代的特点和风格。而在这些不同风格的艺术创作中，都是为了一个宣传佛教的目的。这使我们深深地认识到在阶级社会中封建统治者不惜施舍巨万重金创立画院，雇用匠师艺术家毫不放松地致力于如何利用艺术这一锐利的武器，紧密结合封建统治者奴役人民麻醉人民宣传脱离现实、取消斗争的出世修行的"往生乐土"的思想，让这些被奴役的亿万苦难众生，寄予自己对生命幸福的追求，甚至于把自己放在"彼岸"世界即所谓"西方极乐世界"，要画家发挥他们不可能想象的想象力，来描写与他们可怜的现实世界有天壤之别的境界——这个世界就是我们从数以百计的"西方净土变"壁画中所看到的"瑰丽美好",有"楼台亭阁、八功德水、七宝池"的"西方极乐世界"。如何可能进入这个世界呢?那必须忍受象唐以前敦煌壁画"本生故事"所描绘的,如"舍身喂虎""剜肉喂鹰""让人在身上钉一千个钉子"的"毗楞竭梨伽本生",和为了求法不惜把自己和妻子跳进火坑,甘心自焚的"昙摩绀为法烧身本生",等等诸如此类的"五百多个"血淋淋牺牲为善的所谓"本生故事"中佛过去的遭遇和忍受,这就是敦煌壁画所宣传的主题的反动本质。当然,中国有悠久的文化历史,我们的祖先遗留下来许多文化遗产,这些遗产的精华部分,假如说在过去漫长的岁月中能为封建社会所利用的话,今天我们一定要按毛主席指示的,能够取其精华,去其糟粕,用一分为二的观点,"批判地吸收这些东西,作为我们的借鉴,作为我们从此时此地的人民生活中的文学艺术加工成为观念形态的文学艺术作品时候的借鉴"。那么,我们是可以而且应该作为革命文学艺术创作中的借鉴,使敦煌艺术"古为今用""推陈出新",为今天和明天的无产阶级革命事业服务的。

最后还应该提到的是敦煌这个古代人民的艺术宝库。从创造到今天毛泽东时代的漫长的一千六百年中,经过它的繁荣和发展,也经过历代的洗劫,尤其是最近百年内,象我们的祖国的各个角落一样,曾经受到帝国主义和昏庸的清皇朝,反动的国民党统治者摧残。在光绪二十六年(1900年)五月廿六日,在我们第十七洞中曾发现了闭藏了北魏到宋各时古代重要文书绢画经卷二万多件的洞窟。无孔不入的帝国主认者,从光绪三十三年(公元1907年)开始,美、英、法、日、俄帝国主义分子侵略无耻地先后到此来进行贪得无厌的掠夺。美帝国主义文化间谍华尔纳一伙,在1924—1925年曾到千佛洞进行破坏,当时由于国民党统治者的勾结，盗走了彩塑剥离了壁画。第二年(1925年)，更大举来犯，带了一马车胶布和帮凶，阴谋要把第285窟的壁画全部盗走。但当时受到了当地农民激烈的反对，不许盗贼来千佛洞偷盗，因而阴谋未遂，垂头丧气而归。在这次事件上，使美帝国主义知道中国人民是不能欺侮的。

今天，这个艺术宝库终于重归劳动人民的手里，国家已宣布为重点文物保护单位，兴资修建，认真保护。它在中国共产党和毛主席领导的社会主义革命和社会主义建设中将发射出灿烂的光芒。

1965 年 10 月

（原载《中国敦煌学百年文库・综述卷》，甘肃文化出版社1999 年版）

大放光彩的千佛洞

　　敦煌千佛洞是我国伟大的文化艺术宝库,在这个长达二公里的辉煌壮丽的画廊里,保存了从北魏到元朝一千多年间我国人民珍贵的艺术遗产,它是世界上仅存的历史系连最久、内容最丰富、保存最完整的人类文化史上的奇迹。站在这些卓越的艺术品面前,人们不能不肃然起敬,不能不为历代祖先的艺术才华所激动,而感到无比的自豪。

　　千佛洞的艺术,已经闻名于世界,引起各国人民的注意和赞赏。可是,在新中国成立以前的近几十年,蒙受过羞辱,遭受过劫掠和破坏,它湮没在浩瀚无垠的流沙中,几乎被人们遗忘了。只是新中国成立以后,在中国共产党和人民政府的领导下,经过了精心的修缮和整理,它才重新闪射出灿烂的光辉。

　　1900 年,千佛洞的历史和艺术价值被重新发现以后,就引起了帝国主义分子垂涎。当时,我国正处在遭受帝国主义侵略的半封建、半殖民地的地位。因此,这些宝贵的文化遗产,被帝国主义分子大量劫掠和抢夺。最先动手的是英帝国主义分子斯坦因,这个大骗子手,在 1907 年和 1914 年,勾结买办和封建寺院地主,先后盗骗走了三十四箱佛经、写本、绢画和其他的艺术品。接着而来的是法帝国主义的文化特务伯希和,他在千佛洞的藏经洞里翻阅了三个星期,把一切稍有价值的经卷、变文、史料都席卷而去。以后又来了日本帝国主义分子橘瑞超等,盗走了将近五百卷佛经、文物。最后是美帝国主义的文化特务华尔纳,这个强盗竟肆无忌惮地用化学药品铺在布上,粘去了二十多幅最精美的壁画,盗去了若干座塑象。当时,极端腐败、投靠帝国主义的清政府和国民党反动政府,对这种盗劫罪行根本没有过问,让这些骗子手扬长而去。敦煌人民在忍无可忍的情况下,燃起了愤怒的火焰,坚决起来反对这种盗窃,才保护了这些文物免遭更大的浩劫。在国民党反动统治期间,他们还听任国内的官僚、军阀和卑鄙的文人如张大千之流进行盗劫和损坏。直到 1943 年,在全国人民舆论的压力下,才不得不设立了有名无实的敦煌艺术研究所。但是机构设立之后,随之就不闻不问了,以后还下令要解散研究所。伪教育部五个月不寄一点经费来。以后的几年中,经费也是时断时续,使坚持在荒凉的沙漠中的研究所人员连最低的生活都无法维持。几世纪以来没人照管和被帝国主义分子劫掠破坏的洞窟,虽然已被流沙湮没,沉陷颓塌,即将全部毁灭,国民党反动政府没有拿出一点修缮的经费,千佛洞的保护和整理工作无法进行,研究工作所必需的参考资料也无法解决。

为了保护和发扬祖国这些光辉的文化遗产,研究所的二三十个艺术工作者,怀着致力于祖国艺术事业的不可摧折的信念和热情,顽强地坚持着工作。临摹工作是在十分困难的条件下进行的。为了保护壁画,我们严禁用玻璃纸蒙在壁画上直接印摹和用液体喷洒在壁画上来显示线条。在酷寒的冬天,洞子里不能生火,我们就在零下 25℃到零下 32℃的气温下工作。洞窟里没有照明设备,我们就一只手端着油灯,一只手拿着画笔工作;有时需要搭上梯架爬到十几米的高处,有时又不得不蹲在墙角里,有的工作人员就因为在昏暗的光线下长期工作而损害了眼睛。临摹洞顶的藻井是一项最艰巨的工作,一般的洞顶都有十多米高,由于仰望非常吃力,只得放一面镜子在地上,照着镜子里的映像来画。

新中国成立以前,千佛洞好像沙漠中的一个孤岛,交通非常不便,加上经费之缺乏,工作人员有时几个月吃不到菜,买不到面粉,更谈不到看电影和戏剧,我们就是这样度过了黑暗的、孤寂无告的7年岁月。

1949年9月24日,敦煌解放了。千佛洞蒙受羞耻、惨遭劫掠的厄运,随着旧中国一起永远结束了。

敦煌解放不久,中共敦煌县委就给我们送来了大量的粮食和衣服,中央文化部也发来了慰问电报。我们第一次受到了重视,第一次受到了无限亲切的关怀和鼓励。1951年,敦煌文物研究所在北京举行了敦煌艺术展览会,周恩来总理亲自勉励我,当时的中央人民政府政务院文化教育委员会还隆重地给全所工作人员颁发了奖状和奖金。在发奖的会议上,当政务院郭沫若副总理把奖状亲手授给我的时候,我真是心如潮涌,万感交集,我感激的眼泪,不由夺眶而出。

从1951年开始,在中央文化部的领导下,敦煌文物研究所与科学院、古建筑修理所以及有关研究机关,共同制订了一套洞窟长期保护和修缮的计划,并且开始了有步骤地进行系统临摹和专题研究。中央文化部迅速配备了干部,拨给了大量的经费,添置了一套完整的摄影设备,增加了很多图书资料。为了改善工作人员的生活条件,修建了从千佛洞到敦煌县城的公路,架设了电话线,买了一辆吉普车和一辆大卡车,买了电影放映机和收音机等,并且调整提高了生活待遇,在研究所里设置了银行、邮局、供销社、托儿所。千佛洞与世隔绝、生活艰难的状况一去不复返了。特别重要的是添置了一台15千瓦的发电机,安装了整套的照明设备。1954年9月25日开始发电的那天,对研究所的全体人员来说是永远难忘的日子。那天晚上,岑寂的沙漠里第一次出现了机器的轰响,明亮的电灯像一条长虹一样照彻了整个千佛洞的幽暗石窟。为了庆祝这件喜事,美术工作者们连夜在电灯光下工作，那些在漫长的岁月里损害了目光的同志，竟兴奋得流出了感激的热泪。

新中国成立后的 10 年内，敦煌文物研究所的同志们，以高度的热情和坚韧的工作精神做了很多工作，取得了很大的成绩。在洞窟的修缮和保护方面：修理复原了五座暴露在风沙中摇摇欲坠的唐宋木构窟檐，清除了 5280 立方米的窟前积沙，修筑了防沙墙、防沙沟、防水堤坝、桥廊通道、洞窟门窗、洞窟保护隔墙和窟檐等，并且整修了洞窟内外的地面和加固了窟顶。在整理工作方面：重新书写了 480 个洞窟的内容说明，整理和修补了 200 多件彩塑，新发现了唐及五代的洞窟 11 个和五代时候的刻有年代、题记和诗文的墙壁一座。近年来，还开始用塑料及化学原料修补壁画，用紫外光的透视来研究壁画的科学工作也在准备开展。10 年来，全所共临摹了壁画 503 平方米和 30 多件彩塑，加上新中国成立前临摹的壁画 321 平方米，共计 824 平方米。这 1500 多幅原大原色的摹本和原大整窟的模型，临摹质量方面都达到了国际水平，临摹规模之大也是任何其他国家所不及的。此外，我们还出版了 20 种大型的和普及的敦煌艺术画集。敦煌艺术进一步系统地比较、分析的研究工作，也正在按计划逐渐展开。

10 年来，为了介绍和弘扬敦煌艺术，曾经有计划地在国内外举办了大规模的敦煌艺术展览会，展出了 1000 多件历代壁画和彩塑的摹本，在国内外产生了巨大的影响。国内展出的地方是北京、天津、西安、兰州、酒泉、玉门和敦煌等七个城市，参观的人数共达 99 万人次。这些展出使广大劳动人民有机会欣赏我国古代艺术的辉煌成就，从而加强了爱国主义精神和民族自豪感，并且给社会主义现实主义的文艺创作方法提供了宝贵的资料。敦煌艺术已经为广大群众所熟知，唐代壁画的飞天，现在已经触目皆是，成为新中国人民幸福生活的象征。敦煌艺术也曾在印度、缅甸、民主德国、波兰、捷克、日本等 6 个国家的 12 个城市展出过，参观的人数共计 24.26 万人次。例如在日本展出时，参观的盛况简直是少有的，最多的一天观众达 9300 多人，观众中有学者、专家，也有工人、学生、农民和家庭妇女，各报刊介绍敦煌艺术的文章据不完全的统计，不下 130 篇。敦煌艺术在国外的展出，使我们邻近友好的国家进一步认识了优秀而伟大的中国艺术传统，加强了国际间的文化交流与和平合作。特别是当西方资本主义国家在造型艺术上的形式主义风靡一时，使艺术趋于堕落和毁灭的情况下，我国古典艺术的现实主义传统和北魏时代敦煌壁画的朴实、浑厚、富有表现力的风格，使许多国外的美术专家如获至宝，惊叹不已。日本现代美术评论权威柳亮说："敦煌艺术真正是 20 世纪现代画派的先驱者。"北小桃雄说："敦煌艺术是世界中古美术史的代表，人类文明的曙光。"一位负责日中文化交流协会工作的日本朋友说："敦煌艺术有这样一种力量，它打破了存在于日本现代人心理中的'西方万能'的概念，十分可能使我们的文化艺术重新走上中国的也是日本的东方优秀传统的道路。"

10 年，对于这个矗立在沙漠中已经 1600 年的敦煌千佛洞来说，是一个非常短暂的瞬间，但是，就像我们整个祖国的变化一样，在这 10 年中间，由于党和政府的领导，千佛洞在工作和生活上所起的变化，可以说是过去 1600 年中所没有的。敦煌艺术传统在我们新时代里，将要日甚一日地发扬光大，它将在东方和世界的文化发展中起到它的重大作用，焕发出更加绮丽的光辉。中国共产党领导下的中国人民是我国伟大艺术遗产的真正继承者，中国人民将无愧于我们卓越的祖先。

1959 年 7 月 20 日千佛洞

（原载《甘肃日报》1959 年 9 月 30 日）

敦煌艺术

一　几句历史的话语

　　敦煌是甘肃、新疆交界河西走廊最西的一个国防要口,是世世代代用祖国的儿女们的血肉所戍守的边疆。

　　由河西走廊出玉门,沟通东西交通的道路是天山为界的南北两路。南路由敦煌到罗泊淖尔转和阗,越葱岭;北路经吐鲁番、库车、喀什噶尔,越天山。这两路都以敦煌所属的玉门关为出发点。所以敦煌便成了东西交通的要隘。汉朝班超的出使西域,唐代玄奘三藏的西行,元代马可·孛罗的东来,都是经过此地的。所谓"阳关大道",所谓"春风不渡玉门关",就是那个时候形容敦煌在中西交通要道上给予人们深刻印象的光景。

　　这个历史的都城,一方面是文化荟萃的中心,另一方面是总绾交通的枢纽。它自己并有肥腴田亩。再往西去,就是寸草不生的无尽沙漠。所以西行沙漠大险的中古时代的旅客行商和远征的战士们,必须将这个都城作为囤积粮秣和商货的地方,因此"货通胡羌,市日数合",使敦煌形成了瀚海的良港。

　　敦煌艺术是产生在这样一个历史背景和地理环境中的。据唐武周圣历元年(公元六八四年)《李怀让重修莫高窟佛龛碑》上所记,是创建在苻秦建元二年(三六六年),那时正当五胡乱华;敦煌是处于全国最平靖的地区的时候,这个祖国最重要的文化宝库得因此保留下来。它是如今中国三四千年浩瀚的历史中用色彩和形象来表现的最美丽最动人的一页。自从四世纪创建，一直到十四世纪的元代为止，敦煌艺术标志着整整十个世纪，一千年长时期继续不息的生长滋长和分段演变的过程；它是中国艺术史上工人画与文人画分野中，属于画工们的集体创作，是英雄的劳动人民无上光荣的天才的表现。

二　敦煌艺术的源流

在上述这样一个历史背景与地理环境中所产生的敦煌艺术，是免不了受到外来文化的影响的。尤其是中华民族素来含有博大宽厚的融和力，这正是一个古老国家所以能"新陈代谢，万世长春"的基本条件。

敦煌在莫高窟艺术以前显然还存在着汉代艺术正统的典型的。为了说明这一事实，我们在展览会中特别另辟了一个敦煌文物参考陈列室；里面陈列着辽阳壁画的摹本与一九四五年在莫高窟附近出土的六朝前期彩绘墓砖摹本。由此可以证实敦煌以至于全中国，在佛教艺术传入之前，我们已具备着光辉灿烂的自己的民族艺术传统。

然而近五十年来，美、英、法、德帝国主义者在敦煌劫夺了我国的文化宝藏之后，那些资产阶级学者还发表许多荒谬言论，企图利用这些材料来引证敦煌艺术的光辉的果实是出自欧洲希腊的源流。如那个洗劫了高昌库车壁画的德国文化间谍勒库克，在他的《被埋葬的中国宝藏》一书中说：

> 在公元前三百七十年以前，印度西北入新疆要路的加布洛河谷苏流域一带，称为犍陀罗王国的地方，在佛教最初传入的时候，神像的形式还没有确定。后来由希腊印度混合族

的人，模仿希腊所祀的太阳神的样子，开始塑造最初佛像的典型。于是配合了他们固有的佛经神学，就逐渐吸引了信徒，普及到全印度并伸展他们的势力，经中央亚细亚而到达了中国。

我们伟大祖国的艺术传统，在发展的过程中，是曾经吸收与融和外来的成份。敦煌艺术中是有着印度佛教艺术的影响，但决不是像勒库克所说，佛教艺术经过印度中亚细亚而原封不动地到达中国的。从西域的画风，敦煌的画风，以及东行麦积山、广元一带的画风来看，我们有充分的证据来说明由西而东，民族艺术的成份是经过敦煌而逐渐加重它固有的性格与特点的。由于我们的文化艺术具有优厚的便于多方面发展的蕴藏，而能顺利敏感地接受外来影响，又进一步结合了民族的思想感情和风格而丰富而发展，成为自己的东西。

三 怎样来认识敦煌艺术

从内容上来说，敦煌艺术主要的是围绕着全部佛教故事及经典而创作的。无疑的，宗教在当时是起着麻醉人民和巩固封建统治的作用。从敦煌艺术创始的时代，在"五胡乱华"统治中国西北部的北魏太祖拓跋氏就是以提倡佛教为手段，企图把天国的神权和地面的王权联系起来，使人民服从神也就是服从王。在当时社会的精神领域中，普遍受了佛教教义的影响，将秦汉以来"求仙入道长生不老"的欲望，变为"行善礼佛"，"往生不死"的观念。一部《阿弥陀净土经》，传到了中国就改为《无量寿经》。于是表现在艺术上的内容也改变了；过去所采用的那种"鉴贤戒愚"和"颂功颂德"的零碎标榜题旨，改为统一的，总体的，以如来佛为首的善行的模拟。从佛本生经与佛传本行经所载的故事，来烘托出一个享尽人间富贵快乐的悉达多太子,为了不愿世间上有生老病死种种痛苦,而以自己的出奔山林苦行成佛来拯救世界的经过。像耶稣的被钉在十字架一般,这种"牺牲的善行",在封建社会中是起了不小的统治者麻醉人民底效果的。所以我们不难了解,在敦煌艺术的内容中,为什么有这许多类似尸毗王的剜肉喂鹰,萨埵那的舍身饲虎,和须达那的施象被逐等等故事。

但是这并不等于说敦煌艺术仅仅是一些宣传佛教的工具,这里更重要的是:被压迫的人民通过被迫受雇而从事的宗教艺术的创作,所透露出来的是自己的愿望,自己的感情,和当时社会现实中的生活形态。

例如被隐瞒着的在壁画角落上描绘着的,穿插在法华经变与佛本生故事画中的劳动人民的生活情况。作者是如此亲切而胜任愉快地描绘着自己所熟悉的事物:怎样耕作,怎样洒扫,喂养牲口,推磨或拉纤。在西方净土变中,他们充分发挥自己丰富的想像,用极瑰丽的色彩来描写西方极乐世界,那虽然与他们的实际生活有着天地之别,却是反映了他们对幸福的要求和愿望。其他如在宋国夫人出行图和一些供养人像中,我们可以看到当时统治阶级的穷奢极侈。此外,供养人画像和非佛经故事的地位和数量的比重,随着朝代逐渐增加,这一切都说明了来自民间的画工们用了现实的生活形象来代替空泛的宗教内容,"人"从壁画中代替了"神"的地位而逐渐成为主体。

这些被奴役被迫害的善良的人民艺术家,把自己的苦难寄托在描写菩萨的笔墨间。偶尔从大幅壁画的墙角下,我们可以看到这样的小小的题字:"为先亡父母见存妻孥祝福消灾,敬造菩萨像一躯。"类似的文字使我们仿佛见到,当时在荒凉无际的沙漠里的洞窟中,积年累月的劳苦工作着的画工,他们在为雇主祈福之余,也悄悄的虔诚的企图通过自己的忠实从事的艺术创作来为自己的亲人消灾。面对着高大硬实不可移动的墙壁，作画的人是没有丝毫自己的便利可取的。想想看在一个阴沉黯黑仅仅靠入口的阳光照耀的洞窟，有时微弱的光线仅能辨识五指，仰天对着窟顶藻井，画家在高达十余丈的梯架上，或匍匐在地面小不可容膝的洞角里，一条线，一点墨，一片颜色地，把人物、建筑，那些富丽堂皇，含有几百个到几千个人的大场面的构图，严肃工整毫不苟且地画出来的态度，我们是应该向他们学习的。过去在西洋美术史上，我们读到文艺复兴期意大利的大师米格朗其罗，为画教堂皇宫的壁画，五年的屋顶工作，使他不幸养成双目上视的残废病态，对于一个艺术工作者是非常可以感动的事实。而在中国，在敦煌的四百六十九个洞窟中，该有多少不知名的米格朗其罗，是在沙漠边塞中默默无言地完成他们光辉伟大流传永世的创作。

敦煌艺术使我们首先受到感动的，不是它的宗教内容，而是如此伟大的中华民族的坚毅朴厚的优秀性格的启示。

这样伟大的艺术宝藏，不在敦煌，不在莫高窟四百九十六个洞窟里面，是不容易获得完全的印象的。我们在北京看敦煌展览会时必须了解：今天陈列在眼前一幅一幅的小画，是从有组织有布置的整个敦煌壁画结构中所割切下来的片段。实际上敦煌艺术由大块壁画配合了塑像，藻井，边饰，及地面的花砖，与整个洞窟建筑结构都是不可分开的合成一个整体。差不多每一个空间，都是荡漾着同样的空气与同样的情调，这种全般的设计与整体的表现，使身处其中的人，从视野的接触所发生出来的内心的共鸣，是具有一种不可抗拒的感人的力量的。然而这却是中国士大夫阶级笔下的、美术史上从来也没有提到过的无名画工艰苦的劳动创造所遗给我们最优秀的民族艺术传统。

（原载《新观察》第 2 卷第 9 期，1951 年）

敦煌艺术的源流与内容

敦煌石窟艺术,在北魏创始的时期已经达到高度的技术水准。显然的,它不是从敦煌石窟中发生滋长的原始艺术。因此,谈到石窟艺术作风不能孤独地在敦煌就地分析,孤独地只限于敦煌本身。一个正本清源的处理,这里有他必然的需要。

首先要解决的,就是敦煌艺术的来源问题。

在汉武帝的时候,敦煌就是一个总绾东西"华戎所交"的都会。随着政治经济的开拓,文化也一定不会没有它发展的面貌。从历史上,我们看到敦煌在汉朝的时候有张奂、张芝;晋朝有索靖;南北朝的刘昞;隋唐时的薛世雄及沙门竺法护等等,都是著名的文艺与政治方面的人物。这不但说明了敦煌当时文教的昌盛,并且使我们理解敦煌应该有莫高窟前期艺术存在的必然性。

不幸的是这个僻处在边塞的小城市,在不断地受到敌人的攻击与几度的陷落的灾难中,倾圮了的汉唐城池,经过长时期流砂风雪的剥蚀,现在仅存几个黄土堆在夕阳寒风中是唯一的标志着"华戎所交"都会的古迹罢了!

为了探讨一点敦煌艺术前期的消息,一九四三年由夏鼐、向达、阎文儒诸先生主持的考古发掘队,曾在莫高窟附近废墟和古墓中做了一番新的发掘工作。因限于经费和人力,虽然在佛爷庙附近墓穴中发现充分保持汉画风格的六朝前期的彩画墓砖数百块(该项砖石由夏鼐先生复原移存敦煌艺术研究所)已经获得若干在佛教艺术前期敦煌艺术作风的启示;但还没有找到大家所渴望的进一步的证据。所以直到现在为止,我们做敦煌艺术工作仍还只限于以敦煌艺术本身做出发点。当然这里,我们同意向达先生的意见,敦煌艺术是应该包括莫高窟(即千佛洞)、榆林窟(即安西万佛峡)、西千佛洞三个地区的一个系统来看。这个三位一体的艺术系统,因为莫高窟规模的广大与它所包含的历史文献和艺术形式的丰富,我们大部分是以莫高窟为尺度来展开工作的。

二

今天谈到敦煌艺术的人,都免不掉要说到它与希腊、印度、犍陀罗艺术的关系。但另一方面却忽视了它与祖国民族艺术一脉相传的事实。

我们知道中国艺术的长成与发展,早在三代、周、秦的时期。而壁画的创始见于史籍的已有明堂画着尧、舜、桀、纣肖像的壁画。今天根据殷墟、乐浪以及辽阳出土文物的高度技术水准来说,中国造型艺术的各部门早在四五千年前已达到他正常发展形势的事实也是不可否认的了。不过这里还没有搞清楚的就是从甘肃仰韶期中国原始社会的彩陶文化,到三代青铜时代的中间,似乎应该还有一段民族艺术的启蒙时期尚未为今人所发现。这个历史的悬案,有待于考古学者的努力。

从三代以后出土的铜器、漆器的纹样来看,反映着当时人类生活的似乎可以分为两类:第一类是严肃工整饕餮蟠虁的三代铜器。那是高度技术的象征的纹样。从这种高度的技术作风中,它所透露出来当时人民生活的意识,是当时人类在长期与自然生活搏斗的过程中,尚留有对于猛兽的恐惧心理,而藉此提起自己警惕的。这种纹样大都以严格刻板的对称布置,以及铜器本身线条的硬直与锋利,所以给我们的感觉是压不过气来的当时奴隶社会拘谨板滞的气氛。第二类是从乐浪与长沙出土的漆器以及辽阳等地发现的汉墓内的壁画。这些作品大部分流利奔放的描绘与飞动旋转的气势，都透露着人类是主宰自然的动力；中国艺术到达了汉朝是把那庄严重厚的三代文化逐渐推向写实的道路，在造型的具体表征上说是进一步达到生动活跃的境界。

这时候，配合着生活与造型建筑的各种式样的绘画技术，我们看到记载着楚先王庙、公卿祠及鲁灵光殿那些描绘着"山川神灵"的琦玮谲诡与"图画天地，品类群生"的热闹场面的壁画。阿房宫与未央宫在承明殿所画的"屈轶草，进善旌"等壁画，以及汉武帝在甘泉宫所画的"天地太乙诸鬼神"，汉宣帝时代"单于入朝"等等，一直到辽阳的墓穴壁画，我们应该确实的了解中国壁画艺术在距今二千余年前已经是达到它坚定成熟的叙事史画的高度的艺术标准了！

三

就是这个时候，佛教在印度阿育王死灭后的衰败情势下自西域传入祖国的内地。

佛教木身像和其他宗教一般，在开始的时候并不具备着一定的艺术形象的。自从纪元前四世纪左右释迦死灭二世纪之后，阿育王为了纪念释迦生前的圣迹，使巡礼拜佛的善男信女有所寄托起见，在西纪前三世纪的时候曾建立了数十个铭刻着佛经文典的石柱，作为传布和崇信佛教的一个中心征象。当唐玄奘去印度的时候还存有三十个柱子。

与阿育王石柱同时的，是藉亚历山大王东征的胜利侵入中亚与印度内地的希腊王国"所谓亚历山大里亚"的建立。这个新政权的建立随即把所谓希腊文明的形式灌注在北印度犍陀罗地方。

因此石柱的形式与内容更丰硕起来而演变成为塔婆的形式。所谓阿育王建造的石塔八万四千个，就是进一步在质量上提高的表示。在内容方面，除了经典铭文外，还刻划着佛传故事形象。使枯燥严肃的经典内容同时具备着优美活泼的形式。这种初期的佛教美术，大抵的带有装饰风味的佛生前圣迹的叙述。那是与凡人一般，是释迦生前的故事，并无丝毫偶像的观念存在着的。如佛陀伽耶（公元前一〇〇年）释迦成道古迹的圣树佛座等等。

一直到汉灵帝光和二年（公元一七九年）大乘佛教创始之后，迦腻色迦王才开始铸造佛像。《般若三昧经》上记载着：

> 复有四事，疾得是三昧，一者作佛形象，用成是三昧。……常造立佛形象。

这是人们起始把"大无边的佛法"与"佛力"在一个可以用形象表现的范畴中表现出来了。

关于这个佛像历史的开端，玄奘三藏在《大唐西域记》的"梵衍那"条上记载着：

> 王城东北山阿有立佛像高百四五十尺，金光晃耀，宝饰焕烂，东有伽蓝，此国先王之所建也。

梵衍那在今阿富汗的巴米羊地方，是古代印度西北犍陀罗与巴克特里亚（即大夏）中间唯一通商大道。大佛就开凿在这个通道上，佛高五十三公尺，这是最原始立佛的形式。这个立佛形式，据关卫的《西方美术东渐史》上所载：

> 大夏（即巴克特里亚）的地方，早就有许多希腊人住着。所以关于堂塔的建筑和佛像的雕刻，多成于希腊工匠之手。一时造型艺术大为发达。这便是所谓犍陀罗艺术；有了这样艺术之后，才有佛像制作的流行。即最初制作佛陀的尊像的乃希腊艺术家。所以最初的佛像，无论是面貌或服装，都完全带希腊风，佛陀的尊像，同阿波罗（Apollo）的神像一般，无

论是头发、面相或衣服,完全是希腊罗马式。

这个糅合了印度佛教的教义与希腊艺术的形式而产生的犍陀罗佛教艺术,在新生滋发的情形下,分成下列三条路来传流:

一、从犍陀罗的大月氏国越葱岭经西域而传入中国。

二、南下回返到印度而与印度本位艺术相结合造成希腊印度艺术。

三、西行波斯,经过萨山王朝(Sussanidae)发扬光大,经过希腊罗马的古典形式而造成了辉煌的拜占廷(Byzantium)艺术。这是糅合东西文化精粹的艺术形式。

这里不能忽视的一个现象,是印度佛教随着阿育王的逝世,早已走上衰退的道路了。所以犍陀罗艺术虽然按照上述三个方向传流;实际上能存在而滋长生发的道路只有走向东方的中国与西方的欧洲。

中华民族是具有他无比丰富的融合和吸取与感化异族文化的力量的。

当公元二世纪后半期佛教的中心已逐渐由印度转移到大月氏国的时候,迦腻色迦王为了在中国推行佛教,以有名的高僧支娄迦谶与安世高为首率领着西域的佛僧都来到中国从事各种译经与传教的活动,随着佛教输入而来的异族文化如胡琴、胡笛等等,一般地已为中国朝野的爱好而喜欢仿效。尽管汉灵帝喜欢胡服、胡帐、胡床、胡座、胡饭等等,但到了标志着意识形态的本质的关键,我们的祖先即毫无犹豫地批判了是非取舍,决定了民族立场而知所适从。例如莫高窟表现最多的《阿弥陀佛经》,当其在北魏初期传入中国之后,却把那一个题旨配合了当时王公富贵求仙成道长生不老的愿望,索性把阿弥陀佛改为无量寿佛了! 这个事实证明了伟大民族的本质,是怎样用自己的观念来体味印度佛教的教义的。所以羽田亨在他的《西域文明史概论》上说到:

西域的佛教事实上已不是纯粹的印度佛教，而是经过了一些变化的佛教。

四

佛教文化自西方经旧时的路线来到了中国。从现在尚存的古塔可以看到南北两条路线。在这两条路线中，至今尚遗留着北路以库车刻字儿为主，南路以于阗、米兰等处为主的多少含有贵霜王朝的犍陀罗艺术的系统的艺术遗迹。但从那些壁画的特质看来，标帜着七世纪左右唐代风味极盛的用色与描法，以及内含的对象与人物，我们却无可怀疑的决定它是中华民族文化向西域流布的反映。在西域，我们知道，偏处深山旷漠，一直为游牧与其他少数民族住在的地方。那边的人民生活方式，动荡的政治局面，个别的宗教形式与不定形的文化成份，在佛教、耶教、回教、摩尼教错综复杂地展开的领域，艺术的发展是要受到限制的。

假如到如今还存在着南北两疆在西域通道上（如：库车、焉耆、吐鲁番、和阗、尼雅、米兰等处）的佛教艺术，那简单的就是受了汉唐文化影响的传流的缘故。

格鲁兀得，在劫取了中华民族艺术宝藏之后，与勒可克同样以武断的抹杀事实的见解，把新疆艺术分为犍陀罗（库车）、古代土耳其、近代土耳其（即回纥式）（吐鲁番附近）与喇嘛式（即西藏式）的四种。这些侵略者是如此样子荒唐的没有把整个中华民族的文化形式计算在内。

只要看一看现在的敦煌艺术，像历代美术史陈列馆一般的具体例证，我们不难了解中国艺术传统，是如何样子在汉唐文化交流的十字路口，启发他光芒四射的民族特性。

敦煌，不特是现今中华民族文化的宝库，而且是汉唐民族保留传统的都城。由于汉末黄巾、董卓的大乱，以及南北朝时代中原的杀戮，使这个偏处边疆的文化古都成为士大夫避难的乐园。因此得到一直保留着汉代正宗的文化传统。这个没有被战乱摧毁了的民族文化中心，像南面的荆州、北面的北京与东面的会稽一般，到后来都成了复兴民族文艺的一个主要的刺激力量。

敦煌，不但保持了民族传统的特点，而且因为地处古代中西交通的要道，也自然地形成了中西文化会粹的都市。中央亚细亚经过西域传来的西方文化，据关卫在他的《西方美术东渐史》上的推断：

> 中央亚细亚的东南部，即西土耳其斯坦的突厥族，我们可以肯定的说，他老早就熏染了希腊罗马系统的艺术的文化。又就地理上的关系说来，他受波斯的感化亦必很深。即他也会从波斯的安息国吸收过希腊艺术，也曾从萨山朝吸收过欧罗巴系统的艺术。

一个如此样子含有复杂系统的文化潮流，来到了这个没有被战乱所摧毁而保持完好的中华民族文化的中心的敦煌之后，祖国伟大而优秀的传统力量，自汉魏（公元一世纪）到六朝（公元五世纪）这一段长时间是这样机智地批判的融汇贯通的接受并融合了外来的文化。

佛教艺术从印度、梵衍那进入新疆的南北两路而到达敦煌糅合了民族特质之后，又分南北两路散布开去。南路经麦积山、泾州、广元、大足到乐山。北路经云冈、龙门、巩县、天龙山到响堂山。从这两路散布开去的艺术迹象来看，在包括民族形式的飘带、衣摺及形体的更换、内容的蜕变各方面，是愈益接近中原，愈益充分的表示民族的色彩。

敦煌是远处边陲的民族文化的前卫，也是首先给复杂错综的外来文化以冲刷洗练的第一站。

五

现在我们且从敦煌壁画中看一看佛教艺术传入中国之后的演变情形。

显然地，佛教文化传入中国之后，中国艺术无论在思想、内容、技术各方面都曾受着相当的影响的，但这个影响是仅止于各别的"流"的方面，而不是本源的问题。

从思想方面说：印度佛教教义的那种消极的"无为"的思想，不能为当时人民所接受的。这里，在隋唐时代壁画中以西方净土变来代替佛陀本生牺牲故事一点可以得到几许线索。如上面已经讲过的，他们在北魏初期就把阿弥陀佛改为无量寿佛这方面，正说明了佛教教义在那时候已把适合秦汉以来当时朝野求仙入道长寿的愿望，改变为行善礼佛往生不死的观念。

从内容方面说：也随着佛教思想的转变，把过去鉴贤戒愚颂功扬德零碎标榜对象变为统一的以如来佛为首的善行的模拟。从佛本生经与佛传本行经各方面来烘托出一个享尽人间富贵快乐的太子，为了不愿世界上有生老病死种种痛苦，而以自己的出奔山林，苦行成佛来拯救世界的经过。像许多宗教的教主的故事一般，所谓"放下屠刀，立地成佛"所谓"万善同归"那一类封建道德的控制是这样在过去统治的矛盾社会中，起了不小的便利奴役与剥削广大劳动人民的作用。

我们不难了解，为什么在六朝的壁画中有许多本生故事壁画以及在隋、唐、宋、元各朝规模宏大的经变故事画的缘故。那时候，王公贵富，那些已经享尽人间豪富的统治阶级，为了更进一步地巩固与发展自己不尽的欲望，他们用尽一切权力与财富来支持这个宗教的社会地位。他们支持佛教，是为了要巩固自己的统治政权。他们支持佛教，是为了要修炼来世的荣华富贵。

因此人民生活不但不能藉此获得幸福，那些日处于"水深火热""民不聊生"的被压迫被剥削阶级的现实环境中，他们的"苦劳怨曲"，他们的"生老病死"，并没有像悉达多太子出游四门时的为当时统治者所注意。于是亿万个被束缚在"劫数难逃的命运"中的劳苦大众，在无可如何的呻吟叹息中，只有拿释迦如来生前苦行的往事，来作为自己做奴隶的榜样，而"随遇而安"，而"听天由命"地增加他们在压迫生活中过活的工作情绪。

就是在这样悲惨的阴影中，无数劳动人民被奴役地用自己的汗血，一代又一代，经过了二、三千年漫长的封建的统治，完成了世无匹敌的伟大的文化史迹。敦煌莫高窟就是在这样的时代利用人民对于宗教的信仰而创建的石窟寺。

莫高窟在今敦煌城（清雍正三年，公元一七二三年修建）东南四十华里的地方。他修建的年代，根据现有的文献应该介乎三五三年与三六六年之间，包括第四世纪的北魏一直到十四世纪的元朝一千年间。各代修建的洞窟在唐朝的时候共有千余个，但经过长久的毁损，现在据我们整理的结果存有画壁及造像的石窟共四百六十九个。这里面包括魏窟二十二个，隋窟九十个，唐窟二〇六个，五代窟二十二个，宋窟一〇三个，西夏窟三个，元窟八个，清窟五个。这许多不同时代创建的洞窟，在洞窟结构及壁画造像形式方面，都具备着各不相同的特点。北魏洞窟形式都是模仿印度支提的制度，前面入窟的地方凿成与屋宇一般的人字披间，这是一个便于礼佛跪拜的前庭，窟的后半部有一个龛柱（即中心柱（Autel Central)，这是为进香礼佛时沿着印度礼佛习惯，做回旋巡礼时的 Pradaksina 时用的。隋朝的洞窟大约可分两种：一种沿习北魏的龛柱形式，一种是中央平广而三面有龛壁的形式。唐朝的洞窟只有入门相对的一面神龛的形式。五代宋以后，可能由于莫高窟洞窟的建造日益增加的结果,仅有可以作洞窟的地位已全被修建,因此把早期的洞窟修建改造,这些被修建改造的洞窟大都是早期魏代的洞窟,他们为了便利及减省工作起见,把龛柱改造成为须弥座及屏风,而另创了一个洞窟的形式。这些各时代的洞窟形式,都有他们各别的内容配置。如魏隋大都以千佛为主体,间杂了佛本生经,须达那、尸毗王、萨埵那等那些流行的佛传故事画。在千佛与故事画之下,照例有供养男女及施主的画像,有时并配列了边缘的花纹,下面墙脚上则大概在魏代的壁画中都是金刚力士。隋朝的洞窟,除如上述的配置外,有时在神龛的左右侧还画出有原始形态的维摩经变,这是唐朝经变画的开始。唐朝则显然的以经变为主体(经变是用图画来表现佛经内容的构图)。初唐经变的形式,在开始的时候有几个洞窟是把维摩变等简单的经变画在神龛内部弟子和菩萨塑像的后面,整个伟大富丽的经变包含着许多有趣的故事,其生动活泼的各个场面与中央佛堂上庄严肃穆的佛说法形式却巧组合成了一个对比。四周配合着净土兜率的天地与金碧辉煌的矗立宝池中的楼台建筑,加上飞天菩萨练乐与舞蹈等,画面就变得非常富丽紧凑。晚唐五代仍旧沿袭旧的形式,却因为张议潮、曹议金的政治权力与财富,他们在洞窟规模上壁画技术上都有宏大富丽的表现。到了宋朝的石窟因为莫高窟砾崖可以修凿洞窟的地位已差不多全数为上代所占据,为了修造自己的功德,他们不惜拿前朝已经修造好的洞窟涂抹重绘,当时在商业资本和货币资本的发达影响,在物质需要已超过神灵感召的信仰之下,佛教艺术已显然走向衰败的道路,那些壁画所表现的内容与形式多半是贫乏而单调,重复的千佛与简单的颜色,今天给我们整个的印象只是均一整齐的图案趣味。元朝虽然在文献上有过重修莫高窟与皇庆寺的碑石,但洞窟的数量很少,所表现的密宗曼荼罗壁画在技法上也许不失去精密加工的成份，在艺术的质地上，一般地说来是比较走上退步的道路了。

六

敦煌壁画虽然是以佛教内容为核心来表现的，但因为佛教宣传的对象是人世间的，所以重要表现内容是以人物为主。这里从北魏初期的故事画一直到唐、宋间大规模的近千余人的构图场面，每一幅都是经营布置得非常紧凑而生动。

初期的北魏壁画如降魔变及尸毗王本生故事等，虽是反映着佛教艺术传入以后的影响，多少还含有粗野、旷达的风味。但构图上严密的组织性和主题的烘托却已到达了甚高的境界。例如二五四北魏窟壁画萨埵那太子本生故事，就是一个最好的实例。在这幅画中没有时间与空间的阻隔，没有树石房屋的穿插；人与人，动作与动作，密密排排地堆叠成一幅思想意识与内容技巧天衣无缝结合起来的杰作。这幅画的作家，是如何样子聪明、美妙地把萨埵那太子出猎、自刺流血、投身喂虎，以及萨埵那两个哥哥的发现弟弟的尸骨悲哭、埋骨、造塔，八九个不同场面与不同的时间，在一幅画面一个空间上全部表现出来了！画面上的色与线，形休与内容，在深棕色的色彩上加重了严肃沉重的气氛，正因为这是一个悲剧，一个阴森的佛教故事。

同一个故事，四二八窟却用另一种表现的方法。那是采取了民族传统形式承继武梁祠石刻与卷轴画的办法，把整幅故事原原本本罗列在连续的条幅上。一般故事的叙述是自左至右与自上至下作"之"形的连续。四二八窟的故事画在入窟东壁的南北两方。南方的是萨埵那太子故事。北方是须达那太子故事。那两壁故事是横幅卷轴式，每一个故事分三条横幅描写。南方的萨埵那太子故事是从观者右方开始的。北方的须达那太子是从左方开始的。一个是自右至左，自左至右，自右至左作"⊃"形的连环。一个是自左至右，自右至左，自左至右作"⊂"形的连环。仅仅从这个排列的次序看来。壁画艺术的多变与灵活的运用是十分机智的。这里，是充满创作的智慧；无论在边饰、藻井，及人物的配置，没有一个教条与呆板的规律。为了详尽动人的说明一个故事，我们的艺术家知道如何样子掌握题旨的重心，把主体的人物配合了山林房屋一层又一层地夹隔着，连环而又个别地表现出来。这些穿插的山水树石，与其说是自然景物，不如说是每段故事美妙的序幕，他们是如此样子不多不少地去处理故事的主题与配景。这里萨埵那本生故事是比较详细地罗列了十三个阶段：

1. 波那罗、提婆、萨埵三王子在出猎前别父王摩诃罗陀。

2. 三王子并辔向园林进行。

3. 三王子试猎打靶。

4. 三王子有预感。

5. 三王子更前行。

6. 三王子见饿虎及七小虎。

7. 萨埵太子动救虎意念，劝其二兄先行。

8. 萨埵太子解衣卧虎前，虎因饥饿无力食人肉。

9. 萨埵太子复起身立山顶，以干竹刺头出血自悬崖投身喂虎。

10. 二兄不见弟在，折回原地，见其弟尸骨，惊惶悲号情状。

11. 二兄驰马归途。

12. 向父王报告萨埵喂虎情形。

13. 萨埵成佛。

这十三个连环故事的过程是按照下列的次序排列进行的：

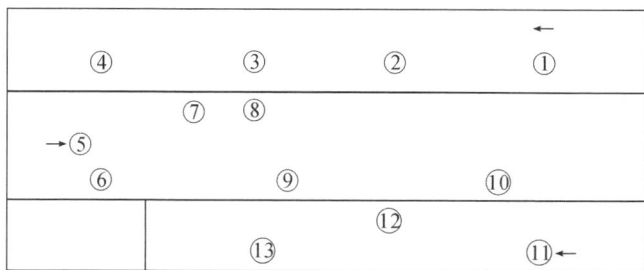

　　如上幅排列着故事进行的十三个阶段,作家是如何样子聪明地在处理他的主题与配景。甚至于每一个场面人物的表情都纤细逼真地毫无疏忽的刻画着。第十段二兄折回在萨埵尸首前的惊惶悲痛的表情,随着两个扑身向前的动作,是如此样子真实地把丧失了弟弟的两个同胞兄弟的悲痛心情全部显露出来了。像这样配合了大胆的线条与色彩的调和,虚实天地的布局,动而不乱,疏而不散,密而不挤,静而不空……这使我们想到张彦远在《历代名画记》上论到的六朝山水:

　　　　其画山水则群峰之势,若细饰犀栉,或水不容泛,或人大于山。

　　这是如何逼真地证实了以人物为主题的构图中山水的地位。为了加强主题的力量与人物的重要性;在上述的连环画中,我们又为什么一定要求作者要"人小于山""水能容泛"像后来《清明上河图》那般平铺直叙看不见主题的连环图画呢!

　　这种"人大于山""水不容泛"的古代作家含有突破拘泥规律的大胆的作风,到二四九窟北魏后期作品时,是完全配合了中国古代神话传说那种《山海经》一类的幻想着的,随着云彩飞驰奔腾的天体上的各种神怪、龙虺、羽人、天狗之类的转动,随着穿插着的天花星宿,真是已经做到画面上"动"的境界了。如长沙出土的战国漆器上所绘的动物模样,如辽阳与通沟墓壁画中飞人奔马一般地都充满了运动回旋的力量。这其中,不特主题的飞人飞马有飞奔流行的效果，就是散布在主题以外的天花与附着在人物上的飘带等等，都是造成全画运动中不可分离的力量。这正是多少年来我们只能在书本上找寻，用文章来议论，五世纪时南齐谢赫在他的《古画品录》所发表的"六法论"中列为第一的"气韵生动"的显明的证例，也是中国美术史上主要问题的一个答案。

六朝壁画中除了故事画之外，作为洞窟壁画供养主题的贤劫千佛的配置，虽然是平铺直叙的罗列了无数千佛在大块画壁的空间。但在用色的间隔和参差调配方面仍然没有疏忽了构图上统一变化的原则。此外藻井边饰图案，与力士供养人的适当配置，在大部分赭红色的壁底上，显现着十分调和的整个。

从初唐到晚唐，在七世纪到九世纪这长达三百年文艺发展的情况之下。那作为过渡桥梁时期的隋朝的简单经变场面，由四五个人发展到四五百千余人的大经变。这里，经变的主题虽然在大体上是以佛说法为中心，环绕着菩萨天人伎乐舞蹈以及琉璃七宝的供养。但表现最入情入理而体贴到每一个时代生活的，却是穿插在大经变四周空隙中，如"譬喻品"之类的故事画。这些故事画已不同于北魏及隋朝那些以佛传为主或以牺牲为主的仅限于佛教的内容。他们是结合了现实人生各种题材内容，除西方净土变的"未生怨"与"十六观"之外，其他报恩、药师、观音等经变故事，包含着"鹿母夫人本生""九柱死十二大愿""普门品"各种曲折离奇的故事穿插，那些故事的本身就是一篇美丽的诗！从壁画的描写中，我们体会到历代的画工们是如何样子用自己洋溢的热情表达这些美丽诗史的场面，例如报恩经变中有这么一段故事：

> 尔时太子于利师拔城于果园中，防护鸟雀，兼复弹琴以自娱乐。利师王女见太子，心生爱念，愿为夫妇，遂两目平复。

这是叙述善友太子被其弟刺瞎双目后，在果园中做一个鸟雀的防护人的时候，为利师王女见而生爱，结为夫妇，双目复明的一段故事。

如图所示，我们可以看到唐代壁画作家是如何样子来处理这个类似"田园交响曲"的场面？

两个在浓荫披罩的树荫下对坐絮语的男女，一个人手中正在作抚琴的样子；疏疏的几笔，把整个故事的要点如生的表现出来了，在这幅故事画中，我们并没有感觉到佛经，也没有感觉到神与菩萨，那是"人"的"世间"的，一幕平常的喜剧，一幕离开了宗教空气如此遥远的抒情的诗歌！

要指出唐代壁画中另一个特点，是代替卷轴式的连环画横幅描写，现在发展到整个画面的上下左右的全般布景，因为洞窟中没有窗户与门堂，大块画壁的面积，在唐以前多半遮饰着千佛与故事画，到了唐朝初期，这样大幅的画壁，都整整齐齐地画着全幅大块的经变图画。这些经变图画大部分都是配合了楼台建筑与树石山水，居中是佛说法，周围环绕着菩萨、天人、供养、伎乐与舞蹈乐队，加上四周配合着各种主题的故事穿插……这里整幅经变是在严密紧凑的布置中叙述了经变内容的主体，一个佛教徒理想的世界从画家所体验出来经变中的神、人、飞天、山树水池、楼台建筑整个描述中是如此完备地反映出来。

我们先拿维摩诘变相做例子，现在引一段《香积品》的经文内容：

于是香积如来以众香钵盛满香饭与化菩萨，时彼九百万菩萨俱发声言：我欲诣娑婆世界供养释迦牟尼佛，并欲见维摩诘等诸菩萨众。佛言可往。（中略）……时化菩萨既受钵饭，与彼九百万菩萨俱，承佛威神及维摩诘力，于彼世界忽然不现，须史之间至维摩诘舍。时维摩诘即化作九百万狮子之座，严好如前，诸菩萨皆坐其上。时化菩萨以满钵香饭与维摩诘，饭香普熏毗耶离城及三千大千世界。

如展号四三六号第三三五窟盛唐画维摩经变是一幅受六朝士大夫清谈影响的维摩诘与舍利弗开辩论会场面的叙述，两个主人维摩居士与文殊菩萨，一个是才富学高博学多能的辩才，虽然扶病对客，手执羽扇，能不失其滔滔辩才的精神。文殊菩萨在这幅画中是用责问的神情来对付面前的居士。其他九百万菩萨比丘天女，以及穿插着的与人间关联的各皇子、善男信女等大规模的群众，是一幅可以不受佛经呆板的粉本所拘束的，场面伟大，趣味生动的故事画。作者可以应用一切丰富的想像力来处理这个比较现实的题材。在画史上，我们可以看到晋魏隋唐画家，如袁倩、张墨、顾恺之、吴道子、孙尚子、杨庭光、吴道玄、范琼、孙位、朱瑶、贯休等无数的画家都画过这个同样的题目，敦煌壁画中也占据了大小五十个画面，这是一个艺术作家乐于接受的伟大的动人的画面。

诸如此类，我可以在敦煌壁画中找到数不尽的艺术作家丰富的想像能力。尤其是在唐朝这个伟大的民族艺术光明灿烂的时代。我们看到那些变化无穷，忽上忽下左右回旋的飞天。那是凭着理想而创造出来不可能存在而看来仿佛可以存在的"若有其事"的形象。在这里，我们伟大艺术创作的先驱者，既不像西洋耶稣教艺术所表现的，"异想天开"地，背上生两个羽翅的天使；又不像后来道教"腾云驾雾"地，用一大块云彩托着的仙人一般。他们，唐代的艺术作家，仅用了几根飘带，一转一倒便把那个上下飞腾的整个身子运用自如地飘忽在空中了！同样富有想像力的创作，如九首龙魁，如十一面观音，如天龙八部，如天狗飞马等等，他们是如何聪明智慧地把历史上远古的传说，佛经上奇离怪诞的神话，那些不可捉摸、无从捉摸的东西都具体而现实地表达出来了。

尤其使我们惊异的，是占有百分比很大的东方药师变的创作。我们的作家是如何样子描写下面的境界：

> 然彼佛土一向清净，无有女人，亦无恶趣及苦音声。琉
> 璃为地，金绳界道，城阙宫阁，轩窗罗网，皆七宝成。

他们在布置了"城阙宫阁，轩窗罗网、琉璃地，金绳界"之
后，又：

> 以种种杂宝庄严坛，安中心一药师如来像，如来左手令
> 执药器，亦名无价珠，右手令作结三界印，一着袈裟结跏趺
> 坐，令安莲华台，台下十二神将，八万四千眷属上首，又令须
> 莲台，如来威光中，令住日光月光二菩萨。

在经变的天国世界的主体布置好之后，接着左右就是九横死，十
二大愿。他们在这样一个安静快乐的世界周围，马上布置着：

> 一者被误投药石枉死。二者横被王法所诛。三者耽淫
> 贪酒放逸而死。四者横为火焚。五者横为水溺。六者横为
> 恶兽所啖。七者横坠山崖。八者横为尸鬼等所害。九者饥
> 渴所困不得饮食而便横死。

这九幅不同悲剧的构图。在和平乐园的四周显出苦乐不同
的内容对比，加上真实表现的技法，我们的艺术家，在创作上是全
盘达到成功的境地。

由作家丰富的理想，他们可以想到乐的境地，和苦的场面，而
这些表现场面又是如此的入情入理，如此的动人相信。这不是作
家把想像力与创作经验结合起来又哪里能达到这样地步呢？宋
宗炳在他的《山水画序》上说得好：

> 夫以应目会心为理者，类之成巧，则目亦同应，心亦俱
> 会，应会感神，神超理得。

所谓"得心应手"的作品，自然也就是"合理"的东西。

七

构图的艺术在敦煌壁画中，从六朝经过隋唐，一直到中晚唐的时候，因为供养人像地位的改变，与重要性的增加，使壁画内容也都起了变化。那些在魏隋时代一直位置于壁画下段或神龛方面的供养人，到了中唐以后，差不多全部移写在洞窟入口的甬道左右。尤其是晚唐张议潮以及五代曹议金几代的洞窟，因为他们家庭组成的庞大，往往四五十身一个大排行的大型供养人像，就占据了很大一个百分比的地位。我们从安西榆林窟第二十五号窟曹氏供养人题记中，看到有"都勾当画院使"的名称，知道正当瓜沙曹氏之世敦煌虽远在沙漠尚有画院的创设。从他们几个洞窟艺术的精美者，我们不难推测到，当时作为供养人描的肖像画的技术，已经逐渐走到进步的道路了。从此使我们想到汉朝的画官制度，以及画工尚方描绘的五十卷《汉明帝画官图》，以及吴道子的历代帝皇相等的历史往事。从石窟壁画的维摩诘及唐代少妇的遗像以及涅槃弟子脸部所涌现的悲痛表情，在天神舞使脸部上娜娜多姿的体态，佛菩萨像中庄严慈爱的神情，天龙力士又如此勇敢忠烈的面貌……这一切，复杂变化的表情，既没有用木炭的阴影也没有用油画的彩色与笔触，这里，民族传统的工具，是全部用烘染过的线条的力量。这个线，在生硬垩白的壁画上，比在宣纸上还不易处理。假如我们在落笔之前没有"成竹在胸"，那是不会得有如此样子出神的表情的。宋陈郁说：

画写其形必传其神，传其神必写其心！

因此，我们对于这些妙用无穷的线条，不能孤立地当作线的本身来看，在这个线的里面，实际上是具备着一系列含蓄着的条件。

八

唐代大规模经变的发挥，一直到五代宋初的几百年中，我们慢慢地可以看出，经变画是怎样从初期的简单形式，一直到五代宋初的大的完整的成功。如六一窟宋初曹延禄的洞窟，实在已到了登峰造极的顶点了。然而那些虽有变化，而可能是由粉本上传来的定型的经变格式，到后来已不为一般画家所喜欢的了。尽管西方净土变在莫高窟现有的壁画中占有一百二十余壁的大数目，但这时画画的人，却喜欢在两旁未生怨及观经的故事中来作比较生动详尽的描写。维摩变，可能是因为包含各国王子，俱有阎立本历代帝皇相的场面，也是采取比较多一点的题材。其他如劳度叉斗圣，那是一个富有活动性热闹的题材。从这样的趋势中，我们可以找到一根线索，晚唐以后壁画题材，是逐渐地从死板的佛教内容中解放出来而又回到独立性故事画的场面了。像六一窟宋初五台山，及一连有百余幅绘画精美佛传故事画等，都是显明的例子。这许多故事画，现在已由卷轴式连环画形式改为单幅连列的故事画。不要忽略，这个时候，中原创作的作风，正在花间体中盛行着所谓"落花马蹄香"那一类院试考题，一切浸润在自然主义的"残山剩水""孤花片叶"的伤感抒情的小品的时候了。

九

为了比较具体的给我们一个敦煌艺术内容的概念，这里我把不完全统计所得的结果罗列在下面。要声明的是：一、这个统计数字没有把我们最近发现的十八个洞窟（包括五个隋窟，七个唐窟，四个五代窟，一个宋窟）计算在内。二、这个统计没有把占有最大数数量的千佛(可能有百十万的庞大数字)计算在内。三、没有把数量不算小的供养人计算在内。四、没有把飞天伎乐计算在内。五、没有把附着在每一幅经变构图以及建筑物边缘的图案计算在内。

一、关于壁画方面

甲、经变构图

1	西方净土变	一二五壁
2	东方药师变	六四壁
3	弥勒净土变	六四壁
4	维摩诘变	五〇壁
5	天请问经变	三二壁
6	华严经变	二九壁
7	报恩经变	二五壁
8	法华经变	二四壁
9	法华经普门品(故事)	二一壁
10	金刚经变	一七壁
11	劳度叉斗圣变	一二壁
12	思益梵天请问经变	一一壁
13	涅槃经变	一〇壁
14	楞伽经变	九壁
15	降魔变	四壁
16	密严经变	四壁
17	陀罗尼经变	二壁

乙、故事画

1	佛传故事	二七壁
2	宝塔品	一八壁
3	涅槃故事	一〇壁

4 萨埵那太子本生故事　　　　　五壁

5 须达那太子本生故事　　　　　五壁

6 五百强盗故事　　　　　　　　二壁

7 尸毗王本生故事　　　　　　　二壁

8 多子塔多　　　　　　　　　　二壁

9 十王厂　　　　　　　　　　　二壁

丙、曼荼罗

1 密宗曼荼罗　　　　　　　　　一一铺

丁、佛像

1 文殊菩萨　　　　　　　　　　八〇铺

2 普贤菩萨　　　　　　　　　　八〇铺

3 如意轮观音　　　　　　　　　三九铺

4 不空羂索观音　　　　　　　　三六铺

5 北方天王　　　　　　　　　　三〇铺

6 观音　　　　　　　　　　　　二九身

7 药师佛　　　　　　　　　　　二五身

8 南方天王　　　　　　　　　　二四身

9 千手千眼观音　　　　　　　　二四身

10 四大天王　　　　　　　　　　二一组

11 地藏佛　　　　　　　　　　　一七身

12 千手千钵观音　　　　　　　　一〇铺

13 水月观音　　　　　　　　　　五铺

14 卢舍那佛　　　　　　　　　　三身

15 孔雀明王　　　　　　　　　　二身

16 金翅鸟王　　　　　　　　　　一身

17 阿修罗王　　　　　　　　　　一身

二、关于图案方面的

甲、藻井图案	约四二〇顶
乙、佛光图案	未详
丙、座饰图案	未详
丁、边饰图案	未详
三、关于塑像方面的	
甲、魏塑（包括影塑四五六身在内）	七二九身
乙、隋塑	三一八身
丙、唐塑	四四二身
丁、五代塑	三九身
戊、宋塑	一八七身
己、西夏塑	八身
庚、元塑	四身
辛、清塑	六八四身

十

上面这些内容，是以宗教为中心的造型表现的主题。也就是由这些内容，把从四世纪到十四世纪前后一千年中民族艺术传统在敦煌长达二十五公里的巨大的壁画上连贯不绝地纪录着。它补足了过去美术史的残缺，它充实了民族文化史的内容；使祖国伟大而丰富的艺术传统发挥了无限的光芒！我们要感谢我们的祖先，可敬爱的古代的画工塑匠，他们是怎样用自己的手和智慧，在荒凉凄惨的沙漠戈壁中不分寒暑，成年累月地完成他们神圣的工作。他们是生在那里，工作在那里，甚至于死在那里！多少次数，当我们在石窟南段洞窟中，那些空洞的尘沙满室的小型洞窟的石坑上、沙堆里发现枯黄的尸骨和残破的麻布、烟盒、油灯……以及壁墙上残留着若干用土红勾划着的画稿……这个长不满六尺,高不能容身的石窟就是我们默默无闻的画工塑匠们死葬的地方。

我们知道一幅"前呼后拥""鞍马屏帷"的当时位极人臣的河西归义军节度使和他的夫人出行图的壁画,但不会知道这幅画却就是通过了如此样子贫病而死的劳苦人民的心血和手腕所创造出来的成果。想一想在那样天地悬殊的现象中的创作情绪,和生活遭遇……假如说,今天因为看了敦煌艺术之后激发了爱祖国,爱祖国伟大的民族传统的心思,我们就不能忘记掉那些千余年来无数个为我们创造敦煌艺术的无名的画工塑匠和当时的劳动人民的功绩!

(原载《文物参考资料》第 2 卷第 4 期,1952 年)

敦煌艺术特点

一　两魏艺术之特点

自后汉明帝佛教传入国土后，中国文化随西域交通的频繁，已显然进入一个新的阶段。敦煌艺术滥觞于北魏，正当中国艺术受佛教艺术影响之时际。自其开端即已呈现印度犍陀罗派（Ecolevgreco－Buddigue）的作风与北魏民族雄伟活泼旷达流利之特点。此时壁画一般描写的对象多为灵鸟走兽之奔驰，天神梵仙之霞飞，一如 285 窟（C83/P120n）窟顶之天体描写，无一不呈现行动飞逸之感觉。另一方面释迦如来以及比丘弟子则以天地万物之宰之地位，肃穆严正地静处其中，不乱不紊，则又显示佛力之伟大高超。

此时期壁画用色多为石青、石绿、紫红、土红、黑、白兼及富丽典雅清快明澈，形态之表现着重于主题之扩大与主要动作之加强。就是张彦远所谓：

　　……或水不容泛，或人大于山，率皆附以树石；映带其地，列植之状，则若伸臂布指，详古人之意，专在显其所长，而不守于俗变也。

莫高窟共有魏窟二十三个，此二十三窟，均具有北魏雄伟古朴之风趣。所谓"人大于山，水不容泛"，均可于 285 窟（C83/P120n）得眼林故事画，及 290（C86）隋佛传故事画中，获得其实例。此外在 288 窟（C184）之白衣释尊像中，可窥见犍陀罗风之实例，即所谓希腊佛教艺术（Grico－Bugdisue）之特点。其时壁画造像之线描衣褶均紧贴身体，一如希腊巴载龙雕像之把人体的曲线从柔软的衣褶中表现出来一样。这也就是北齐曹仲达"曹衣出水"的体式。

二 隋代艺术之特点

有隋一代，享祚甚暂，但因当时朝野佞佛之风气所及，莫高窟现存四百余窟中，隋代洞窟共计九十六个，约占石窟群全数之五分之一。由此大多数之比例，可知隋代在莫高窟所占地位之重要。

石窟艺术自创造至于隋代，经二百余年之精练洗刷，逐渐随中国文化之陶冶熏练，已具有充分民族之气氛。其用色由简朴渐趋于华丽（千佛背景多用红土），其用笔更形流利爽达，在造型方面之变化，系自北魏带有欧洲中世纪俄特式之瘦削细长渐变为半盛圆实之体式。题材方面除承袭两魏故事画外，间有简单之维摩经变，及普贤菩萨之描写。综观此时代之艺术，可谓为六朝与李唐间之桥梁。由自由到规律的，由象征到写真，由异国情调到民族色彩的蜕变时期的标本。

此时期藻井图案之风味，受波斯小亚细亚及印度之影响，其富丽多变之程度，为莫高窟各时代之冠。

三 李唐艺术之特点

李唐三百年，由于政治之修明，其于中国文化之盛各个领域均有极普遍之发展。敦煌唐代壁画约可分为初、盛、中、晚四个时期。此四时期之作风，有显然之差异。初唐作品，尚含有作风方面部分的古朴拙劣，一如六朝制作。盛唐制作，大抵丰富美丽金碧辉煌。在作，一切客观的条件都已到了顶点，那时比例透视和其他有关写实技巧的发达，实在远超过时人所作的图画。

唐代绘画题材，一变过去消极牺牲的连环故事画，而为大幅经变。（经变是佛经以图相来表示为意思。）也是净土宗在中土抬头，而把佛教之义，极阴森消极的印度思想中拯救出来的一个过程。因为唐代的净土宗，是表示唐代中国民族积极进取的象征。在敦煌壁画的一百余幅西方净土变中，从初唐到晚唐，往生灵魂的蜕变，是于七宝池的庙，一直到参加天神讲坛的行列中为止。正可以见到，唐代民族，在佛的理想国中，如何样子，从微细的幻想而到了彻底具体的现实。

在技巧方面，唐画铁线描的流利放达，真如"春蚕吐丝"一般，把全幅画面富丽的色彩，如同取此教堂中嵌镶玻璃似地，把每一个颜色，在细润圆滑的包含中，更外显得充沛的力量和他要表现的意识。这正如中国美术史上所常提到的"吴带当风"那一类奔放活力的另一种认识。

四　五季宋元艺术

五季居唐宋之间，为荆关一代蜕变的重要时期。千佛洞，因曹议金三世统治瓜沙的政治地位和财力修了不少规模雄伟内容精美的洞窟。一般的作风都是承袭李唐没有很大的变化。不过美术史上所说"山水至荆关一变"的实例，我们确是在五季壁画的故事穿插上见到了。那是从铁线描到兰叶描的一个重要转变。我们在去岁重修发现的 27 窟，完好如新的龙王海会大幅壁画中完全见到那已经蜕变了加上压缩与类似枯紫描的新线的诞生。

这种倾向一直到元代第三窟(C160)的千手眼观音尤为显著。

宋代是自然主义卷轴画倡行的时期,徽宗创画院,设画官,集中艺人于小品抒情之造作。那是从方寸天地之中,窥探大自然的一个禅宗领悟的静穆的时期。千佛洞此时代壁画大都是画匠机械仿制之品。内容贫乏表现板滞,没有多大可取的东西。

元代密教盛行,在千佛洞所见壁画内容已大部分由经变而为密教曼荼罗如四百五十六、四百五十七窟所示,制作虽精,但已具有衰退的现象。

明嘉靖三年退守嘉峪关一直到清雍正元年才再置沙州,在这个时期中,千佛洞没有一点历史的痕迹。

(原载《敦煌艺展目录》,国立敦煌艺术研究所,1948 年 9 月)

敦煌艺术与今后中国文化建设

文化的命脉像一支千古不断的源流，从各个本土滋长出来穿越一切阻障，融会贯通，曲折蜿蜒，时隐时现地奔腾前进，他由细流而小川，由小川而江河，终于变成一望无际的大海汪洋。文化当其正在健全生发的时候，总是像江流一般冲激汹涌、波涛滚滚；及至年湮代远，积流成海，往往沉滞静寂，无有力量。

中国艺术二千余年来，关于画体的遭变，画法的演进，自六朝隋唐的昌盛，五代宋元的蜕变，到目前已像一池止水，贫乏困顿。那时候我们需要变换，需要一个外力的波动。这种外力不是吹皱平湖的春风，而是掀波作浪的大风暴。

从来因为政治或战争变乱的刺激，而产生新艺术创造力量的，颇多前例。唐代艺术的昌盛，因为两晋五胡的变乱。十五世纪法国文艺的复兴是因了法王都尔斯八世，路易十二，法兰西斯一世等的屡次与意大利的战争。二十世纪新艺术的勃发，可以说是第一次世界大战后的收获。我们并不赞扬战争，但我们明白因了战争破坏而产生的建设的力量。在目前，我们正当一个空前未有的为正义而作的八年大战，已经到达胜利阶段的今日，我们可以断言，因了这个排山倒海的暴风雨，静止了几世纪的中国文化，正在酝酿一个新的趋势。这个新的趋势可能的有两种力量：一是外来的，一是内发的。庚子以后，中国学术文化已奠定了新的基础。从这次同盟国合作的情况来看，今后国际军事政治经济工业文化的交流，将达到从未有过的繁荣。对于今后外来学术文化的影响,我们可以毫无疑问的得到不少助力。不过文化的内容,不能没有自发的基于民族立场的主体。我们需要它,比外来的影响更是逼切。因为我们要用自己的血液,来培养五千余年来绵延继续的祖先给我们的文化基础。

称为文化前驱的中国艺术思潮,一向被封秘在"象牙之塔"的少数文人的闲情逸趣中。本来缺少正确的观念与健全的修养;加之隋唐以后的艺术品已为专供君王赏玩的御宝,其间因政治的变迁,艺术品遭受的损失真是不可胜计。继始皇焚书之后,汉武帝虽创置秘阁,广搜天下法书名画,一到了董卓之乱就全部被损毁。梁元帝书画典籍二十四万卷,在兵困城下,求和乞降之前全部焚毁。《贞观公私画史》所存名画不过二百九十三卷。如此帝皇的宝藏,我们既无由得见,民间之收存,又因中国人秘藏国宝的传统陋习,称为书画古玩这一类应该收藏的东西,就没有在社会上展览的机会,这种趋势使我们对于中国古艺术的认识非常浅薄。譬如顾恺之在瓦官寺作壁画,"闭户往来,月余成维摩一躯,启户而光耀一寺",这种类似传奇的纪载,并没有使我们把握着作品的梗概。及至数年前在伦敦博物馆中看到《女史箴图》的手卷,才恍然于"春蚕吐丝"的笔法。这幅经过无数劫运,尚能为我们见到的仅有的六朝画稿,给予我们很大的启示。因为从这幅画里,使我们知道,早于欧洲文艺复兴千余年前,中国绘画已到了如此昌明精深的阶段。我们引为遗憾的,除此之外,没有更多的证明和实例。因为像绘画那样的造型艺术,对于一个从事绘画的人,仅仅若干用文字描述评论的文章是不够的。

因为没有实物的证例,中国美术史的评论非常不易。现有的若干书籍,总脱不了参考拼凑在枯干无味,陈陈相因的字里行间做文章。就是从事艺术创作的人,也滞留在传说一般的美术史的阴影中,得不到前人的鼓励。拿着"学画无异学书"的修行学道者的精神,迂回在方寸天地之中,真是到了"今古绝缘""数典忘祖"的地步了。

敦煌石室的发现,是距今四十余年前的事情。自从斯坦因、伯希和等盗取了经卷幡画之后,国内才争相传诵。世人知道敦煌学,是包括敦煌石室发现的手卷,孤本有关宗教、哲学、天文、地理、历史、语言诸方面的学问。说到壁画塑像艺术部门,大家都以为边徼荒塞,所存者不像内地寺院所可见到的泥塑画匠的玩意儿,并没有打动"读万卷书,行万里路"的文人画家的心坎。所以尽管有带着翻译,坐了大邮船,"行万里路"而至外国去当场挥毫的国画名家;这个远处在嘉峪关外,瀚海彼岸的千佛洞,依然冷落寂寞,一任游人之毁损偷窃。如果当年绘制壁画作家的灵魂有知,一定要大放厥辞地讥刺这个年代艺术家的沽名钓誉的异常心理。

张大千先生二年前来到这里,是继无数考古学者游人之后,中国画家到千佛洞的第一人。他是中国画家中已经有地位的人,他很可拿他的地位漂洋过海做人家正在做的事情。然而他并没有这样做,因为他知道敦煌艺术,并不是简单的佛家宣传画,也并不是画匠的俗套,而是真正一千数百年来中国文化的结晶。现在藏经洞石室,秘藏虽已扫刮净尽,其他四百余石室中的艺术品,却真是国家的至宝呢。前年教育部艺文考察团王子云先生等莅至,虽仅短短几个月,却作了百余幅彩色的临摹,并且在陪都举行敦煌艺术展览会。其次是大千先生成都重庆的画展,其次是本所研究员罗寄梅先生等的敦煌艺术摄影展。在这两三年中从事艺术的人,总算已间接的把敦煌艺术烘托出一个轮廓大体。

现存千佛洞的四百余窟,包括北魏、西魏、隋、唐、五代、宋、元各时代塑造和壁画,真是一个规模最大,收罗最丰的博物馆,一部描写最详引证最确的活的美术史。现在我要简短的把这几个时期的作风叙述一个大概。

我觉得敦煌艺术大概可以划分三个时期：

一、印度艺术传入时期——象征的——北魏西魏诸窟。

二、中国艺术繁盛时期——写实的——隋唐五代诸窟。

三、衰退时期——装饰的——宋元诸窟。

一　印度艺术传入时期

中国绘画之吸收外来影响，是在东汉明帝印度佛教传入时期。佛教画开端，却始于三国孙吴之曹不兴。那时因为天竺僧康僧会的携佛东来，曹不兴开始临摹，其后就普遍的流行。张僧繇画一乘寺的时候，并采用称为凹凸花的印度阴影画法。这是画史上的记载。千佛洞依照开凿年代（西元三六六年）来说，那时正当魏晋西域诸国的沙门优婆塞藉印度佛教的推动力源源东来，其时西域一带正浸润在佛教全盛的氛围中。敦煌为当时东西交通要道，印度佛教艺术作风，自然侵入千佛洞诸壁画中。从北魏西魏诸窟里边带着健陀罗作风一点上看来，可以显然明白。印度佛教艺术最显著的特征，是健陀罗风格。那带有优秀衣纹线条的表现，以及浑厚坚实的形休的烘托，是兼有希腊、罗马两个特有的素质。从壁画的色彩方面说，其浓重丰丽之感，有充满波斯、印度的特性。至于采用的题材，因为当时正在佛教东流的初期，一切礼教与法道，要藉绘画力量来传播；所以都拿佛传和本生经作为正主。许多故事连环画，把活动热烈场面，用朴素而真率的态度，尽情描写出来。这些壁画，使我们想到文艺复兴前期齐屋堵那些叙事式的宗教绘画。有时候带着粗野奔放的气势，只有法国野兽派作家 Rouault 的画可与比拟。例如就第二四八号（编者注：本文洞窟编号为张大千编号）北魏窟来说，北壁的降魔变那种粗线条描述的动作形势，笔触色彩，没有一处不表现力量和动作。我们知道北魏壁画制作的程序，是先以朱红的粗描勾了轮廓，敷以白粉之后，再加上细线的勾划。但现存的六朝壁画，大部份白壁和外缘的细线已被侵蚀，显露的朱红也变作灰黑，因而表现得异常粗野强烈。在同窟南壁一幅舍身饲虎故事中，王子剥了衣服长跪着预备向山下投身饲虎的顷刻的描写，简直是油画画成的一个模特儿的习作。其凹凸光暗立体型的表现，笔触的放纵，颇有大气磅礴睥睨一切的气概，把东方画的线条运用在面的表现上，其效果之成功，真有令人不可相信的地方。在颜色方面说，照现存的情形只有灰（朱红氧化后的变色）、黑、红、白、青、蓝的几种。这几种颜色，在画壁上相映成简朴坚实的氛围。因为年代的久远，有些被剥落的部份，或退了色的角落，都分外可爱的在诱惑我们。这种坚实温雅，朴素浑厚的色彩与笔法，令人想到现在法国倡导恢复壁画运动的宗教画家窦乏理哀（Dosualiez），因为在佛像的描写上，魏画多少带有高底克氏（Gothique）的风味。在这个地方我们要明白画史上列着的尉迟乙僧，一个从于阗到中国来的画家。如八三窟那种与其他诸窟截然不同的意味，风趣和作画的方法，不但所谓健陀罗的雕刻，那种曹衣出水的笔调，一样显著的留在魏画胡服的衣褶及其笔触。在这种壁画前面，我们看到印度波斯希腊罗马的幻影，却又说不出他的所以然。在笔法方面，也许我们没有看到如张彦远评顾恺之画的"坚劲联绵，循环超忽，格调逸易，风趋电疾"的情形，我们面对着中国古绘画之前，有时真会迷离恍惚，不知怎样来描述这些大胆有力千余年前的作品。

有好多地方，如同前面所述，魏画题示着原始稚拙朴素的感觉，他们在描述一个故事，房屋与人的比例，山林与兽的比例，都是非常不称，有意或无意地带着象征的意味，正惟其是这样，六朝画更充满了表现的力量。

二 中国艺术长成时期

中国古代艺术经过六朝佛教艺术的渲染，从朴素典雅的特质，进而至于繁杂美丽金碧辉煌的境地。千佛洞壁画隋唐画家承六朝余风，造诣更为精进。他们用圆润细劲的笔线来代替健陀罗消瘦锐利的作风。他们用纯厚都丽的色彩，来代替印度的色调。如吴道子、阎立德、立本、张萱、周昉、李思训、王维等辈，这里虽然没有题记作为证据，但许多洞窟可以说明诸家近似的风格。如二九二、二七〇、一二六诸窟的壁画，在大规模的经变构图中，庄严如佛像的题材描写，唐代的作家仍然非常主动活泼的在表现姿态动作。要不是作家们真能"熟悉典故""领悟佳趣"，又焉能至此。这里使我们知道画史中"随类赋彩""金碧辉映"的实例。三〇一窟《张义潮大妇出行图》，真是"鞍马屏帷""冠盖如云"！即一列亘里许的仪仗，充满着写实的风度，令人想见当时"贵游之盛"。至于紧凑生动的结构，自由活泼的描写，使绘画的理想全部实现出来，真有忘人忘我，感情移入的微妙境界。中国绘画渡过六朝的桥梁，这个时候已达到登峰造极的顶点。

从题材方面说，佛传故事虽仍为重要描写对象，自隋以后大量挥发净土意识，到此时已有了根本的改变：

> 然而这种目的，在把个已存在消灭的特殊的印度式悲观论的人生观，中国一般人的心里似乎有不大高兴接受。中国的佛教徒没有印度教徒那样偏于玄想，他们却相信深信三宝的人，因为他们合乎德行的生活同精神上的修养，可以往生净土为其报酬。在那里得到有福的休息，虽不是永久的，时期之长却不可计量。这种的往生净土，往往画成善人的灵魂从莲花瓣中转身一为婴儿以表示之，于是这种虔诚的想像显

得更有诗意了。[1]

中国人已把佛教悲观的消极思想改变，在千佛洞唐画经变中，天真活泼往生孩子悠然自得的静静在七宝池中漂流的景态，真可以代表大唐民族奋发有为的精神。

再从描写的态度上说，唐画充满着写实的成份。试拿二九二及一二六窟北壁的两幅净土变（是千佛洞唐画的代表作）做证例，来简略的说一说。二九二北壁为西方净土变，释迦如来居中，周围诸菩萨众下方伎乐供养及宝池往生灵魂上方楼台亭榭，全画构图紧凑，用色典雅。菩萨像圆润丰厚带有肉感的线条，其纯化精美的程度，可以拿欧洲文艺复兴时期的意大利画家文西，或十九世纪法国画家恩格尔的作品来比拟。至于楼台结构的严整细密，远近法的入情入理，真是得未曾有。其他宝池中水纹的荡漾，楼台屋顶微光的映辉，加上远远配置在亭角间的佛光神影，俨然已写出西方极乐世界的真迹。一二六窟北壁的净土变，色彩富丽，布局高贵宽敞。上部晴空蔚蓝之天体中，天人、供宝、乐器、花卉随着云彩飞坠而下，一如流星。中部世尊说法，诸菩萨环坐听道，左右的楼台亭榭，下方宝池中桥影波光，互相辉映，再下乐神舞伎余音缭绕。这种入情入理的表现效果，已把净土意境充分透露。壁前静观，诚令人有出世之感。

上述的两幅唐代壁画是最充分表现着写实的精神。但这里所谓"写实"是"中得心源"的带着主观的表现，并不是十九世纪的 Realist 所作的客观的"形似"而已。

---

[1] 向达译《斯坦因西域考古记》第 164 页。

三 衰退时期

五代以后，精彩时期已过，宋元写作虽纯练烂熟，却多含衰颓退化的成分。千佛洞所见壁画已甚粗俗刻板，描写的经变内容有时几于不可辨识。壁画的各面不过是散点模样重叠起来的装饰图案，毫无生发力量。元画虽实例不多，在用色方面较为新鲜，但似缺少生气。

从艺术作风的系统讲，上面三个时期虽然表示三个倾向，敦煌艺术要注意的是：

1.全部壁画以人物为主体；

2.全部绘画都采用浓重色彩。

六朝隋唐的画家大抵都是佛教画家。间有以山水为背景者，真正的独立山水，却始自唐代的李思训、吴道子。但当时宗尚青绿；自王维水墨山水兴起，山水画家即风起云扰，一直到现在，此风尚没有完全消灭。这种关系文化哲学的问题，如果我们一定要知道所以然的缘故，我们可以先拿西洋文化来做一个例来说明。

我们知道西洋文化是发源于古希腊。由于希腊半岛山地形势关系，希腊人的生活，都是背山临海，局促一隅，人与人的关系要比人与自然的关系多，所以他们的艺术以雕塑为表现的工具，拿整个美的条件放在一个裸体的人身上。这里代替一个山水林木起伏丘壑的节奏是人身上面与线的变化与和谐，代替嫣红紫绿的色彩是投射在人体上的光的变化。他们是从人中间去看宇宙，而中国人却是从宇宙中间去看人。中国山水画能历久存在的缘故，就因为这种哲学基础。觉得在茫茫宇宙间，人类不过是一个无足重轻，补点在山水中的穿插而已。于是从看天而到怕天，由怕天而到倚靠天，所谓"靠天吃饭"，"听天由命"，消极出世的观念,使中国文化整个都埋葬在避世怨生的阴影里。这并不是一个很好的现象。

就是拿欧洲的艺术动向来说,古代中世纪一这到文艺复兴期的画。亦无不以人物为主的。一个乔多(Giotto),一个米格,一个万罗纳(Veronese),一个蒂香(Titien),一直到冯白郎(Rembrand)、恩格尔(Ingres),哪一个不是以描人物为主? 真正风景画是在十八世纪布审(Paussin)以后的事情。从那时以后到了十九世纪法国的哥罗(Corot)、英国的 Constable 都专门从事于画架画(Peiutnreau Cheoalet)的制作。那时候欧洲的绘画才从叙述的装饰的大块文章,一变而为散文小品,接着印像主义诞生。印像派的鼻祖莫南(Monet)回答一个问他画面何者为主的人说:"这幅画的主体说是光。"这正如倪云林所说:"余之竹聊以写胸中逸气耳。"欧洲绘画到这个时候,已逐渐走向主观的路。及至第一次欧战之后,个人主义支撑着整个欧洲艺坛,从立体主义表现主义一直到超写实主义,真是离奇古怪,把下意识的、未经统制过的人类的幻想、梦想,支离破碎地表现出来。艺术到这个时候,只有虚伪做作的人才有创作,只有假冒为善的人才能欣赏。这正如近时文人画家,沾沾于笔墨气韵、神逸超脱的风度,拿"传神""写意"的口号,干抱残守缺的勾当,所谓"不过意思而已"。如此样子穿着大袖绸衫,潇洒雅逸的文人骨架,使中国绘画从孤高自赏的傲慢阶段而渐渐陷入隐退感伤的悲剧境地,必然的趋势是自杀与灭亡;这正如我看到欧洲超写实主义画家拉生拿"被埋着的人"为题材,描写沙漠中的夕阳,照着倒立一个骷髅,那瘦长悽惨的样子,正指示在世界末日的十字架上。朋友,这毕竟不是象征着一个正常的可以乐观的世界呀!

这个不能乐观的世界,终于爆发这一次可怕的悲剧,从未有过的大战。经过八年来的抵抗,胜利终于来临。在这时候我们应该计算一下,今后的文化建设问题。那站在前驱的艺术动向,也就是中华民族的立国的基础,我们知道在目前已是"航运"的世界,我们并不缺乏外来文化的影响,我们缺少的是引证历史的实例,找出文化自发的力量。因为只有历史,能使我们鉴往知今的明白祖国的过去,明白中华民族的精神之所在。敦煌艺术是一部活的艺术史,一座丰富的美术馆,包含着中国艺术全盛时期无数的杰作,也就是目前我们正在探寻着的汉唐精神的具体表现。

(原载《文化先锋》第 5 卷第 24 期,1946 年 7 月;《新思潮》第 1 卷第 2 期,1946 年 9 月)

"丝绸之路"上的一颗明珠

——介绍敦煌莫高窟艺术

中西文化交流和友好往来的"丝绸之路",象是古代人民用巨大的智慧创造出的一条光彩夺目的美丽的项链。而敦煌莫高窟则是这条项链上的一颗明珠!

莫高窟俗称"千佛洞",它在这条丝绸古道上已经沉睡了一千六百多年。公元前四世纪,希腊的亚历山大大帝怀着征服全世界的野心,带领大军向东方迈进。他从雅典出发横穿地中海,经过埃及沙漠……后来,由于马其顿的入侵,希腊发现了印度和中国两个"新大陆",发现了世界上还有这两个伟大文化历史古国的存在! 原来它们之间各自封闭、不相闻问的局面被打破了。于是希腊的文艺和印度的佛教文化逐渐东来,同由原来在祁连山活动的大月氏带去的古老中国的文化在大夏互相影响,孕育了新的西域文明的果实。最后是公元前一二八年汉武帝派张骞出使西域,通过"丝绸之路"正式沟通了东西文化和友好往来关系。这就是敦煌石窟艺术产生的历史背景。

敦煌石窟是继新疆赫色尔石窟之后,修建在内地的最大、最富丽的石窟群,有莫高窟、榆林窟和西千佛洞三处,而以莫高窟规模最大,内容最丰富。据唐代圣历元年(公元六九八年)《李怀让重修莫高窟碑》记载:敦煌石窟始建于前秦建元二年(公元三六六年),到唐代已有"窟龛千余"了。现在,这座石窟虽然已经经过千百年自然和人为的破坏,但至今仍保存了十六国、北魏、西魏、北周、隋、唐、五代、宋、西夏、元等十个朝代的洞窟四百九十二个,窟内壁画四万五千余平方米,塑像二千余身,唐宋窟檐木构建筑五座,成为世界上现存的最大的佛教艺术宝库。

敦煌艺术是古代劳动人民在我国优秀民族艺术传统的基础上,吸收了外来艺术的有益成分,经过千余年间连续不断地努力,创造出来的具有时代风格和民族特色的卓越艺术品。如十六国和北魏艺术具有粗犷放达,遒劲有力,以塑造人物为主的特点。它表达了中华民族敦厚质朴,源于生活,高于生活的创作成果。经过约两世纪的演变,到了隋代(公元五八一——六一八年),隋炀帝提倡佛教,大造龛像,在他统治时期,敦煌修建的石窟多达一百一十个,石窟艺术也更加富有民族特色。粗犷遒劲的特点被细腻圆润的笔触所代替;在赋色方面,丹青之外还加添了赤金的点染,形成了金碧辉煌的李思训(唐朝人,善画,世称李大将军)式的时代风格,藻井(天花板)与边饰图案的文彩,显示出类似汉铜镜上的镂金描画,与当时齐梁文化中的镶嵌工艺的做法相呼应。此外,这个时期在莫高窟艺术中还出现了不少来自伊朗的联珠狩猎纹样,体现了这个时期在"丝绸之路"上中西文化交流的友好关系。就是这样,敦煌隋代艺术代表着中国中世纪艺术,成为祖国民族艺术传统中继往开来、承先启后的桥梁。

伟大的文化战士鲁迅说过:"在唐可取佛画的灿烂",敦煌唐代艺术是中国佛教艺术最为灿烂的时代。这是因为从初唐到开元、天宝及其以后,敦煌艺术在继承十六国、魏、隋民族艺术传统的基础上,接受了来自中原的画家顾恺之、阎立本、吴道子等民族绘画创作的经验,产生了规模宏大、具有丰富的现实主义内容的经变画和佛传、佛本生故事画等新的中国佛教图像的主题内容。同时,也出现了更严格地要求与之相适应的表现技术。譬如"线描",这是南齐谢赫绘画六法中"骨法用笔"的主要表现技法之一。

《历代名画记》上说，瓦棺寺顾恺之的《维摩诘经变》画的人物塑造，就是靠画家一笔流畅的线描，画出了维摩诘凭几探身、奋髯蹙额、目光炯炯、激动兴奋的神态，可惜这幅画已毁坏。敦煌虽然没有顾恺之签名的画迹，但从绘于贞观十六年（公元六四二年）的《维摩诘经变》和绘于垂拱四年（公元六八八年）的335窟南壁与盛唐第103窟东壁的《维摩诘经变》（见下图）的画面，可以看到顾恺之《维摩诘经变》艺术成就的梗概。

敦煌第103窟维摩诘居士

五代、宋、西夏、元都在承袭唐代艺术的基础上，表现了各自不同的风格。五代以后，经过河西归义军节度使拓西大王曹议金祖孙三代一百三十多年的统治，在敦煌莫高窟和安西榆林窟中留下了不少曹家子孙开凿的石窟，形成了五代敦煌艺术中一种独特的富有民间色彩的风格。他们创造了一种类似意大利文艺复兴时期的大壁画，并且至今还保存得相当完好。曹氏修建的洞窟，规模较大，内容也比较丰富，绘画作风虽然继承了上代的风格，但绘画中很少用朱红和石青、石绿等鲜艳的色彩，可能是当时这里与中原隔绝，颜料来源断绝的缘故。

元代蒙古人八思巴带来了密教，佛画中以密宗曼荼罗为当时流行的主题内容。创作方法如赋色、描线等，都有新的发展。

综观敦煌石窟艺术，从北魏到隋两个朝代中，可以明显地看出当佛教和佛教艺术从天竺传入之后，我国民族艺术受到外来佛教图像造型艺术的影响，这种艺术同云冈、龙门早期石窟艺术一样，都处于中国佛教艺术发生和演变、发展的阶段。但是，进入唐代以后，一直到五代、宋、西夏、元的八九百年中，我国民族艺术吸收并融化了外来的艺术因素，成功地创造了富有民族特点的自己的艺术。它的特点是以新颖的佛教艺术为主题，又从我们民族的民间生活实践中，吸收艺术手法，把佛教图像等等一系列外来的、生疏的、不习惯的东西，披上民族色彩的外衣，因而造型的色彩和主题更丰富了，人物组织的规模也扩大了。要使宗教迷信的幻想变成现实，必须在情理所许可的范围内把"现实"与"幻想"揉合起来变成生动的造型。这就是一种现实主义和浪漫主义相结合的创作方法。敦煌第321窟的飞天就是盛唐时期艺术匠师们创造出来的这种生动造型。"气韵"和"形似"是中国绘画六法中的精髓，它们互相依存，缺一不可。宋代黄休复在他的《益州名画录》上说："今古皆言于六法，六法之内，惟形似、气韵二者为先，有气韵而无形似，则质胜于文；有形似而无气韵，则华而不实。"敦煌飞天的成功之处，就在于气韵、形似二者兼而有之。敦煌唐代石窟艺术杰出的成就在于此，它们是运用民族绘画"六法"而创造发展起来的。

另外,在规模上,敦煌艺术既有雄伟浑厚、高达三十三米的大佛,也有灵巧精致仅有十余厘米的小菩萨;有场面宏伟、金碧辉煌的巨幅经变画,也有形象生动、性格突出的单个人物画像。

这一切,都充分显示了我国劳动人民卓越的艺术才能和无穷智慧,同时也是研究从十六国到元代中国美术史的重要实物资料。它为我们今天批判地继承民族艺术遗产,古为今用,发展社会主义艺术,提供了重要的借鉴。

在莫高窟各时代的壁画中,描绘了大量的反映当时劳动人民进行生产斗争的各种场景。如渔猎、农事、营造、推磨、舂米、制陶……;也描绘了一些生产、交通工具,如车船、农具、纺车、织机……;还保留了大量亭台楼阁、宫殿城池、塔寺店铺、桥梁水榭等古建筑形象;其他如婚丧、行医、学校、酒肆、商旅、宴会、音乐、舞蹈、杂技、兵器以及衣冠服饰……非常广泛,这些都反映了不同阶层的不同生活的侧面。这一切为研究我国古代的政治、经济、军事、文化等方面的历史提供了形象资料。

当我们研究敦煌石窟艺术的时候,不能不想到创造了辉煌的敦煌艺术的千百万匠师们的人间地狱般的生活。在藏经洞发现的塑匠赵僧子的《典儿契》,就是千百年前无数艺术匠师苦难生活的写照。莫高窟北区小石窟仅有一个石炕的洞窟,就是他们的住所。一九六三年我们在窟前遗址考古发掘中发现的陶质灯盏和调色碟,是他们的生活和劳动工具。阴暗的洞窟,是他们劳动的场所。画窟顶画时,他们需要登高架,仰卧执笔;画墙脚时,得匍匐描绘。敦煌艺术的一笔一划都凝结着他们的智慧,一窟一像都渗透着他们的血汗和艰辛。

十九世纪末,随着帝国主义入侵我国的加剧,莫高窟也遭到劫夺和破坏,至今壁画上犹存的累累伤痕,就是历史的见证。新中国成立后,敦煌艺术宝库回到了人民的怀抱,得到中国共产党和人民政府的重视。中华人民共和国成立不久,国家即改组成立了敦煌文物研究所,开始对石窟文物进行科学保护和研究。一九六一年莫高窟、榆林窟、西千佛洞由国务院公布为全国重点文物保护单位,并且在敬爱的周总理的亲切关怀下,国家批准了对敦煌石窟进行全面维修工程。一九六三年动工,到一九六六年冬,已加固了南北两区一百九十五个石窟,修建了长达四千余米的栈道长廊,成为内容最丰富、规模最宏大的画廊!

莫高窟,这颗美丽的明珠,在人民的怀抱中,将放射出更加绚丽的光辉。

(原载《光明日报》1978 年 12 月 27 日)

从敦煌艺术看中国民族艺术风格及其发展特点

中国最伟大、最光辉的艺术遗产之一，要算西北甘肃省敦煌的千佛洞。从数量上说，敦煌的千佛洞有 400 多个石窟，如果把从北魏到元朝的每个洞里的壁画按画面紧密地平铺陈列起来，其长度可达 32 公里。若从该佛洞产生最早的年代（366 年）计算，至今约有 1580 余年。而且每个洞窟的壁画、雕塑，不论色彩、构图、形象，从其辉煌富丽的程度上可以看出我国造型艺术史上远从北魏时代起就把这些最珍贵、最有价值的艺术杰作保存起来，并传流下来了，成为我们现在人民艺术最宝贵、最丰富的遗产。

从敦煌艺术研究来说，我们可以看出当时的中国艺术是受到了印度影响的。自北魏以迄隋唐，中国西北大陆上对外的交通，由河西走南疆，经过戈壁大沙漠到罗布淖尔，转和阗越过喜马拉雅山而达印度。历史上唐僧取经，也是走的这条道路。敦煌就是这条道路上的关口，去来的歇脚点，当时东西交通十分兴隆。敦煌艺术的基础就是在这样的条件下逐步建立起来的，而达到后来的大成。

远在苻秦建元三年，即公元 366 年时，是所谓"五胡乱华"的时代。当时中国本部受到边疆民族的侵略，而统治中国西北部的拓跋氏，在提倡佛教的名义下，把天国的"神权"和地面的"王权"联系起来，叫人民尊敬他，不仅把他当做帝王来奉养，而且还当做如来佛来礼拜，以达到统治目的，这是敦煌千佛洞创立的原因。从这原因我们可以体会到洞窟中的造像与壁画无非是统治阶级拿来麻醉人民的工具。所以这些洞子题记只有施主的姓名，而那些被压迫的在这些洞里绘制出了辉煌壁画的画工，却不见留有一个名字。

应该了解，处在"五胡乱华"十六国的时代，封建主们干戈相见，年年争战，这些无名画家生活的痛苦是可想而知的。而这些艺术家们为了维持生活，在那些洞子里如奴隶一般地工作着，就使他们产生了逃避现实的出世思想。《魏书》描写当时人民生活的"尚寐无讹，不如无生"这两句话就反映了这种思想。这些艺术家们虽然是被压迫者，然而他们的创造态度确是非常严肃的，并且为我国民间艺术的意识形态开辟了道路，尤其是在表现手法上获得了成就。

我们可以从最早北朝（即北魏）的壁画找到例证。前面讲过，中国艺术曾受到印度的影响，而印度又被希腊影响，希腊亚历山大皇帝把艺术带入印度以后，印度就有了"印度希腊风格"的艺术作品。而我国北朝壁画的犍陀罗风格就是具有希腊印度风格的，并揉和了中华民族的艺术成分而表现的技法。画家曹仲达所作的"曹衣出水"图，其中人物身披薄绸和纱，但仍可从紧密的衣褶下看出肉体，这就是"犍陀罗"的风格。这种风格的特点，就是人体上细微的线条表示着一种连贯、牛动的运力，如六朝顾恺之绘画中的"春蚕吐丝"，形象与线条生动、活泼。色彩方面，大抵以青、绿、红构成对比的调子，热烈而隆重，这是北魏时代艺术的一般特征。到了西魏，艺术风格虽大体相同，但已减少了一部分旷达、粗野的力量。

隋朝统治虽只有 37 年的历史，但在敦煌 400 多个洞窟中，建之于隋的有 70 余窟，约 15％。中国艺术——根据敦煌遗迹的研究——由印度传入后至唐朝才始渐形成具有中国民族气魄的艺术风格，自北魏至唐朝之间，隋朝恰是其中的桥梁。拿造像做例，如果说，北魏的造像长身、细腰富于纤细的风格，那么隋朝的造像却已慢慢变为壮实、丰厚，并为后来唐代艺术之发展准备了条件。隋炀帝统一了南北朝以后，他由西域请来了尉迟跋质那等画家创导了佛教艺术。而当时汉族画家展子虔除受了他们的影响和感染而外，他自己也发挥了创造性。从隋代壁画中可以看出，展子虔的作品已达到"细描色晕，神意俱足"的程度了。

由隋到唐，有了长足的发展。敦煌的壁画和塑像，以唐代最丰富，400余窟中，唐窟占43％，约有130余个。唐朝统治者由盛至衰历时300余年，现分初唐、盛唐、中唐、晚唐四个时期概述如下：

自唐高祖掌握了统治权起，此后100年间，即由公元618年至718年是为初唐。初唐的艺术风格虽然仍保持着隋朝的风味，但是壁画的内容却起了不小的变化。为了说明这个变化，我们先以唐朝以前的壁画主题做例子。六朝壁画内容大都含有一定完整的故事性，如"舍身饲虎""白象""割肉喂鹰"等即是。

"舍身饲虎"是取材于佛经上萨埵那太子故事的，各个画面都反映了太子血和肉的牺牲，仅为同情一个哺育着七只小虎的饥饿母虎，为了救活幼虎，使它们能吃到母虎的奶，太子就舍身喂了母虎。"白象"是须达拿太子的故事。据说这只白象是勇敢无敌的无价之宝，太子看见七个步行的穷人走得太疲乏了，他就把这只白象送给了他们，后来却遭受了极大的灾害。"割肉喂鹰"的主题表现了尸毗王救生的故事，一只鹰欲捕食一只鸽子，而为尸毗王所见，他估计鸽子的重量约有二斤，就从自己的腿上割肉二斤补偿喂鹰，以救鸽子的命。

诸如此类的故事，反映了唐代以前模糊的"舍身成仁"的思想。到了唐朝，壁画内容起了很大的变化，人们的思想从无谓的"舍身"转变为把希望寄托在"下一世"。虽然这仍是逃避现实的出世思想，但是较"舍身饲虎""割肉喂鹰"的苦行则大有不同了。唐朝的壁画约有 80％表现了以净土宗为内容的主题。如大壁画净土变即是取材于表现西方净土的《阿弥陀经》。这是一幅大的构图的画，表现佛在讲经。佛前有供台，下为听众，有乐队，有舞蹈，两旁即为经中所讲的故事，配有伎乐、供养、花果、乐器，因而形成了所谓天花乱坠的庞大画面。类似这样净土变的壁画，代表了唐代的艺术。所谓的变相就是以图画来解释佛经，把佛经通俗化。除"图变"外，唐时还有"文变"，亦称变文，把佛经变文能说能唱的五言偈语，是佛经通俗化的另一办法，据说这就是中国说唱文学的起源。不论这是否是事实，从唐朝起绘画向雕塑发展，变文向说唱发展，是可以看出来的。唐朝的伟大不仅因为那些艺术家们创造了艺术，而且在创作主题上由绝对的消极转变为比较积极，给人以若干希望，这在封建社会的时代里，不能不算是一点进步。如"七宝池中的莲花"这一类的画面，在莲花中绘有小孩，这表明了人们"往生灵魂"的超度，不像隋朝壁画那样叫人作无谓的牺牲。

初唐的特点，除艺术风格继承了六朝和隋朝的风格而外，壁画内容又有了如上述的变化。这一时期的名艺术家阎立本、阎立德两兄弟和尉迟乙僧等人都是代表作者。

盛唐始于玄宗，为武则天以后唐朝鼎盛隆昌的黄金时代，大约由公元 713 至 765 年。在这 53 年中，艺术风格较初唐时又有不同。由敦煌壁画中我们可以看出，盛唐时代的作品已具备了雄健、开达的作风，在创作方法上也走上了写实的道路。六朝时代（即北魏、西魏）的作品多趋于象征，"人大于山""水不容泛"都含有漫画扩大的意味。而盛唐时代的艺术作品，由敦煌壁画看起来，却由象征跨入了写实，在许多大型的集体创作的壁画中，其人物的比例、透视——如山水的远近、界面，如造像的解剖，等等，均在表现手法上推陈出新，创作更见合理，这在当时可算达到了顶点。虽然壁画的内容上仍脱不出神的范围，可是我们应当这样理解：画面上的神确实为人的化身。

由 8 世纪到 9 世纪，即公元 766 年至 820 年，是为中唐，敦煌壁画发展到另一个趋势，即由大题材的集体描写转为专题描写，如画女人、瀑布、山水，等等，手法相当精细，但在画面上稍见拥塞。中唐时代虽然政治、经济日趋衰落，艺术上的进展远不如前，可是较之晚唐尤胜一筹。

自公元 821 年至 906 年是为晚唐，在这一时期由于唐武宗对于佛教设施有所毁坏，敦煌的艺术亦不见有更新的发展。

唐亡宋兴，宋朝设有画院，作品富于装饰风格。从艺术风格上来讲，敦煌壁画可以说明这样一系列的演变，即是：六朝的画表现了象征，唐趋于写真，宋则追求装饰，而到了元朝的密宗画就比较颓废了。

总之，从 1500 年前的敦煌艺术来看，经历了上述的许多变化过程，这也就是与每一个时代政治、经济相互影响的发展过程，我们可以看出我们中国民族艺术的特点，即在绘画上早就有了线的创造，在艺术上说，棱角即是线的存在。如吴道子名作的"吴带当风""春蚕吐丝"，线的表现就具有"运力"的具体表达。从敦煌的画看来，线不是孤立的，而是帮助一定的形象而存在，因此，线又不是抽象的，它具体地存在于铜器雕刻和回纹上面。线并非无光无形的东西，线因光或物体的运动而会起变化的。敦煌壁画，用红土勾勒，然后再涂色，有光与线之分，这就证明了那些认为中国壁画就是平涂、没有凹凸的说法，是不大妥当的。从敦煌古壁画又可以看出它是用了重色先画衣褶，然后用淡色涂之，在平涂之下仍可显出凹凸，绝不是一般所谓的单线平涂。所谓中国画无立体的、无光暗的感觉之说，完全被敦煌艺术否定了。

我们可以这样理解，从敦煌艺术的研究知道，中国民族艺术在历史上很早就有了辉煌的创造，这就是线。而这个线，既非日本人藤田嗣子口中庸俗化的线，也非法国资产阶级野兽派的线，亦非目前所谓的单线平涂，敦煌壁画中的线是帮助形体、光暗、色泽三者共同存在的具体轮廓。总的说来，即有线有光，有光有线，线与光色融合组织而成形象。所以线可以根据光暗有粗细之分，可以根据色泽有浓浅之别，线更应该根据物体的色彩而随时随地地变化着。这就是中国民族艺术的特点，是我们应该学习与发扬的遗产。

目前一般所谓的单线平涂，是来自于木刻，实际上木刻是黑白对照比较强烈的东西，在刀锋与笔触上用功夫。在革命斗争中，由于木刻易于表现艺术上的对比方法和易于印刷，就成为斗争中的有力武器。在老解放区敌人被消灭了，当时人民从事生产建设，人民的生活是愉快的，因此黑白对照的木刻的阴纹改为阳纹，成为"单线"，上色就是"平涂"。此一方法，随着中国革命的胜利，一切印刷出版方面的条件有利于木刻发展为年画，这是提高了一步的进展。但是在技术方面，今天的单线平涂还可以从原有的基础和成绩上再提高一步，如何提高，那么具有民族特点的敦煌艺术，足可以供我们借鉴与研讨。

（原载《艺术生活》1951 年第 3 期）

阿旃陀和敦煌

——纪念印度阿旃陀石窟艺术一千五百周年

一

中印两大民族悠久的和平友爱的历史，是在两个民族无私地互相尊重与合作的基础上，通过文化交流和经济往来的各种记录积累而成的。今天，当我们中印两国人民的友谊和文化交流的关系进入了一个崭新的阶段的时候，重新提一提那些旧事，那些标志着我们的祖先在文化经济方面的合作和交流经验的历史关系，对于进一步发展中印文化交流、加深中印两国人民的友谊，是有很大的益处的。阿旃陀和敦煌——中印两国佛教艺术宝库的创建、成长和发展，就是标志着中印文化交流关系的许多重要事件之一。

1951年，我曾经光荣地以访问印度文化代表团团员的身份，亲身到过并详细地观看过阿旃陀瑰丽精致的壁画；同时，我又是一个长期从事敦煌艺术研究工作的人。四年前参观阿旃陀壁画的深刻的印象，一直萦回在我的记忆中；同时，每日手边接触到的工作由于追源溯流也时常使我接触到印度和印度文化的地方。因此，我从声息相通的历史文物的线索中，仿佛看到两千多年来中印两国人民和平友爱地互相学习、互相影响、互相创造发明的情况。

二

从阿旃陀和敦煌两个石窟群创建的时代来说，阿旃陀早于敦煌约五百年。从两个石窟群壁画制作的时代来说，敦煌壁画早于阿旃陀壁画约一百年。今年我们庆祝阿旃陀壁画一千五百年纪念；再过十年，到 1966 年的时候，敦煌壁画的创建历史就满一千六百年了。

敦煌这个古老县城的历史开始于汉武帝元鼎六年（公元前 111 年），那时敦煌是汉代河西四郡之一，又是河西最西的城市，因此在历史和地理方面都占有重要的位置。正如《汉书·西域传》的记载："东则接汉，扼以玉门阳关。"以及《隋书》引《西域图记·序》所载的："发自敦煌，至于西域……总凑敦煌，是其咽喉之地。"敦煌又是通过新疆到达印度和中亚细亚以西各国的枢纽。因此在中西文化，尤其是与中印文化和经济交流的历史上有着重要的关系。

敦煌和印度的文化经济关系，可以从公元 5 世纪时敦煌妇女就有模仿印度长裙的记载上，从 1900 年发现的石室藏经所包含古印度文的写本上得到证明。敦煌石室是在公元 366 年中印文化互相合作的密切关系上开始修建的。从早期修建的洞窟形式、塑像和壁画的风格上，都可以辨认出中印两国文化交光互影的迹象。

阿旃陀石窟寺的修建，应该追溯到公元前 2 世纪阿育王亲自提倡下的印度佛教正在发展的时期。自释迦牟尼寂灭二百余年后，一些受了佛弟子说法影响而皈依佛法的高僧，为了礼拜佛陀和研究佛经，组织了"圣迦"的结集。他们要选择一个远离世俗的山林深处作为结集的场所。最后终于在孟买东北四百八十三公里德干高原的大彼帝河畔找到他们认为满意的地方，并且把这个地名命名为含有"世外"意思的阿旃陀。于是开始在悬崖峭壁上，用人工开凿了最早的一个石窟，这就是现在编号的第十窟，高五十七公尺、宽五十一公尺、进深一百二十公尺的大神殿。关于这个神殿建筑的年代，根据最近印度考古学家的考证，断定是纪元前2世纪所建。自从这个神殿建立之后，声名传播，远近来山朝拜的僧侣络绎不绝。接着，又在不同的时期陆续开凿石窟，一直到玄奘在公元638年到此巡礼的时候，总共修建了二十九个神殿和精舍。这二十九个石窟，在8世纪开始随着印度佛教的衰败，经过千余年的荒凉冷落，直到1819年英帝国殖民统治的官员意外的发现时，这些洞窟已沦为虎穴和蛇窟。

这二十九个石窟、大体都是模仿印度早期木料建筑的特点，在整座石山中凿刻而成。石窟内部除早期的舍利塔及晚期的造像和富丽精致的浮雕装饰外，窟顶与石壁上都有壁画。有些洞窟壁画的设计是和洞窟建筑相适应的（如第一窟、第二窟），有些是属于后画或重画的，和洞窟建筑的时代不一致（如第九窟、第十窟）。因此壁画制作的年代至今还有许多不同的说法。当1819年阿旃陀石窟为英帝国主义的殖民官员发现之后，壁画的命运，就像解放以前的敦煌似地一直遭受了帝国主义分子的盗窃与毁损。根据1879年的调查报告，有壁画的洞窟还有十六个，但经过八九十年的摧毁之后，到今天有壁画的主要洞窟只剩了第一、第二、第九、第十、第十六、第十七等六个洞窟了。这六个洞窟的壁画制作年代从它们的作风上大约可以分为早、中、晚三个时期：

（甲）早期壁画（4世纪以前）第九窟与第十窟

（乙）中期壁画（5世纪左右）第十六窟与第十七窟

（丙）晚期壁画（7世纪）　　第一窟与第二窟

从4世纪到7世纪的四百年中，正是印度笈多王朝民族艺术复兴期的黄金时代，因此阿旃陀壁画在印度艺术史中占有极重要的地位。

阿旃陀三个时期壁画的内容包含了两种主题。第一种是采取大乘佛教美术中描写释迦牟尼出世之前无数世的舍己为人的善行的本生故事,第二种是描写释迦牟尼在世一生行传的故事。两者都结合了神话传说和佛经上的譬喻、用现实的人生的活动体现出来的。

大概早期的壁画无论在形式、线描和色彩方面,都比较沉着朴实。如第九窟六牙象故事那样采用结实厚重的线描和古朴的颜色,仅仅采用了极简单的烘染方法来表示人物的光和体积。

阿旃陀中期和晚期壁画的艺术作风,在人物表情和色彩运用方面有显著进步。例如第十七窟神龛左侧那幅有二十公尺高的壁画,描写释迦牟尼在成佛后回到自己家门来接受他的妻、子的参拜。画面上绘着一个穿着黄色袈裟的释迦牟尼的巨像,前面有两个比较矮小的妻、子形象,她们仰首望着已经成佛的丈夫和父亲。为了强调表现的效果,壁画画家采用对比的方式,从色彩上,从大小的尺度上,从母子面部的表情上来刻画这一种错综复杂的心理变化。由于母子眉目和嘴角上的表情,我们体会到在这一场远别后的家人团聚中,伤感成分多于快乐成分。这是一个从人的现实观点出发的艺术家真实感情的流露,也是今天大家易于接受的"不羡神仙"的道理。

应该指出,一切以佛传或佛本生故事内容组织结构出来的阿旃陀壁画的画面,像敦煌壁画所具有的特点一样,全是从人民生活的角度来描写的。我们不但知道生活,而且知道从感情上从思想意识上来体现和表现生活。阿旃陀壁画,就是印度卓越的艺术家运用印度民族所特有的富丽的色彩刻画出来的印度人民丰富的感情。这种丰富的感情,同样表现在自然风景、花鸟、动物以及大象的描写上面。

三

阿旃陀和敦煌——中印两大民族佛教艺术宝库的壁画内容大都取材于佛传故事和佛本生故事，它们是采用富有现实主义精神的民族技巧而描写下来的古典艺术的杰出代表。中印两民族的绘画，不但善于运用长短不同的线描概括了形体轮廓，并含有光暗彩色的作用，而且赋予人物的形体轮廓以表情、动作和力量。当4世纪敦煌艺术开始创建的时候，希腊佛教艺术的流风，也曾从犍陀罗越过葱岭经新疆来到敦煌，但敦煌艺术的创造者同阿旃陀壁画的作者一样，知道批判的吸收与扬弃，因此壁画经过北魏和西魏的融化演变，终于到达唐代民族艺术发展的高潮。这就是说，中印两国艺术家曾经在4世纪到7世纪的时候，共同拒绝了不健康的艺术的流派，使民族的现实艺术作风，在我们光辉的传统中，得到一个时代接一个时代的演变发展。最后作为中印两国艺术家共同遵守的艺术创作的六个原则：生动的追求、线描的运用、构图的组织、色彩的传染、形象的捉摸等等，不期而合，一两千年来两个民族的艺术传统都一直这样保持着。为什么中印两国艺术踩着这样共同的步骤？为什么它们能够久远地保持着这样密切合作的关系？这是中印两国人民酷爱和平的团结互助悠久的传统所形成的。今天在北京——中华人民共和国首都举行的阿旃陀壁画一千五百周年纪念会和展览，正是标志着中印两国艺术交流关系在过去基础上的更进一步的发展。让我们中印两国艺术工作者在中印两大民族过去和平良好的合作关系上互相帮助、互相学习，为进一步共同创新的民族的科学的大众的艺术而努力！

（原载《光明日报》1955年9月12日）

敦煌莫高窟壁画

　　敦煌莫高窟开凿在距今敦煌县城东南 25 公里沿大泉西岸的鸣沙山断崖上。北段洞窟多是以往僧侣和修窟的画工、雕匠的住所，只有少许有壁画和塑象的石窟。多数有壁画和塑象的石窟集中在南段，是现存石窟艺术的精华所在。

　　据武周圣历元年(公元 698 年)李怀让重修莫高窟佛龛碑记载：

> 莫高窟者，厥前秦建元二年，有沙门乐僔，戒行清虚，执心恬静，尝杖锡林野，行至此山，忽见金光，状有千佛，□□□□□造窟一龛，次有法良禅师，从东届此，又于僔师窟侧，更即营建，伽蓝之起，滥觞于二僧。

　　可知莫高窟创建于前秦建元二年(公元 366 年)。建元二年距汉武帝开辟敦煌郡的元鼎六年(公元前 111 年)有 477 年，距后汉明帝永平七年(公元 64 年)命蔡愔等十八人往西域求佛有 302 年。经过三、四个世纪的酝酿演变，敦煌佛教艺术就在汉代艺术传统的基础上发展起来。以后北魏、西魏、隋、唐、五代、宋、西夏、元等朝代均有修建。在最盛的年代里，修建的佛窟几乎达到一千多龛[①]。但由于千多年来的自然和人为的损毁，现保存着有艺术作品的，只剩了不到五百窟龛。其中有些因为崖壁的崩溃，部分遭到破坏，也有一部分窟龛内部艺术作品经过后代重修。

---

　　① 据李怀让碑记。

到了明代正德十一年(公元1516年)，徙沙州于肃州塞内，这时莫高窟就陷于长期无人管理的状态，遭受了很大损失。据敦煌县志所载，是："佛象屡遭毁坏，龛亦为沙所埋。"

根据1959年敦煌文物研究所的统计，有壁画和雕塑作品的洞窟共486个，按现存壁画的时代来划分，其中计有：

魏窟　32个

隋窟　110个

唐窟　247个　　　(另在前代洞窟内重修35个)

五代窟 36个　　　(另在前代洞窟内重修82个)

宋窟　45个　　　(另在前代洞窟内重修92个)

西夏窟　　　　　(在前代洞窟内重修10个)

元窟　8个　　　(另在前代洞窟内重修5个)

其他不明时代者8个

敦煌壁画是中国封建社会劳动人民创造出来的杰出的民族艺术遗产。它的创建初期，正在东晋、南北朝，这是从统一逐渐走向分裂，斗争激烈、动乱频繁的时代。在严重的阶级压迫和阶级斗争中，为统治者所利用的佛教获得了迅速的发展，集中大量人力与财力为佛教进行宣传的美术创作，也随之获得空前发展。

壁画内容，主要是佛菩萨象、佛传故事、本生故事以及其他各种经变。历代杰出的画师们，继承了汉代绘画的优秀传统并吸取了前人的创作经验，以平易近人的描写手法，将佛教故事与中国古代民间传说相结合的内容，栩栩如生地表现出来。也通过繁复的佛教题材与神话传说，表现了画家周围现实世界的形形色色。在一定程度上反映了封建社会的阶级关系、生活习俗以及各民族不同的精神面貌。

五世纪南齐谢赫《古画品录》上有"古画皆略，至协(卫协)始精"的评论。从敦煌地区魏晋墓葬中发掘出来的彩绘墓砖看来①,是属于汉画系统中比较粗略的一格(图1),但在莫高窟北魏壁画中,就出现了精细的线描。如第263窟的菩萨象可以称为"精微谨细,有过往哲"②,证明了敦煌壁画的发展,是与中原地区并无二致的。

图1　敦煌佛爷庙出土彩绘墓砖

　　敦煌早期壁画经常表现的还有佛菩萨象与千佛等,一般主壁多画本生故事画及佛传故事画。本生故事中常见的是:萨埵那太子本生、须达那太子本生、尸毗王本生、须阇提太子本生、鹿王本生、睒子本生、毗楞竭梨王本生等。这些壁画多数是把故事内容发展的各个阶段依次或回环往复地排列在较长的横幅上,这种表现方法加强了故事的连续性和叙述性。如第428窟萨埵那太子本生及须达那太子本生及第285窟得眼林故事等。故事的各个不同情节,多用山水树石来做间隔。这些人物和山水的关系、比例,正如唐代张彦远的《历代名画记》所述:"魏晋以降,名迹在人间者皆见之矣。其画山水,则群峰之势,若钿饰犀栉,或水不容泛,或人大于山。率皆附以树石,映带其地。列植之状,则若伸臂

_____

① 系1944年在敦煌佛爷庙发掘出来的。

② 见谢赫《古画品录》评顾骏之:"神韵气力,不逮前贤;精微谨细,有过往哲。始变古则今,赋彩制形,皆创新意。"

布指。详古人之意，专在显其所长，而不守于俗变也。"从敦煌魏代壁画里面，可以看出画家"专在显其所长，而不守于俗变"的处理方法。这时人物表现技法的特征是在烘染刷色之后，再用同样粗细的线条勾勒。第 272、275、257、259、288、263、285 等窟都在红色的地子上，着上石青、石绿、朱砂、银朱、黑、白等各种原色描绘人物形象。由于强调了黑和白、红和绿各色的对比，使彩色达到相当鲜明的效果。魏画人体是先以银朱加胡粉调成水红色涂满全身，再以较浓重的红粉在颜面、四肢边缘画出宽线轮廓，最后全身再罩上一层胡粉。这样，下面浓重的线条透过白粉使人物四肢有圆晕立体之感。但因为年代久远，那些盖在白粉底下的水红色和红粉色中的硫化汞和碳酸铅成分经氧化后，变成了黑色的粗线条。如第 254 窟北壁的尸毗王本生故事（图 2），还可以看到未变色前勾勒的线条，也可以看到已变色后汞红氧化的粗犷的人体轮廓。

北朝洞窟建筑形式大体可分为下列二类：

第一类是吸收了印度毗诃罗形式开凿的，附有修行小龛的窟洞。可能是为静修和礼拜两种宗教活动上的需要而设的，如第 285 窟的结构（图 3）。

第二类是将西域传来的窟中央的塔，加以民族化，变成中心方柱。这是北魏专作供养礼拜用的窟形（图 4）；窟身作长方形，分前后两部分：前室凿成民族建筑形式的"∧"字形天花，我们称之为"人字披"。椽子中间画装饰图案或飞天，后室中央有一方柱，方柱四面均各有小龛，龛内塑坐佛及菩萨。中心方柱上端有影塑菩萨或飞天。壁上画千佛、说法图或本生故事画。如第 257、251、254、428 等窟属于这一类。

隋代石窟建筑形式是从魏代中心柱式的洞窟基础上演变出来的。如修建于开皇四年（公元 584 年）的第 305 窟，是隋代洞窟

图 2　第 254 窟尸毗王本生故事

建筑形式上一个新的发展,它取消了魏窟的前室部分,把中心柱改为中心佛坛,露出了比较完整的窟顶(图 5)。窟顶上画着与第285 窟或 249 窟类似的东王公、西王母等民族神话题材,以及本生故事等的壁画。由于中心柱的取消和壁间窟龛的减少,窟内可以画画的壁面扩大,因此壁画内容方面有为数较多的说法图和简单的维摩变。隋代后期洞窟,又把中心佛坛取消了,窟内有更大的空间,也就更适于表现大幅画面,如第 420 窟(图 6),窟顶画了一整套的法华经的故事画。隋代壁画一般用土红的地色,千佛及佛身上的饰物,多以叶金装饰画面,加上青绿黑白色彩,非常富丽堂皇。这个时期有比较复杂的说法图,在佛与菩萨的描绘上,线

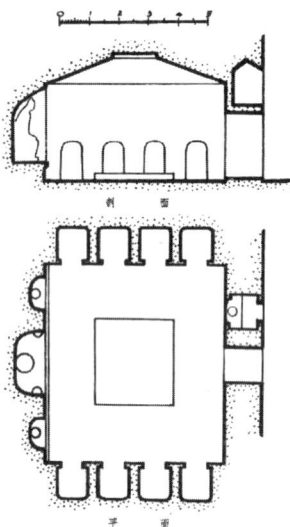

图 3　第 285 窟测绘图　　　　图 4　第 254 窟测绘图

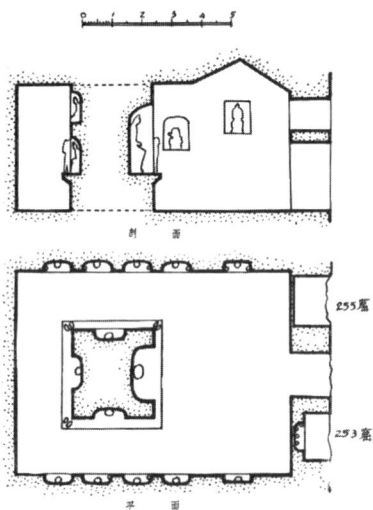

条有比较显著的顿挫，但仍旧属于细致的描法。壁画人物在面相烘染上显出与北魏壁画人物不同的，是集中在面颊上的红色向四面晕散，可以说明元人汤垕在《画鉴》中所讲隋代展子虔的"画人物描法甚细，随以色晕开"的方法，也传到了敦煌。其他如壁画颜色的富丽，刻划的精细，装饰的繁密华美等，也使我们联想到唐代张彦远的《历代名画记》中所述："中古之画，细密精致而臻丽，展、郑之流是也。"敦煌的隋画也可能是受了"展、郑之流"的影响。

　　唐代在李世民父子统治下采取了一些缓和当时阶级矛盾和恢复社会生产的政策和措施，安定社会秩序，在广大人民群众辛勤劳动下，生产获得了迅速的发展，使统一了的唐朝开始走向昌盛富强的道路。随着经济的发展，文化艺术也空前繁荣。作为通达西域的门户的河西走廊，重新呈现了一片兴旺景象。据李怀让重修莫高窟佛龛碑，莫高窟修建到圣历元年已经"……甲子四百

104

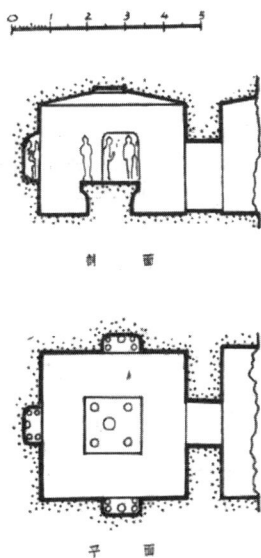

图 5　第 305 窟测绘图

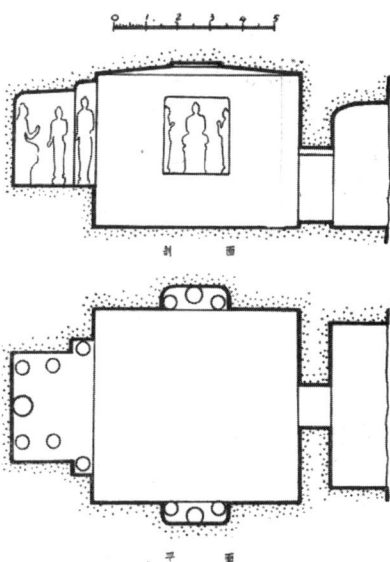

图 6　第 420 窟测绘图

余岁,计窟室一千余龛"。当时"升其栏槛,疑绝累于人间,窥其宫阙,似游神乎天上",也正是莫高窟全盛的时代。

随着唐代佛教信徒对净土信仰的发展,唐代庙宇壁画的内容也更加丰富多采,如画史上记载着著名的大画师阎立本、张孝师、尉迟乙僧、吴道子等都先后在东西两京的慈恩寺、兴善寺、安国寺等寺院壁面上绘制维摩变、西方变、降魔变等规模巨大的壁画。象成都大圣慈寺的九十六个院落,到宋代还有唐代壁画八千五百二十四间。其中包括佛、菩萨、梵释、罗汉祖僧、天王、明王、神将等数以万计,可以想见唐代寺院壁画规模之大和内容的丰富。这时敦煌的壁画,也突破了魏隋时代以千佛及本生故事画为主的范围。石窟的建筑形式也随着有了新的创造。石窟不但取消了中心方柱,一般还取消了两侧的壁龛。到了晚唐还在佛坛后设计了一种屏壁(图 7、8)。

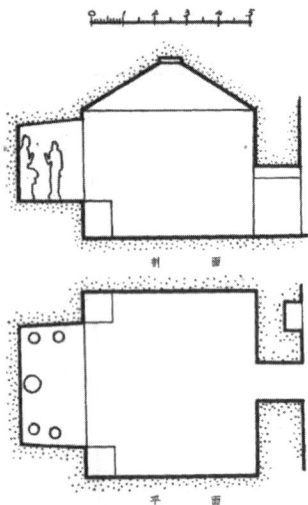

图 7　第 220 窟测绘图　　　　图 8　第 196 窟测绘图

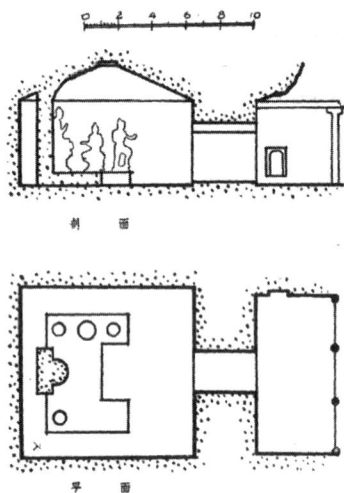

　　第 220 窟的西方净土变和维摩变等壁画，绘制于贞观十六年（公元 642 年），正是唐太宗诏阎立本绘凌烟阁二十四功臣象的前一年。以维摩变中的维摩和帝王、群臣，和阎立本的《历代帝王图》比较，就可以看出敦煌壁画与中原著名画师的杰作，是一脉相传，有着共同之点的。

　　敦煌唐代壁画以规模较大的经变为主，这种大型经变是把整本佛经的复杂内容描绘在一幅画面上。一般以天神、菩萨为主，周围穿插了诸品故事画。场面伟大，结构富丽，在庄严的场面中穿插了生动细致的反映当时人民生活的各种情节。最大的变相长达 10 米，宽 4 米，像这样大面积的壁画是魏、隋时代所未有的。

　　唐代大幅经变多是方形或长方形的整幅构图，一般穿插的诸品故事画分格画在经变下面，好像许多小幅屏条贴在壁上。有六条、八条、十条等连续的屏条式组画，分条描绘出故事发展的各个场面，基本改变了魏、隋壁画的横幅连环故事的组织形式。自此以后，在敦煌，五代、宋、元各时代的壁画中，也多采取这种表现形式。

莫高窟在建中二年（公元781年）以后，吐蕃管辖时期，修建了第16、114、158、159等窟，壁画内容方面更多的出现了反映少数民族的人物形象（如第159窟维摩变中的蕃王及其侍从），使壁画更充实丰富。

大中二年（公元848年）张议潮占据河西以后，修建了第156窟。《莫高窟记》就写在前室北壁上部，那是咸通六年（公元865年）正月十五日记的。洞窟修建的年代当在公元865年以前。洞窟入口甬道绘了等身高的张议潮夫妇象，窟内北壁下段画宋国夫人出行图，南壁下段画张议潮收复河西图。莫高窟直接描写现实生活题材的壁画，当以此为嚆矢。画面上描写了张议潮夫妇出行时鞍马车轿、百戏乐队等出游的行列，其场面的巨大生动，是以前各时代壁画中所未曾见过的。第196窟是在晚唐景福元年（公元892年）时所建，规模巨大，壁画艺术水平也非常卓越，保存情况也比较良好，至今壁画色彩仍很鲜明。

五代、宋初归义军节度使曹议金继张议潮之后统治了河西，约于公元924—940年间修建了第100窟，内容是模仿第156窟，画有曹议金夫妇出行图。以后大约在公元940—946年，曹议金女婿于阗国王李圣天还继续修建了第98窟。窟内布置仍和晚唐一样，有着中心坛与背屏，窟深13.5米，宽11.5米，是莫高窟大型洞窟之一。曹氏父子三代统治河西百余年，在莫高窟修窟计有第84、387、100、98、78、469、55、61、108等窟，他们所修洞窟的窟型和内部布置，基本上都有一定的体制。如藻井画双龙，四顶角画四天王，甬道入口及东壁画大供养人，内部经变的配置也均有定轨。此外曹氏还在安西万佛峡修建了很多洞窟，从那些洞窟中发现了"勾当画院使"的供养人题名。由此可知五代时曹氏曾在敦煌设置了画院。第 61 窟是宋初曹延禄时修建,主要内容有五台山图。壁画全面地描写了五台山胜景,穿插了行旅、推磨、舂米等活动场面。是莫高窟壁画中富于生产和生活情节内容的作品。

北宋景祐二年(公元 1035 年)李元昊侵入瓜、沙、肃三州以后,西夏人在第 61 窟甬道画了炽盛光佛,并绘制了第 409 窟的壁画和其他作品。

元代在莫高窟也兴建了一些石窟,其中第 3 窟北壁画有千手千眼观音一铺。在观音的衣褶上,显著地露出了蓴菜条式的线条。此窟壁画使用了水墨淡彩的画法,在敦煌莫高窟是极为少见的。

敦煌壁画虽然画的是宗教的题材,但表现在画面上的各种内容和形式,都充分地显示出民族的和时代的特征,并反映了当时社会的许多风俗习尚。如第 257 窟鹿王本生故事画上,描写的建筑、车马……基本上还是民族样式,保存了汉晋的体制。如王后所乘马车前后有帷幕,《后汉书·舆服志》所记王后所乘的辂车也有帷幕,就是一个例子。再如第 290 窟北魏佛传故事画中所描写的洒扫、狩猎、耕作生活以及人物服饰、弓箭、农业生产用具,无一不是北魏时的样式。第 285 窟西魏得眼林故事中,作战时披甲的战马和武士,被俘后的刑讯,以及有鸱尾的房屋建筑等,也都表现了当时的社会面貌。又如第 302 窟隋代本生故事中的伐木、饮马、牛车、驼车等,也无一不是活生生地反映了隋代人民生活的片断。唐代敦煌壁画出现了一个新的高峰,第 220 窟中的伎乐,在写实手法上较之隋代已表现了长足的进步。绘于八世纪初期的第 217 窟的法华变中的"幻城喻品",具有高度的艺术水平。艺术家以丰富的想象力,在壁画上表现了暮春三月烟花如雨的景象。诸如此类,在封建社会中,敦煌壁画的作者不能不按照统治阶级的意愿来描写宗教的题材,但是他们却自觉或不自觉地要表现自己，要表现自己所衷心爱慕、梦寐以求的和平快乐的理想境界。他们运用长期积累下来的丰富的艺术知识和经验，发挥了自己的创作才能。他们善于继承优秀的民族传统，并且能够成功地吸取与融合外来因素，从而创造出各个不同时代的独特的风格。只要我们在敦煌石窟群中作一次全面的巡礼，就可以显然地判别出北魏、西魏、隋、唐、五代、宋、西夏、元各自用着不同的艺术表现方法，形成了不同的风格，显示了不同的时代特点。当我们在参观敦煌莫高窟中绚丽多采的艺术作品时，仿佛置身于万紫千红、群芳争艳的花园里，这些丰富而优秀的艺术遗产，无疑地将为我们研究如何继承优秀的民族艺术传统，提供丰富的宝贵材料。

今天，在党的"百花齐放、百家争鸣"的文化政策指导下，在人民意气奋发斗志昂扬的伟大的时代里，如何为社会主义文化创作出多种多样的生动活泼的形式和风格，如何继承民族优良传统而推陈出新地创造革命的现实主义和革命的浪漫主义相结合的艺术，是今天美术工作者当前的重大任务。敦煌莫高窟的绘画，将在这新的时代里，发挥它的积极作用。

1959 年 5 月写于敦煌

（原载《敦煌壁画》，文物出版社 1960 年版）

敦煌壁画中的历代人民生活画

一

敦煌历代壁画中的本生故事画与大幅经变画中,穿插着各种有关人民生活的特写,由于古代画家采取了当时的服饰、礼制、生活习惯的现实形象,来组织人物故事,用了平易近人的民间手法,朴质壮健的乡土风采,因此,在这些画面上流露出真实的生活的感情。对于长期从事敦煌文物工作的人来说,使我们深深感动的也就是那些蕴藏在古老洞窟中的一千数百年前画家们创造的艺术作品所含有的不朽生命力。

从这些小幅画面中,我们也看出古代画家们在艰苦的环境中①,毫不苟且的严肃的工作态度,无论在转角上,门背后,甬道的深处,藻井的边角,画家们都谨慎细致的完成他们的工作。这些反映历代人民生活的古典美术作品,由于形式的完美和取材的真实,因此今天仍为人民大众所理解、所喜爱。

---

① 千佛洞北段石窟,大抵是画工居住的地方,他们长远地居住在这些不能容身的狭小洞窟中。1954 年,我们发现了几只残留的有颜色的陶碟。他们就是在这样的生活中,用这样的工具,在阴暗的石室中,穷年累月,无间寒暑地进行工作。

二

　　在敦煌壁画中，并不尽是远离人群的神话，如行船、走马、耕种、收割、狩猎、百戏等，都是当时人民生活中所习见的劳动情形。当我们面对着这些壁画而欣赏的时候，使我们的感情不知不觉地也走进了画家在创造故事画时的空间与时间中。如"得医"，是千佛洞第 217 窟唐代壁画中根据《妙法莲华经·药王菩萨本事品》第 22 卷……"如病得医"①四个字构成的一幅画。一个大院落的深处，在春花垂柳掩映着的华丽内室中，床上盘坐着一个贵族少妇，与一个手抱婴儿的青年婢女，在画幅左角，由另一个婢女引导着手持拐杖蹒跚而来的大夫。这幅画，由于艺术家独出心裁的运用了鲜艳的色采，流利的线条，十分巧妙的组织了"如病得医"的主题。在大小六个人所组合的场面、环境以及室内的布置，连画屏的花鸟与床侧的木纹等细节都被无遗地描画出来。尤其是画家把不修边幅的手持拐杖的大夫的身份，从背侧面的角度上如生的塑造出来，生活的气氛，浓厚到使我们冲破了历史时间的隔膜，而与画中人呼吸在同一个空间里。另一幅画"纤夫"，这幅在1925 年为卑鄙的美帝国主义份子华尔纳用胶粘剥去了船身而幸存的两个纤夫，是千佛洞第 323 窟唐代画家以后汉明帝迎金佛为主题的壁画的一角。通过这幅画面，使我们认识到古代画家是如何严肃认真的在描写这两个屈腰驼背、肩负重担的劳动人民的形象。

---

　　①　《大正藏》第 9 卷第 189 页《妙法莲华经·药王菩萨本事品》第 22 上说到："此经能大饶益一切众生"，下有许多譬喻，其中包括"如子得母……如病得医"。

从以上两幅画中，我们不难认识到，敦煌壁画的作者，是如何运用他们充沛了生命力的创作劳动，来深深的感染我们！

<h1 style="text-align:center">三</h1>

一般的说，敦煌壁画初期的制作，根据有建窟年代题记的标准，共包括北魏、西魏、隋三个朝代。从我们所介绍的画幅中，可以看出这一时期作风是继承汉魏以来民族传统的风格，而在形体方面开始表现出光、暗、面、背的烘染。这是在汉画像石及汉墓壁画中不易看到的，为我们研究中国绘画史提供了新的资料。如"马车"是第 257 窟千佛洞早期北魏代表窟鹿王本生故事画中的一个特写。马车的形式与一般汉画像石及壁画中所常见的有所不同，这可能是北魏时代通行在西北一带特有的样式。牵车的白马挺秀有力的姿态，有长安一带出土的汉魏马俑，有很多共同点。画幅上车顶蓬、马身、人的面手等，都显示出为了加强造型的立体感而加工的烘染。地色用朱赭，既丰富了色感，并且也加强了壁画所要求的平面装饰的效果。线的作用，在早期壁画上所表现的是力与运动的结合，如 249 窟北魏窟顶壁画的"野牛"的生动形象，磅礴的笔力，正如顾恺之所谓"有奔腾大势"。第 285 窟是公元 538 年和 539 年（西魏大统四年和五年）所绘。整个的窟顶都是以龙魃、飞马、羽人、劈雷、重精及星辰等描写天体，以动为主的内容，达到了"气韵生动"的境地。"萨埵那练靶"是 428 窟的佛本生故事中萨埵那故事的一部分，这里同样以生动的形象，进一步表现在人马的狩猎场面上。以人物为主的画面上的山水树石大部分仅仅成为故事画中的间隔，常常是"人大于山，水不容泛"，比例是十分不相称的。

隋代壁画较北魏、西魏已渐趋精致细腻，尤其是表现在藻井图案与千佛的装饰部分。一般故事画的结构组织，人物的烘染，大体与北魏、西魏是一脉相传的。构图组织逐渐趋向紧凑，人物比例也逐渐趋向正确，并且动作明显，色采轻快悦目，在艺术写实的造诣上，已有长足的进步和发展。如"骑射"，就是上述演变中的一个代表。"驼车"则为含有丰富装饰特点的作品。用红土与白粉所画的游丝铁线一般的勾勒，更添增了隋代人物画活泼精致的成份。

唐代是中国古典艺术现实主义传统发展的高潮，当时阎氏兄弟、吴道子、李思训、王维、周昉等，都是著名的壁画家，但可惜的是，因为年代久远，遗作已很少见。敦煌的唐代壁画，虽然是些著名工匠的作品，但这些忠于时代艺术的创作，委身于敦煌壁画制作的劳动者，却是无疑地已为我们留下最宝贵的代表民族艺术优秀传统的真迹！在唐代三百多年，敦煌石室二百多个唐代洞窟壁画中，有年代题记的洞窟凡 11 处。从贞观 16 年开始，其间经过盛唐、中唐、晚唐各个时期，画风的发展情况大致俱备。这一切为我们研究唐代美术史提供了基本的条件。在形象比例方面，已显露出更加正确地适合人体解剖。穿插在故事画中的房屋建筑，山水风景的远近大小，更吻合透视的原则。土维的《山水论》中所提到的："丈山尺树，寸马分人"的理论，已改变了唐以前"人大于山，水不容泛"的现象，而成为如"舟渡"的远山近水，不但合理地解决了远近透视的关系，而且还可以辨认出王维《山水诀》中所指出的"烟笼远景"缥缈浑厚的特点。这个时期的绘画，在构图的布置，人物的动作表情和配合绘画中的主题内容等，都是互相关联着有机地组织起来的。如"得医"上的大夫，在登堂入室之前，就目注室内榻上的病人。"挤奶"上我们可以看到那一个被牵着的赭色的乳牛，正在挣扎着向母牛冲去，冲力之大，几乎使牧童牵挈不住。在另一方面，母牛半张开了的嘴，在无可如何的叫着的表情，也正是细致入微地把主题人物之间的互相呼应，栩栩如生地表现出来。不是作家对于现实生活有深刻的体验，是不可能达到这样一种效果的。由于绘画技术的改进，唐代壁画故事的发展变化也是多式多样的，而且具体的从色彩形象上丰富了那些生动的场面。"旅途休息"使我们生活在西北的人更能深切地体会到，西北人民所习惯了的，在马背驴背上渡过漫长旅途之后，人困马倦地在半途得到即使是直躺在戈壁滩上的打尖小息，也是消除疲劳增加前进力量的最好办法。图中描写的那两匹卸了缰鞍的马，因减少了担负，轻松得直在地上打滚；两个疲倦的旅客依靠着随身的行李，在地上和衣而睡的休息姿态，是非常写实的。"屠房"是一个少有的穿插在佛教故事中的内容。我们看到这个一向为佛教信徒认为杀生害命的屠夫，被描写成为两眼直视的凶狠的形态，与满摆在案桌上宰割了的肉块，桌下面一只紧缚了四肢待宰的羔羊与一只守候着意外落下残肉断骨的恶狗；在内屋挂满了鲜淋淋的羊腿肉块的背景上，更增加了屠房的情景。"战骑"是一幅生动的唐代作品。由于唐代艺术的高度发展，在绘画方面已逐渐达到人物、山水、花卉等专业的分工，在美术史上，当时画马出名的画家有曹霸、韩干、韦偃等鞍马名手。这幅画中战骑的威武，射手的勇猛，色彩的富丽鲜艳，成为唐代这个时期最优秀的画马作品之一。从这幅画的马的烘染方面，我们可以看出，唐代艺术在造型、体积、光暗、描写技术方面的进步，并没有落在透视与比例两方面的后面。从一般现象上看，假如我们感觉到唐代绘画在光暗、体积方面的成就，似乎仅仅满足于像浮雕那样的光暗与体积，那是为了保持整幅画面的平衡、调和，与符合壁画装饰上的要求，因此唐代画面上看不出物体投射影子，与突出的物体的光暗等一切可能破坏画面平衡的因素；这种在表现功力上适当的含蓄和保留，像唐代张彦远在《历代名画记》上所指出的"夫画物特忌形貌采章历历具足"①,正是中国传统艺术表现方法上显著的特点。

　　五代和宋虽然战乱频繁,中原动荡,但在文化艺术方面还是有新的发展与成就。最近顾闳中的《韩熙载夜宴图》和张择端的《清明上河图》等著名的富有现实主义的遗作的公开展出,震动了祖国人民的画坛。在偏僻的河西塞外,也还保留有反映上述时代人民生活的许多写实佳作。当时曹议金三世在敦煌百余年的统治,曹氏家属为了在莫高窟创建内容丰富规模巨大的洞窟,设立画院②和画官画士,可能从关内延请优秀的艺术匠师来参加石窟的修建工作,因此,这个时期的洞窟艺术还保持着唐代的余风。这里所搜集的是第 54 窟壁画中五代"射手"的真实形像。如"马厩""耕作""推磨""春米"各种表现农作生产劳动的壁画,生动地反映了农民生活及工作情况。"练武"表示出飞奔的马和骑在马上进行各种运动的生动形象,是结合了观察力与概括力的成功的描写。

四

　　正如阿·列费弗尔所说:"在所谓'神圣'的或宗教的艺术中,并非一切都是坏的。相反,它证明了生活中反面事物和正面事物之间的尖锐冲突。"③本文所论到的画幅正是在无名的艺术匠师

---

　　① 　唐张彦远《历代名画记》:"夫画物特忌形貌采章历历具足。甚谨甚细,而外露巧密,所以不患不了,而患于了,既知其了,亦何必了? 此非不了也。若不识其了,是真不了也。"

　　② 　安西万佛峡敦煌文物研究所编第 34 窟供养人题名下有:"国主沙州工匠都勾当画院使归义军节度押衙银青光禄大夫检校太子宾客竺保……"题记。

　　③ 　见 1955 年《学习译丛》第 11 期《马克思恩格斯论美学》。

们笔下被描写了出来的，对于我们仍然是创造了亲近的可以理解的充满了感染力的艺术作品。

（原载《文物参考资料》1956 年第 2 期）

从出土文物展览看卓越的汉唐墓室壁画

反映中国古代社会意识的造型艺术,从出土的与现存的文物中,可以分为两个不同的部门:一是用在死人方面的墓葬明器与墓室壁画;一是活人使用过的历朝封建统治者的宫殿建筑,祭祀礼品,生活用具,以及服务于宗教的寺庙建筑造像与壁画。

由于要求的目的与作用的不同,古代艺术家是采用不同的心情、不同的表现形式与方法来制作的。例如作为古代奴隶主或封建统治者"子孙万代世世实用"的青铜器来说,那上面雕刻的纹样是由精确方正的几何形与可怕的饕餮怪兽平行对称的布置组合起来的,从这上面,可以体验出一种冷酷严厉的恐惧心情。

从西安出土的匍伏在地面上的大陶俑,可以看出唐代艺术家是如何尖锐的观察事物,并能善于运用纯练的技法,把当时那些为统治阶级所御用的奴才在他们主子面前"诚惶诚恐"的形形色色刻划出来。

同样,这次出土的墓室壁画方面,从题材内容与表现方法看,洋溢在画面上的栩栩如生的人物动作与表情,就远非一般宗教壁画那样或多或少受着佛经中的规律的影响所产生的作品可比。在寺院或窟庙中描绘壁画时是墨守成规的局限在呆板固定的规律中,而墓室画像主要是人物生活和表情的刻划。

从河北望都县汉墓室壁画开始,我们就发现这批汉画中从"门下贼曹""主记史""主簿""门下小史",与"辟东伍伯八人"那几幅供养人物画中,有一个相同的两颗眼珠汇集在眼角,似乎是望着已死的主人的目瞪口呆的，与其说是悲哀勿宁说是惊惶的表情。这是过去许多汉画像或汉画像石所未曾见过的新的发现。其次要指出的，主记史、主簿两幅中衣褶的烘染，以及运用彩色墨水的方法，可以联系山东武梁祠石刻画像，来进一步认识汉画优良的现实主义传统，除掉善于表现人物动态与表情外，同样也善于表现光暗与体积，具备了造型艺术最完美的现实表现的条件。

唐代墓室壁画，在汉壁画现实主义传统的基础上发展起来了！

首先要指出的，陕西咸阳出土的墓室壁画与唐代佛教画并无相似之处。咸阳底张湾唐墓墓门两壁的供养男子像，看来这个不戴冠饰的壮年男子，它具有与汉墓壁画一脉相承的眼珠静止在眼角中，两眼直视的恐惧的表情。他双手捧持果盘，上身向前微斜的姿态，增加了僵滞愕然的神情。

另一个梳了双髻的捧盒的年青女侍，是画家用简单的笔从这个姑娘面部紧锁的眉与停滞在眼角的眼珠刻划出她似乎傲慢而愤怒的表情；从她宽厚的画眉、朱唇与晕红而丰满的两颊，可看出画家是用矛盾的对比巧妙的安排少女内在与外表不相调和的情感。

与上图同一个姿态可以看出两个不同性格的典型的是底张湾唐墓西壁的一幅高髻双手捧物的女侍。这个善良的女性，她仰首直视的形象是结合着惊额与恐惧的表情。

底张湾唐墓东壁的一个梳着双髻的女孩；从她正面的身体，向右微斜，眉目间表现着忧戚的情绪的脸，尤其是微向下垂的眉角与半开的似乎浸润在眼泪中无神的眼珠，说明这个女子与死者可能是有亲属关系。

在墓室东壁有一小方残破的壁画头像，是一幅代表唐代优秀的现实主义传统杰出的作品。整个面像的悲哀的表情是从微向右额压下去的幞头开始的，加上眉额间的一条皱纹，左眼眉下与眼角间的一条皱纹，向下垂的两支眼睛眼珠的向眼角集中，紧锁的眉……这里由几个笔划组合成的眼眉与前额的关系因而产生了"悲"的情感的主要关键在于额前眼上眼下的三条皱纹。因为当人在悲哀的时候全个颜面使动眼皮的神经压缩着眼帘，应该是眼皮紧闭着哭泣起来的动作了。这幅画中的人却似乎是勉力要看死者最后一眼使用另一部分神经把眼皮勉强的吊起来，支持眼帘不致下垂，于是宽驰的皮肉造成额上、眼上、眼下的三条皱纹。同样的动作，在上唇与颊之间也起了显明的皱纹，勉强要把嘴张开来的一个矛盾的运动，把差不多要哭出声来的表情用简单几笔如生的刻划出来了。这幅杰出的壁画，虽然只是一方残壁，但是它所代表的伟大的唐代现实主义与晋代姚最在《续画品录》上介绍谢赫的作风"写貌人物，不俟对看，所须一览，便工操笔；点刷研精，意在切似，目想毫发，皆无遗失"的优秀传统是一脉相通的。这幅画的可贵，是在它笔致的简练，除了眉眼嘴角间的几笔外，额下自密而疏的几根头发与眉上的几笔，可以完全证明"目想毫发，皆无遗失"，描写是极其正确的。上面几幅供养人的衣褶与流利挺秀，卓拔，精力旺盛的笔致，我们又仿佛看见"立笔挥扫，势若风旋"的画史卜吴道子在挥毫时的一种韵律。这种韵律，除了画面上那种微带压缩气力饱满的笔致外，不可能由简单平稳的铁线描来传达出来的。我们虽然不知道上面列举壁画作者的姓名，但我们有理由可以怀疑是出自唐代长安某一个杰出的画家的手笔的。

白沙水库出土以死者生活描写为主题的几幅宋代壁画，虽然在艺术成就上没有咸阳出土的唐代壁画那样突出。但描写生活的主题与现实的手法，是如此生动翔实的为我们遗留下宋人生活的实况。

一幅死者夫妇对坐图，桌上排列着茶壶与茶杯，背后是两扇屏风,屏风后面还环立了四个侍女。男女主人穿着便装"正襟危坐"的摆在画面的前列。没有表情的脸与僵硬的姿势,正是画工们巧妙的传达出来的当时统治阶级在漫长岁月中百无聊赖的光景。四个侍女的脸部却仍旧沿袭汉唐墓室壁画供养人的传统眼珠结集在眼角,加上下垂的眉,似乎还有悲哀的表情。这幅画中特别要指出的是显示在茶杯茶壶与桌下椅坐间的光线与投射的阴影。这说明了宋代文人画正在发展成为形式主义的另一方面,工匠画家却依然在现实主义优良的传统下留给我们如此珍贵的东西。

另一幅壁画是描写女主人生前在仆人侍候下对镜梳装的情况,全画人物的各种动作,在极其严密地结构组织下,烘托出画中翘首弄姿的主题。

山东济南凤凰岗元墓壁画,也是描写元代人民生活的供养人像。这两幅壁画的内容与技法虽然没有什么突出的表现,但提供了历史的资料,使它们得以与汉魏、六朝、隋、唐、宋、元与现存的明清壁画历史传统联接起来!

(原载《文物参考资料》1954 年第 10 期)

漫谈古代壁画技术

早在原始公社时代,人类就利用壁画刻划出他们从集体生活和劳动中体现出来的艺术形象。如在西班牙阿尔泰米拉洞窟中发现绘于公元一万年以前的"牛"的壁画,在瑞典岩石上发现一幅人使用牛拉犁的壁画(见伊林:《人怎样变成巨人》),这些足以说明壁画艺术是从实际生活的要求中发展起来的,它一开始就与集体的劳动相结合。

但是这种为劳动人民服务的壁画艺术,经过封建社会,在漫长的年代中一直被利用为宗教和封建统治者服务,如唐张彦远《历代名画记》所谓:"夫画者:成教化,助人伦,穷神变,测幽微。"历史记载上周朝的明堂、楚国的宗庙祠堂都画满了以成教化,助人伦,"鉴贤戒愚"和山川神灵为内容的大幅壁画。汉魏以后,中国佛教壁画在民族艺术传统的基础上吸收了印度和中央亚细亚的做法,得到新的发展。以著名画家阎立本、吴道子为代表的无数专业画家们,不但在制作技术上发展了金碧辉煌的风格,而且在内容上也开始产生了独立的山水画。此后中国壁画逐渐成为以装饰寺院和墓室为主的绘画。

我国壁画艺术传统是十分优秀和伟大的,从现存的汉、南北朝、隋、唐、五代、宋、元、明、清各时代的壁画看来,题材内容、技术、应用材料的演变和发展是曲折的。但这些由古代劳动人民在漫长的历史岁月中获得的许多经验,对于我们今后新壁画的创作,一定能起很好的借鉴作用,因此,这里想根据我所知道的,作一简单的介绍。

一 中国壁画的性质

一般壁画是指画在与建筑物直接发生关系的墙壁上的绘画而言。远古时代的壁画,都是随兴所至的用手头可以得到的木炭或颜色,画在自己居住的山洞石壁或其他各种不同材料制成的墙壁上。那时候的壁画大都在室内,因此墙壁和颜料都没有经过任何加工,因为这类壁画都是在墙壁作成后画的,所以称为干壁画。古代中国、埃及、罗马的壁画,都属于这一种。到了十世纪的五代,敦煌莫高窟出现了大批画在外面的壁画,这些壁画的底壁与一般壁画不同,它能经得起风雨日光的袭击而颜色不变。十四世纪元代敦煌壁画中,出现了趁墙壁将干未干时作画的一种类似湿壁画的新技术。到了明代,为了便于烘染,壁画上开始涂胶和矾,这与卷轴画中的熟绢和熟纸画的性质有些相同,它们一直保留到现代。

二 中国壁画制作的特点

我国古代壁画的制作方法随着时代的发展而有所改变。

现存的汉代壁画仅有墓室壁画。近年先后出土的有辽阳北园、辽宁旅大营城子、河北望都、山东梁山等处。画画在涂有石灰的石壁或砖壁上,有些是先涂了一层带麻筋的泥土之后,再上石灰,因此底壁都是石灰的白色,壁画就直接画上去。

晋和北魏的壁画可在新疆克孜尔和敦煌早期石窟中见到。一般底壁都用草泥做底层,表面再抹一层麻筋或芦花混合的细泥。有几个洞窟的壁画用土红直接在泥壁上画了草稿,然后再上色。从已被风沙剥蚀了的墙壁看来，一般泥土画壁连胶也没有上。

隋唐壁画见于墓葬和新疆赫色尔、吐鲁番、敦煌莫高窟等地，一般都涂上蛋壳般厚的白垩，也刷上胶。作画时先在白描纸上依轮廓图样刺小眼做成粉本，用带颜色的粉色如土红扑在粉本上，在壁上印下画稿，然后开始描线和着色。

五代时在敦煌最显著的是画在窟外的大幅壁画。壁用较厚的一层石灰、细沙和麻筋混合而成，因此颜色至今保存犹新，一般五代和北宋的壁画作法与以前没有什么两样。

元代壁画，以敦煌莫高窟第3窟为例，壁画呈泥土色，而且显露出颗粒较粗的沙粒，色彩有用水笔烘染的迹象，可能是属于湿壁画的一种类型，现在正在研究阶段。

明代壁画，一般底壁加工精细，混入麻筋密度较大，在平滑的壁画上涂上白垩，从法海寺壁画看来，白垩上还涂有一层较浓的矾水和胶。因此这个时期的壁画烘染技术，差不多与湿壁画一样，可以运转自如，这是中国壁画制作上一个革新的步骤。

三　中国壁画技术和应用的材料

如上所说，中国壁画从处理方法上看来，是属于干壁画的一种类型，它是东方各民族壁画所采取的主要制作方法。各时代壁画的画壁结构，大体上是在石、砖、土坯的表层上，再加上掺有麦草的粗泥和掺有麦草或麻筋的细泥，以及粉皮等。它的作用一方面使壁画表面平滑、细致，另一方面可以使壁画比较安全的固着于墙壁上。下面我们举四种壁画结构的例子：

（1）敦煌和新疆赫色尔壁画结构：敦煌壁画是画在酒泉系的砾岩上，石壁凿成后直接镘上一层掺有麦草的粗泥，待半干再加掺有麦草或麻筋的细泥,最上面镘上一层薄如蛋壳般的粉皮。

(2)辽阳汉墓画壁:它的底壁是坚硬的岩石,岩石上的加工办法有两种:一种和敦煌壁画一样,石壁上首先镘上掺有麦草的粗泥,然后再上粉皮。另一种是直接在岩石上刷一层细石灰,壁画就画在石灰上。

(3)望都汉墓壁画:是在砖壁上加上粗泥和细泥两重泥层,然后镘粉皮。

(4)吐鲁番壁画:是在土坯上镘两层泥、一层粉皮。

上述各种不同壁画的壁面晾干后,用宽面的长毛刷刷上一层掺皮胶的白粉(高岭土白或大白),再干后就可以起稿作画。

汉代墓室壁画的起稿,大抵以木炭在白壁上勾轮廓,随即以淡墨描出,然后用大笔挥毫,因此笔致比较潇洒放达,但所采用的颜色则比较简单,多以墨色为主,具有张彦远《历代名画记》所说:"是故运墨而成五色具"的特点。有时也可以看到在人物的嘴唇上,有极鲜明的朱色,此外还可以看到石青、石绿、赭石、石黄等。

自三世纪以后,中国壁画不但在绘制技术上有了改变,应用色彩的范围也比较宽阔起来,五世纪的谢赫在他的"六法"中曾指出"随类赋彩"的问题,因此彩色画在魏隋的壁画中可以看出开始进入写生的阶段。敦煌的魏隋壁画,说明这个时代的绘画,已具有丰富多采的色泽了,首先是全窟以赭石和黄土等色为主调,给予我们以汉代壁画所未曾有过的暖的感觉,配合在黑、白、朱、赭中的鲜明的石青、石绿,发挥了互相辉映的效果。这时候虽然采用了很多的颜色,但笔触的功用仍旧保持着汉画的特色,往往疏疏几笔,既有富丽的色泽,也有生动的笔致。

隋代壁画上开始发现沥粉堆金的装饰纹样,在赭色的壁画上更显得辉煌和富丽。壁画中采取的颜色,有孔雀蓝、石绿、朱砂、赭石、玉白和煤黑等,尤其是赭色地壁上的白色,加上金碧、孔雀蓝,由魏画的强烈对照转变为明快温和。

唐人壁画用色有显明的朱砂、赭石、石黄、石青、石绿、高岭土白等。唐代以后壁画的底色多为白垩,上面涂有一层薄胶,因此壁画上的颜色呈现了金碧辉煌的景象。

五代壁画,一般仍然继承唐代的风格,变化不大。敦煌这个时候与中原交通隔绝,所以由中原运来的颜料已不可能利用。因此在壁画上显著的看到的是朱砂色的绝迹。由于用银朱来代替,至今大部份已变成黑色。

宋元壁画,同样由于朱砂无法运到关外,红色部分都以银朱代替,日久与铅粉化合变成黑色。至今壁画只有黑绿两个颜色,显得色调寒冷。

明清壁画,在制作技术上有所改变,主要在于壁面使用胶和矾,这样在色彩的涂刷和烘染方面比较有更大的灵活性,可以不受画壁吸取颜色使笔墨涩阻不前的限制。从法海寺的大幅壁画中可以看到差不多有一丈高的人物,衣褶线条遒劲流利,能够很好的表现了画家的笔力,这与明代画壁刷胶矾是有关系的。

中国壁画在使用颜色方面,大概可分为纯颜色、人工颜色、植物颜色三种。壁画开始使用的颜色,不外矿物色与植物色两种。植物色容易变色,今天能看到的古代壁画的原色,只有矿物色一种。如汉代墓室壁画中的黑、白、朱、赭、青、绿六色是矿色或土色,也是最坚牢的颜色。

黑色是烟炱,白色是白垩(又名白土粉),化学名为炭酸钙,可以经久不变。朱色是朱砂,因为出在湖南的辰州,又名辰砂。赭是赭色,又叫土红,是赤铁矿中的产物,也是不变的色。石青是赤铜矿中的产物,化学名为盐基性碳酸铜;石绿与石青一样产在铜矿中,也属盐基性碳酸铜,石绿的含铜量较石青少三分之一,含碳量较石青少二分之一,含水量是相同的。石青和石绿是经得起日光和湿气侵蚀的颜色。

除上述六种颜色外，河北望都汉墓壁画中的黄色麐子，可能是用石黄画出来的，这是前所未见的汉画应用的另一种颜色。根据新疆石窟壁画的产生和发展的情况，中国壁画色彩在三世纪以后已有比较完备的表现能力，因此这个时期画家们应用的颜色一定已不止汉代那几种单纯的色，而可能已有青红配合成的紫色，银朱、铅粉配合成的粉红，花青、藤黄配合成的草绿之类。

唐代和以后的时期，颜色调制的范围更为扩大，因此互相关系也更为复杂了。

现将中国壁画使用的颜料分类列下：

第一类：直接使用的成色（原矿质色）

（1）朱砂　　　　石色　　　　不变色

（2）石青　　　　石色　　　　不变色

（3）石绿　　　　石色　　　　不变色

（4）石黄　　　　石色　　　　不变色

（5）高岭土　　　石色　　　　不变色

（6）赭石　　　　石色　　　　不变色

（7）烟炱　　　　松烟色　　　不变色

第二类：人工颜色

（1）银朱　（硫化汞）　遇铅粉变黑色

（2）铅粉（盐基性炭酸钙）日久变化返为铅色

第三类：植物颜色

（1）胭脂（红色）红蓝花，茜草，紫绯作成　退色

（2）藤黄　（或称栀黄）　退色

（3）花青　用蓝靛制成　退色

第四类：其他

（1）黄金　　　　金属　　　　不变色

（2）白银　　　金属　　不变色

（3）珠粉（银光色）　　　不变色

　　上述各色也可作适当的配合，但要注意颜色的性质，如石色一般不变色，人造色时间久了就要变色或退色，植物色是退色的。

配色举例（○记号为不变色）

全成用色＼原色百分比	朱砂	石黄	银朱	胭脂	花青	藤黄	赭石	烟炱	白土	铅粉	备注
酱红	60						40				○○
黄赭		60					40				○○
橘红			60			40					
紫红				80	20						
草绿					50	50					
苍绿					40	50	10				
墨绿					50	40		10			○
铁绿						70		30			
深紫				20		60		20			
黄墨						80		20			
金黄				50		50					
檀香						50	50				
粉紫				60	20				20		
肉红			30	30					40		
粉红			30							70	
红粉				40					60		
银红			30	30						40	
段红	60			40							
老红	60						40				
黑墨								100			○○
白										100	○○

从敦煌壁画所用颜色的变色和退色情况看来,多是由于氧化、日晒及潮湿三方面引起的。矿石质的颜料虽不变色但只宜于单独使用,不宜调制,要从这些颜料中获得随类傅彩的效果是很困难的。因此需适当采用易于烘染和调配的银朱、铅粉、胭脂、花青、藤黄等化学和植物性颜料。在千百年后的今天看来,已产生了相当普遍的变色和退色现象。

其中比较显著的,是从北朝直到宋元壁画中烘染颜面的银朱和铅粉因氧化使铅质还原变成黑色的情况,另一方面,也发现了一些用花青与藤黄调合的嫩绿与深绿;花青与铅粉调合的淡蓝等变成原来的墙土色,或是使青山绿水变成白山黑水。这种由于配色不讲究而产生变色的后果,是值得我们注意的。

(原载《文物参考资料》第 11 期,1958 年)

敦煌采塑

一　民族传统

采塑造象是祖国卓越的民族艺术遗产之一。

司马迁在《史记》上曾提到"帝乙为偶人以象天神"。而刘向在《战国策》上就更明确地谈到"土偶"①。所谓"土偶"，徐彝舟在《读书杂释》上解释为"今世捏土肖鬼神曰壤，亦作塑"。这说明至少在二千多年前中国已经有泥塑了。

辉县百泉出土的泥塑猪、羊、犬等就是有力的实物例证。

与上述属于同一时期（战国末年与西汉初年）的文物，是1954年在长沙杨家湾发掘出来上面附有采绘的木俑。

采塑不象那些用大块石头从外向里逐渐加工雕琢而成的石刻，而它是利用湿润、软和易于操作的泥土自内而外，自骨架大局，一直到细腻的肌肉运动和五官表情，逐步捏塑而成。艺术匠师们通过创造性的劳动，使造型的体积适应着创作的要求，把一切可以觉察的色、相、重量等综合地全面地体现出来，成为质体和光色相结合"神采具足"的采塑。它不但形象地再现了人物，而且

---

① 汉刘向《战国策》："孟尝君将入秦，苏代止之曰：'土偶与桃梗相遇，桃梗曰：子西岸之土也，琢之为人，岁八月雨降，则汝残矣。'"

129

是"随类赋色"①地刻划了人物的风采，使"默不作声"的泥塑成为"窃眄欲语"②生动的造象。

敦煌莫高窟就保存有极大数目这种优美的采塑。这些采塑配置在绚烂夺目的建筑采绘和壁画装饰着的石窟中；它们不但是彼此辉映，而且是互相依存的；如有些菩萨天女的飘带，绕在肩上臂上的是立体采塑，但当延展到墙壁上之后就用同样采色的绘画接连下去(北魏、隋、唐都有类似的例子)。唐以后采塑菩萨的头光大体都是用壁画来代替的。有些佛龛内仅仅塑造了主要的一佛二弟子二菩萨二天王，成为七身一铺，而把未经塑造的另外八个弟子及天龙八部飞天龙女等扈从部属绘制在墙壁上面。龛楣图案，藻井图案，与石室建筑上梁枋斗栱的图案互相结合在一起。这些具体事实，生动地说明了中国古典艺术建筑、雕塑、绘画三者互相依存、密切联系的特点。这也符合中国艺术"绘塑不分"的古老传统。如北齐天统三年(公元 567 年)《张静儒造浮图并素像记》云："在黄冈上造浮图一区，素画象容，刊石立形，释迦菩萨，妙巧班公。"这里"素画象容"，是指的"采塑"，当时就没有把"素"和"画"两个造型部门分开来。唐代采塑名家杨惠之，原先是与吴道子同时向画师张僧繇学画的，《五代名画补遗》载吴道子和杨惠之："号为画友，巧艺并著，而道子声光独显，惠之遂都焚笔砚，毅然发奋专肆塑作，能夺僧繇画相，乃与道子争衡。"这里不但说明杨惠之是一个有名的采塑专家，而且他的画，也与当时画圣吴道子"巧艺并著"。他在毅然发奋专肆塑作之后，他的采塑不但能与道子争短长，而且能夺得他的老师的画相的神态。我们从这里绘、塑并论的记载可以看到当时绘画和采塑密切的关系。宋人郭

---

① 宋黄休复《益州名画录》："造夹纻果子，随类赋色。"

② 唐段成式《酉阳杂俎续集》卷 5《寺塔记》："有执炉天女窃眄欲语。"

若虚写的《图画见闻志》上有论到吴道子的"吴装"的特点时说："至今画家有轻拂丹青者,谓之吴装,雕塑之象,亦有吴装。"这里说明绘画的风格也同时是采塑的风格。清人金俊明在他的《画跋》上也说:"吴生之画如塑然,隆颊丰鼻,跌目陷脸,非谓引墨浓厚,面目自兴,其势有不得不然者。正使塑者如画,则分位皆重叠,便不求其鼻目颧额可分也。"以上所引文献上的记载,正与敦煌各时代采塑的神态、衣饰、花纹与各时代壁画人物及装饰花纹完全是一致的,情况也是相符合的。

正因为敦煌采塑具有这样的特点,所以它们不能象那些曝露在室外,矗立在海边和沙漠中的埃及、希腊、印度等地的古代石刻纪念碑造象一样,它们是"素容绘质"①地成为富丽堂皇的建筑内部的主要构成部分。

二 外来影响和新的创造

两千年前当佛教从印度跨过了葱岭,沿着天山南北两路到达中国内地时,随之而产生的中国佛教艺术,也在新疆和甘肃等与中外交通有关的地区逐渐发展起来。

敦煌是古代中西文化交流的枢纽,也是五世纪前后中国佛教艺术在成熟的汉代艺术基础上,成长和发展的中心。

按照印度石窟艺术的形制,一般是雕刻多于壁画;像阿旃陀、爱罗拉、象岛等处石窟,附在建筑物上的,都是在大块岩石上开凿出来的浮雕和圆雕的造象。但作为印度佛教输入的前站——河西走廊和新疆南北两路汉代三十六国的主要地区,如鄯善、于阗、龟兹、焉耆等地,都是沙土和变质的砾岩,根本不可能凿刻石象。

———————————

① 唐咸通九年《夏县禹庙创修什物记》:"素容绘质,而祭之以报。"

因此,艺术匠师们就利用传统的泥塑技术来代替了石刻。

一般说来,敦煌采塑所妆銮的颜色,是用"随类赋色"的写实方法,依据各时代、各民族的衣饰花纹,富有现实意义和民族特征地表达出来的。

一方面,敦煌采塑的造型也在不同程度上受到外来影响。譬如在部分早期作品中,还能看出犍陀罗艺术的影响。259窟北魏塑结跏趺坐的佛象,由于眉、目、嘴角间生动的刻划,使整个红润端正的面部显露出感染力极其浓厚的微笑,这个微笑使人们联想到比佛象修造的年代后一千一百多年、意大利文艺复兴时期大师芬奇的以微笑著名的《莫娜丽莎》的杰作,但前者的微笑正如汉、魏的陶俑中所常见的,似乎含有更恬静的东方民族所常有的朴质而明朗的感情。

这个造象从外表的形式方面看来,它所受西北印度犍陀罗艺术影响是佛顶的肉髻,曲线的衣褶,结跏的坐式等。图3是代表二到四世纪时代犍陀罗地方出土的坐佛造象①,这个由印度佛教融和了希腊艺术所产生的犍陀罗风格的造象,结构散漫、体态臃肿、表情滞钝,处处都反映了希腊艺术衰退时期的特点,而敦煌259窟(图2)坐佛严谨细致神情的刻划,健康饱满的组织结构,仿佛赋予泥土以真实的生命一般,比较起来读者不难从两者之间辨认出敦煌艺术的民族传统与外来影响的从属关系,也就是中国佛教艺术在演变发展时期新的创造和成就。

从魏到隋,约有二百年的时间,是敦煌采塑在新的创造时期的演变和发展。人们可以显明地看到石室采塑如何从魏代"秀骨清象"的典型经过隋代迈进到唐代"珠圆玉润"成熟的具有现实主

① 见 Chintamonikar 著:*Classical Indian Sculpture*(1950 Alec Tiranti LTD London)图版第61。

图2   图3

义因素的创作阶段。许多盛行在隋时代,可能受了五世纪时期中
印度笈多王朝造象风格影响的立佛,代替了晋、魏造象中有犍陀
罗风味的结跏趺坐式的坐佛。但隋代采塑较印度笈多式石刻,更
富有朴素、厚实、恬静、健康的造型品质。而那些常见在北魏早期
造像中,以浮塑凸线或凹刻线表现出"曹衣出水"的衣褶线纹,到
了隋代已显得更简练了。隋代开始塑造类似毛织物一般重厚的
衣服褶襞,但仍能看出它们与笈多王朝的"轻纱透体"的雕刻作风
有一定联系的。从隋代开始,采塑匠师在佛象的袈裟上、菩萨的
天衣上欢喜绘制颜色富丽的、形象生动的花纹。它们使大块平塑
的面积增加了丰富的内容,与佛象的颜面丰满圆实的造型相对比
更显出艺术匠师们在精和简、粗和细的节奏调配上的智慧。
　　唐代是文学艺术创作已发展到非常旺盛的时代,当画师阎立本、吴道子大量在绘画上创作的时候,采塑名师杨惠之[①]、张爱儿[②]结合了绘画上"随类赋色"的写实经验进一步向现实的创作方法发展起来。魏、隋早期敦煌采塑中所含有的犍陀罗式或笈多式等外来影响,到唐代已被融和在丰富多采的民族传统中而形成了百花怒放的新的创作高潮。这个时期的造象面相温和乐观,胁侍菩萨的体态委婉多姿。唐代造象优美的风格,正反映了这时候艺术家对于现实生活上"美"的追求,使佛、弟子、菩萨、天女、天王、力士等极为有限的形象,贯注了活人的气息和美好的生命力。

三 题材和创作技术

从四世纪东晋时代开始,与壁画制作的同时莫高窟就出现了采塑的造象。经过北魏、西魏、隋、唐、五代、宋、元、清各时代的演变和发展,估计现存的四百八十个洞窟中,至少原有五千以上的采塑,但经过千余年的毁损,现在还有保存较为完好的各时代采塑二千四百十五身(见统计表1)。

这些采塑从形式来分类,可以分作壁塑[③]、影塑[④]、高塑(相当于西洋的高雕)、圆塑(完全立体塑)四种。以主题内容来分类,有

---

① 宋刘道醇《五代名画补遗》:"杨惠之,开元中与吴道子同师张僧繇笔迹,号为画友,巧艺并著,而道子声光独显,惠之遂都焚笔砚,毅然发奋,专肆塑作,能夺僧繇画相,乃与道子争衡。时人语曰:'道子画,惠之塑,夺得僧繇神笔路。'其为人称叹也如此。"

② 唐张彦远《历代名画记》:"时有张爱儿学吴画不成,便为捏塑。元宗御笔改名仙乔,杂画虫豸亦妙。"

③ 相当于西洋的浮雕。宋邓椿《画继》卷六:"刘国用,汉州人,工画罗汉,壁素之传甚多。"

④ 相当于西洋的高浮雕。清《常山贞石志》卷十一:"爱于堂内塑六曹判官,并神祇侍从,及壁上影塑变相等。"

千佛、飞天、伎乐、龛楣、花饰、建筑物、羽人、龙、柱头、佛、比丘、菩萨、天王、力士、地神、狮、象、麒麟、天狗、老君、侍立天神、灵官、送子娘娘等二十种(各时代采塑内容见表2)。

表1　莫高窟历代采塑统计

时代	原塑	原塑残破	原塑经后代重修	小计	备注
北魏	120	113	85	318	
隋	140	58	152	350	
唐	111	158	401	670	
五代	7	7	10	24	
宋	28	20	26	74	
元	7	0	0	7	
清	972	0	0	972	
总计	1385	356	674	2415	

表2　各时代采塑种类及主题内容

时代	壁塑	影塑	高塑	圆塑	备注
北魏	千佛飞天伎乐	龛楣及各种花饰、建筑物	天王及菩萨	佛、天王、菩萨、狮	其中壁塑部分大半是有模子的印塑
隋	山水	龛楣、羽人夔龙、柱头	比丘、菩萨	佛、比丘、菩萨、天王、地神	山水仅203窟一处
唐				佛、比丘、菩萨、天王、力士、地神、天狗、狮、象、麒麟	
五代				佛、菩萨、天王、老君、地神	
宋				佛、菩萨	
元				观音大士及侍立诸天神	
清				金刚、灵官、送子娘娘及鬼神等	

从表2可以了解唐以前除圆塑之外还有壁塑、影塑与高塑三种塑造形式。这些塑象的位置都是布置在中心柱的上端，龛壁半立体的地方，与云冈龙门的石窟中心柱龛壁的浮雕、高浮雕的作风十分接近。到唐代就不采取浮面的造型，一开始就以完全立体的圆塑造象布置在进深较大的，象小舞台一样的佛龛中或须弥坛上。造象不但临空，而且是可供巡礼者四方的观看和鉴赏。也就是历史上记载着唐代采塑名家杨惠之塑造了京兆府名演员留杯亭象，在背后也可以认识的一个证据①。五代、宋、元、清都是继承了唐代现实主义创作的传统，在不同的程度上还形成了时代所特有的风格。

根据莫高窟现有各时代采塑的材料来分析，魏、隋和唐塑造特大型的采塑，大都凿刻岩石作为内胎，然后在雕象的表面包糊紫泥装塑。一般造象，是以十字形的木架为头及身段的主要骨架，在这个骨架上包扎了芦苇，大部分塑象的四肢都是用麻绳缚扎得紧紧的。骨架做好后，再用麦草和黄泥捏在芦苇上，到离表面还有一个手指厚的时候，经过晾干，然后再用麻筋和细泥混合的泥膏塑造形体表面较细致的部分，涂上胶质混合了垩白的地色，最后再涂绘所需要的各种采色。

唐代塑象与魏、隋不同的是以茇茇草代替芦苇做骨架，茇茇草是一种沙漠上特有的象麦草一样、实心坚韧的植物。唐代塑象采用草泥与麻泥外，最后还上了一层以芦花及细泥拌合成蛋壳般

---

① 明王世贞《王氏画苑》卷六："惠之尝于京兆府塑倡优人留杯亭，象成之日，惠之亦手装染之，遂于市会中面墙而置之，京兆人视其背，皆曰：'此留杯亭也。'"

厚的表皮,在手足脸面身段露出的部分可能还要加油蜡①。使采塑呈现了软和光润而有韧性的外表,能经受温度变化而不致起甲或龟裂,这是敦煌采塑经过一千数百年长久的岁月还能保存得完好的原因。五代、宋采塑与唐采塑一般没有什么变化,清代塑象在时代方面距我们比较近,做法与内地庙宇神象的塑造有点相似,可能是按照西北现存的民间塑造方法:先上护骨架的粗泥,再上中泥和细泥,完成了粗坯子(草样)经过修整,最后在造象的衣服和皮肤上上色。因为套装的泥层较厚,在整个塑造形体的轮廓和衣褶动作表情上,一般已没有唐代采塑那样细致生动了。

敦煌采塑大部分是按照以上方法捏塑而成。我们还发现有其他的塑造方法。

中国在历史上正式记载着塑象艺术匠师的姓名是由四世纪时戴安道②开始的。戴安道就是《晋书》上的戴逵,死于公元 395 年。他是个著名的画家,能捏塑、铸铜及木雕。他结合铸造与捏塑两者的优点,创造了一种用陶胎粗布夹杂泥土的夹纻塑。但这种夹纻塑究竟是一个什么样子,历史上没有记明,实物也不见。十年前偶然在莫高窟沙土中拾到了一个残破了的用戴逵的方法制造出来的夹纻塑的小佛头(图 4)。这个从沙土中拾到的佛头因为残破过甚,又没有证实年代的旁证,很难确定它制作的年代。但从实物的形质上,可以证明它是用粗布夹杂泥土制成夹纻塑一类的造象。这个事实具体地说明了敦煌采塑的制作方法是非常多样的。因此敦煌采塑不但在艺术创造上具有高度的价值,而且

---

① 敦煌当地民间采塑工匠所采用的材料中,有一种称为"象粉"的,是和合了油脂的白粉,专门用它来涂抹面部及露在外面的手足等部分。也有将它们掺在绘制服饰花纹的颜料中的。凡是应用"象粉"或掺合了象粉的妆绘部分都是发光的。

② 唐释法琳撰《辩正论》卷三:"戴安道建报隐寺,手造五夹纻象。"

图 4

将是我们研究传统塑造方法的宝库。

四 时代特征和艺术上的成就

自东晋时代开始,敦煌采塑在不同程度上显示着初期自印度输入的造象风格,其中尤以自西北印度传来的以衣褶线纹流畅著称的犍陀罗艺术风格比较显著。但另一种反映着民族特色的,是北魏时代盛行的交脚弥勒象,它们与印度佛象的"结跏趺坐"式(又称"莲坐")或"安乐坐"式等毫无共同之处。是一种出现在北魏时期可能与拓跋氏上层统治阶级两腿交叉的尊贵者坐式相符合的①。其他比丘菩萨与天王象等的衣饰服装大部分反映当时统治阶级清谈玄理,好事粉饰的士大夫腐化没落社会中盛行的所谓"时世妆"。面部表情一如顾恺之《论画》上:"刻削为容仪"一种

---

① 见日人大村西崖《元魏时的佛象》。

"秀骨清象"的风格。一般的北魏采塑保持着简单朴实的汉陶俑传统的模塑方法,体现出浑厚概括的特点。如248窟的菩萨,在造型方法上还没有摆脱石刻高浮雕的范围,并不是全立体的圆塑。采塑格式大体上与长沙杨家湾出土战国末年的采绘木俑极为近似:简单的土红的裙、飘带,与变成酱黑的项饰、青色的头发,和鲜红、石绿、黑等色相间的头饰。黑(可能是由银朱氧化后变成的)和石绿的耳坠,以及至今未变的乳白色的皮肤等等,这些朴质雅致的色采,加在厚实的泥塑上,显出十分调和而文静的感情。北朝的采塑虽然绘色上比较简单,但在表情和神态的刻划上可能因为柔软的泥土性质,使采塑的作者更能曲尽其微地显示他们的才能。

图5是敦煌254窟一个类似高雕的佛象采塑。在采画斑烂的背光和佛象的头、面上,还残存着明亮的金饰,红袈裟上用微凸平行的线,模塑出"曹衣出水"的襞褶,右胸裸出的衬衣画满了四花几何形纹样,在左背残断的手臂处,可以明显地看出草泥的肉胎以及用芦苇扎成塑象的骨架。——同窟南壁佛龛内的交脚弥勒佛象,它的服装冠戴已改变为紧身的北朝装饰,但下装裙的部分还保留犍陀罗衣褶的形式。

275窟经五代重修过的北魏交脚佛象,服饰大体与图5相同,所不同的是有两绺长发分散在左右肩臂上,颈项与前胸还佩戴了环饰,面相柔和圆润,全身体现出纯厚丰满的造型。

同样的印象,可以在290窟魏塑菩萨象上获得,这个菩萨至今仍保持着采塑原始的风采。造象以石青、石绿、高岭土、土红等四色为主的幽雅朴厚的采绘,结合了面部的造型表情与生动活泼的体态,它给予我们一个农村少女所常有的天真而美丽的青春的生命!

432窟中心柱上另一对菩萨立象,她们修长的差不多完全赤

图 5

裸了的上身,仅有肩背飘带充当庄严的天衣,下面的长裙已完全采用六朝的服饰,如图版 20(编者注:《敦煌采塑》中所收图版,下同)的菩萨象的形式相仿,冠髻下显露出五六绺披在额前的头发,那样美丽的面相与庄严的姿态,使我们想到佛经上形容摩耶夫人的词句:

> 眉高而长,额广平正……目净修广,如青莲华,修短合度,容仪可法,其肩端好,其臂傭长,支体圆满,肤采润泽……①

可能作者是用上述标准来创作含有丰富的中国民族特色的,既不违背古代佛教徒的理想,同时由于服饰的装配与细腻的刻划,还活生生地体现出那些时代具备着浓厚地方色采的美丽的

---

① 见《广方天庄严经》卷一。

典型。

历史上，隋文帝在结束了两晋以后数百年间部族部落间的混战局面后，又重新建立了统一帝国，并实行了一系列安定社会的政策，结果，也促进了中古时代封建经济和文化的发展。反映在敦煌艺术上首先引起我们注意的是，在这短促的二三十年隋代统治时期，修建洞窟的数量上差不多超过全数的五分之一。同时洞窟内容的布置与代表民族性格色采的运用也从晋、魏着重清淡的采色到隋代富丽热烈的色调。这个时期采塑主要的特点和新的成就，是突破了中国佛教艺术初期所形成的一佛二菩萨呆板的定型。进一步充实中国佛教艺术的内容和扩大现实形象描写的领域；隋代艺术家对现实强烈的追求和旺盛的创作力量，可以从敦煌隋代采塑中做一个说明。晋、魏时代采塑的主题，是佛与菩萨两个内容，这是代表佛教教主的释迦牟尼佛与上天的菩萨形象。但到了隋代介乎佛、菩萨与人之间的佛的十大弟子中主要的迦叶与阿难两个形象，成为当时采塑匠师们新的描写对象。在历史上自汉、魏到隋五六百年中国佛教发展的过程中，涌现出许多当时被封建统治阶级压榨的人民，为了追求精神上的寄托和解决宗教上的种种疑问，不惜冒险犯难远涉大漠瀚海到印度去求经的高僧和事迹，比较佛与菩萨的神话故事更亲切地成为当时善男信女崇拜的偶象，也成为当时艺术家刻划的典型。第 419 窟隋代的迦叶塑象，正是说明了这个问题。这是用杰出的写实手法刻划出来的，以"头陀第一"著称的大迦叶的采塑是如此生动地体现了在西域一带苦行进修的行脚高僧的形象。它使我们从历史的记载上回忆到：晋武帝时代（265—289）继朱士行之后，第二个冒险去西域求经、世居敦煌、号为敦煌菩萨的高僧竺法护；它使我们从历史的记载上回忆到：从长安结队西行，"自敦煌至毗荼共费一百五十九日"①,在外十五年"孑然一身"胜利归来的著名的高僧法显。以及在这条贯穿中西的古代的"丝路"上,无数具备着民族气魄的和平的文化使节和善良的宗教信徒,前仆后继不绝于途的冒险旅行事迹。正如法显在他的《佛国记》上所写:"沙河中多热风,遇则无全。上无飞鸟,下无走兽,遍望极目,莫知所拟,惟以死人枯骨为标帜。"看到他们九死一生地在"沙河热风"与"风雨积雪"的环境中磨炼出来的钢铁一样坚强的意志和大无畏的精神。再看看图版37所载迦叶的微笑,他那从心底里透露出来反映在眉目嘴角间的善良的微笑,带着谦虚和朴实的感情的微笑,那几颗显露出来的残缺不全的齿牙,和一对大小不相称的眼睛,额上、脸颊和嘴角的皱纹,颈项间显露的筋骨,处处都刻划出一个长期在艰苦的环境中,向沙漠上风日斗争,向戈壁上严寒斗争、向饥渴斗争、向孤寂斗争、向疲惫斗争、向黑夜斗争……的当时无数往来于阳关大道的行脚僧,他们经过十年二十年长期风尘仆仆艰苦的旅行生活之后,而获得了最后"德行高超"的晚年平静安适的微笑。假如读者在这件杰出的采塑前面能够产生同样的印象的话,那就是隋代无名的采塑匠师们在艺术上杰出的贡献。

能够充分代表北魏过渡到唐代的桥梁的,是427窟隋代匠师塑造的三铺一佛二胁侍的大立佛象之一。这些佛象及菩萨在形体上比较一般的都要丰满壮实,肉身是土红色,在蓝绿地色的璎珞佩带上,用白色细线勾描出菱形、几何形的大小花朵,紧身的天衣是红地色,白蓝相间的花纹,裙裾上有用红、蓝、绿、黑、金各色所描绘成带状几何形精致美丽的花纹。这是代表当时盛行的"时世妆"中最华丽的标本。也是隋代统一南北,在艺术上浑厚富丽作风的新成就。

---

① 见梁启超《中国印度之交通》。

到了唐代,造象技术在隋代匠师们新的创造性的劳动成就中更加发展起来。唐代采塑匠师们已不能满足于北魏及隋代塑象那样比较单纯朴实的造型与采绘,美术史上杨惠之的出现正是标志着与当时大画师吴道子一道,在绘画与造型两方面夺得"张僧繇神笔路"的大师们,把唐代采塑从神采和形象两方面推进一大步。他们运用了兼而有之的绘画与塑造的才能,赋予朴素的泥土造象以丰富的色相,从而加强了造型上的感染力。宋法智正是杨惠之教导出来的能塑象而兼长绘画的有名匠师,还有与杨惠之一样学画不成专事捏塑的张爱儿①。由于当时寺院建设的风起云涌,艺术匠师们在供不应求情况下互相竞赛、互相帮助的早期采塑集体创作的事实也可以从《敬爱寺绘塑记》所载反映出来:

> 敬爱寺佛殿内菩提树下弥勒菩萨塑象,麟德二年自内出王玄策取到西域所图菩萨象为样,巧儿、张寿、宋朝塑,王玄策指挥,李安贴金。东间弥勒象,张智藏(即张寿的弟弟)塑,陈永承成。西间弥勒象,窦弘梁塑。上三处象光及化生等并是刘爽利。殿中门西神,窦弘梁塑,殿中东神,赵云质塑,今谓之圣神也。此一殿功德,并妙选巧工,各骋奇思,庄严华丽,天下共推。②

上述的历史资料说明了唐代艺术家在创作劳动中集体工作的优良传统。敦煌采塑就是用这些优秀的艺术品来证明这一个历史记载的宝贵的证据。魏、隋的作品,尤其是唐代采塑,显著的留给我们石窟艺术的建筑、壁画、采塑三者的完整性、统一性与调和的感觉。使我们深深体会到,采塑之间各个不同主题如何在佛的"静"与天王的"动",菩萨的"娟秀"与力士的"壮健"各个不同的

---

① 唐张彦远《历代名画记》:"时有张爱儿学吴画不成便为捏塑。"
② 唐张彦远《历代名画记》卷三。

主题内容,各个不同的形象性格和内心表情,它们在同一个佛龛上,在同一个充满了壁画的石室建筑中,如同交响乐一般奏出了谐和的歌曲,开放了美丽的花朵。正如上面已经谈到过的采塑匠师们在塑造十大弟子的时候,常常将迦叶、阿难用采塑来表现,其他八个就干脆画在壁墙上做了采塑的补充。也有些菩萨的头光与飘带是以壁画来代替,或是用绘画来表示造象的须眉等。这一切都证明了美术史上戴逵、杨惠之、刘意儿、马天来等都以能画善塑著称的历史的真实性。也说明了古代"绘塑不分"的传统和建筑、雕塑、绘画三者相互密切的关系。

唐代采塑在题材方面又添增了"力士"与"涅槃"两个新的内容。"力士"象的描写手法,就比魏、隋时期的"天王"象有了更精深的刻划,艺术家在塑造力士形象时,不仅在面貌姿态上表现了威武的神气,而且在肌肉的运动上,在"关鬲脉络"上都无微不至地塑出了合乎解剖的健壮的体格。"涅槃"是佛教教主释迦牟尼"在世间广开法门,救度众生垂五十年"后,在拘尸罗的熙连若跋提河畔,一个印度下雨的季节,又是大饥荒的年代里临终时的造象。这是一个大胆的运用采塑技术来具体表达梵文"Nirvana"具有复杂的宗教含义的描写。它并不象欧洲中世纪与文艺复兴及以后的时代艺术家所乐于描写的"耶稣钉死在十字架上"的悲剧主题那样,而是按照佛经的记载,释迦牟尼在临死的夜半布置好了身后一切,"即于是夜,右胁而卧,泪然大寂!"一个普通的平凡的死! 在看过了唐以前许多佛本生故事如"舍身喂虎""剜肉喂鹰"等委婉曲折的多少带有悲剧性的流血牺牲场面的壁画后,这里,如图 6 所示,158 窟唐代采塑匠师们刻划出来的长十五公尺大涅槃象的一部分所给予我们的印象是宁静安详的一个唐代妇人的睡态,一个经过劳动后恬适的安息。他广阔的前额,修长的眉毛所遮盖着的依然是微微张开的眼睛,仿佛在垂视他为"救度众生"曾经尽了一切力量的世界，垂视环绕在他周围的诸天、弟子，和他未了的事业和对于无尽的将来的希望，同时那个紧闭着的嘴唇，好象是肯定的表征着一个光明乐观的未来的信念。环绕在周围的诸天及弟子的表情却充分的反映了如《大藏经》《大智度第二》所提到的佛入涅槃时："诸人啼哭，诸天忧怒。"各种不同修行程度的天人对于佛入涅槃时不同的认识和不同的心境。图版103是第148窟完成于778年李太宾所修建的涅槃洞中情况。这里从围绕在唐代的大涅槃象周围的弟子举哀的群象来看，艺术家以不同的动作和面部表情体现出佛入涅槃时，七十二个大弟子的种种不同的内心变动的状况：有"呼天抢地"的号哭、有"涕泪交流"的痛哭、有"嘟咿哽咽"的隐哭、有用理智控制着悲痛的情绪的愁眉苦脸……用不着说明就可以理解唐代艺术家如何从形象的动作一直到内心的表情的各方面使采塑增加感染力。

图 6

322窟初唐佛龛上的几个塑象，这里菩萨的形象在服饰和姿态方面还保留着某些隋代的作风，但从全身相称的比例与写实的塑造技术上看是有着很大的发展的。尤其显著的是北方天王，从服装上、从高度写实的造型技巧上，仿佛使我们惊异地看到一个汉、唐时代作西域都护打扮的卫国武士，而不是上天的"仁王"。

那样紧紧包在身体上头部肩部和腰下部的厚重的铠甲，也使我们想到唐代诗人岑参在《白雪歌送武判官归京》里的"将军角弓不得控，都护铁衣冷难着"诗句中所描写的意境。

这个采塑以它的身段比例，以它自头到脚的盔甲、护胸、长靴，一直到铠甲上突出的模仿钢丝做的锁练纹，突出的护胸上的板扣，突出的威风凛凛的八字胡须，加上绿、黑、白、蓝、红相间的模仿金属衣着的写实的色采与至今仍在西北流行的毡靴的样式，强调这个塑象的乡土气氛和艺术的感染力。在同一个佛龛上，人们还可以看到结跏趺坐的佛、比丘和菩萨的衣褶。具有高度技术的匠师们，全凭他的双手自如的运用泥土的才能，刻划出不同质地的紧贴身体的厚重的铁衣与流畅柔和菩萨的天衣、比丘的袈裟等绸缎所形成的褶纹。这种富有体质感的杰出的造型手法是唐代采塑在"维妙维肖"的写实技巧上新的成就。

130 窟唐代开元年间（公元 713—741 年）马思忠等所造的高达二十五公尺的大佛象的头部的特写。《莫高窟记》①所称的南大象，是由岩石经过雕凿后加以草泥及妆銮的巨大的弥勒佛造象，不但在整个身段比例处理得生动合理，就是手足及面部表情也是极其细腻地表现出高度现实主义的技巧，是中国佛教艺术巨型造象中优秀的代表作之一。从这个头象的特写中，首先可以体会到反映唐代社会充分物质条件与高度文化水准的生活情况。佛头丰硕的腮颊，厚实的嘴唇，如此肥头大耳的脸型，已与南北朝时代佛苦行造象那体态瘦弱的造型有显著的改变。他的俊秀的眉眼，向上微翘的眼角，端正的鼻梁，和卷曲有致的头发，既表达

---

① 唐人写《莫高窟记》有两个：一个 1900 年石室出土，伯希和劫去的第 3720 号手卷中，有咸通六年题的《莫高窟记》；另一个是 156 窟前室北壁墨书《莫高窟记》，已漫漶不清。记中有"开元年中僧处谚与乡人马思忠造南大象高一百廿尺"。

了人情味，又透露出庄严静穆宗教上的感情。附带要说到这是属于一个高二十五公尺左右的巨大弥勒佛坐象的头部。在仅仅十公尺左右的洞窟的深度中，要做到身材如此巨大，比例如此适度，栩栩如生的效果，必须是一个已掌握了高度的技术操作手法、有经验的艺术匠师才能得到如此杰出的成就。

另一个代表敦煌唐代采塑，也是代表敦煌两千多个采塑象优秀作品之一的是第328窟盛唐的造象。这一铺由一坐佛二比丘八个半坐半跪式大小菩萨组成的佛龛，由于洞窟前室的保护，和经过一个长期封闭的缘故，洞窟内部宋代重画的壁画，还保存着原来未变黑的朱红。塑象与佛龛背面盛唐原来的壁画，依旧保持相当完整的情况。这一龛十一躯造象本来是非常完整的。但令人痛恨的是北壁半跪式菩萨，一个最为俊美娟好的菩萨造象，在1924年为美帝国主义分子华尔纳连同莲座一起盗走了。

全龛造象的设色，从释迦牟尼本尊、比丘、菩萨全部都保存着极其富丽的色采。采塑上闪烁的黄金色的反光，与圆润丰满乳白色的菩萨赤裸着的上身所佩戴着的璎珞，以及模仿得如此逼真的织花缎面比丘的袈裟，给人以金碧辉煌的感觉。下垂的菩萨裙裾衣褶轻轻地覆盖在肥厚的足背上。这一切是如此富有感染力地使我们体验到一种人世间真实的感情。如图7作"吉祥坐"的菩萨，她那娟好的祖裸的上身，几条仅有的璎珞披戴在前胸，秀丽的细眉与微斜的眼角，俊美的鼻梁，微耸的嘴，在丰润饱满大理石般乳白色的脸部表现出天真无邪、善良而秀丽的神态，充分显露出艺人对现实的描绘，正象唐人段成式在叙述当时画家韩幹画寺院中的释梵天女时说："今寺中释梵天女,悉齐公妓女小小等写真也。"①活人的气息不但表现在采塑的面部,而且是同样贯彻在结构骨架、身段动作和衣褶的装配上。上面说过晋、魏的采塑,在佛象身上采用的是"曹衣出水"的衣褶和"吴带当风"的舞带来继承汉代艺术"车水马龙"一般生动的传统。这里唐代艺术家却直截了当的付予佛象以肢体的动作。由佛的盘腿式结跏趺坐变为两脚垂下的"安乐坐",菩萨的体态除一足下垂踏在莲花上的"游戏坐"外,一般直立的菩萨都是"曲膝低腰"地做出娇柔的表情,披戴着采花的绸缎,经过艺术家精心设计出来的衣褶线条,随着身体轮廓而变化的轻轻起伏着的节奏。璎珞、珮带与冠髻等的种种庄严,更增加了娉婷婀娜、温柔而优美的女性的特点。在这样一个"端严柔弱似妓女之貌"②的菩萨旁边站着声闻第一的佛的大弟子之一"阿难",正象一个刚成年的青年男子,虽然它在庄严的袈裟中表示一本正经的神气,但它的袖手折腰歪扭的姿态,仿佛遮不住青年人好动的性格似的。这里由于微侧的腰的挺出,连带引起袈裟上衣褶系统的动作,和重厚富丽的花缎下垂时的褶叠,微露的衣裙,与足下翻头的鞋等。如此现实生动的形象,使我们不能不惊奇地感觉到这些坐在我们前面,或站在我们前面的盛唐时代的健壮的青年男女与后壁画着的比丘一道都是"窃眄欲语"地等待我们的接谈。只是偶而从残破了的塑象身上看到显露出和合了纸筋、芦花的黄泥,使我们猛然从幻想中惊醒过来。现在我

---

① 唐段成式《酉阳杂俎》续集卷五《寺塔记》上："韩幹,蓝田人,少时常贳酒家送酒,王右丞兄弟未过,每一贳酒复游幹常缴债于王家,戏画地为人马,右丞精思丹青,奇其趣,乃岁与钱二万,令学画十余年,今寺中释梵天女,悉齐公妓女小小等写真也。"

② 《释氏要览》："自唐来笔工皆端严柔弱、似妓女之貌,故今夸宫娃如菩萨也。"

们正是面对着一千三百年前杰出的民族优秀艺术作品。

图 7

　　与上述同一时代同一个作风，但经过后来妆銮过的，是 319 窟一铺七躯的塑象，这里除采色已大部发黑外，形象上大部分还十分完整，可喜的是这个采塑还保留着未经重修过的生动的手、足，战士的表情也十分庄严勇武。

　　可能在时代方面比较稍为迟一点，形体的塑造技术进一步向现实主义精神发展的是 79 窟半跏趺的坐式与立式的菩萨象，它们顾盼自如的眉目表情与配合这个神情的手足的姿态，丰润的肌肤可与已被帝国主义分子劫夺去的天龙山石窟第 14 窟西壁半跏菩萨石刻象互相比美。图 8 是同窟南壁天王象，长袖麻鞋的唐代武士服饰，比例准确，形象生动，不但艺术价值很高，而且是为研究唐代服饰增加了可贵的资料。同样优美的塑象，又可以从第 196 窟看到这一身作"游戏坐"式的菩萨，由于它们被固定在四面

图 8

临空的须弥坛上，连背面也是以同样写实的手法刻划出来的。造型的部位及衣褶花纹等细致的程度，实在令人吃惊，从释迦牟尼的莲花座式所垂挂下来的绸缎的褶纹，与菩萨的衣裙，比丘袈裟上的山水印花等花纹，甚至织物的经纬线编织的线纹都模仿得如此细腻生动。其他还可以在384窟看到一铺七躯的盛唐优美的采塑，同样肥硕丰厚的脸型，无论在阿难或菩萨方面都充满了娟秀纯厚的风度。如图版66、67、82，一个半跪式的供养菩萨象，他那虔诚、优美、和平、善良地长跪在佛前的姿态，真如供养人题记上所书,在"一心供养"着自己所崇拜的偶像。

　　相反的,另一个类型,站在龛外南北两角的天王象。那是身披甲胄气吞山河的唐代武士。它挥拳鼓目声色俱厉的神态,正如后周《正定崇因寺判官堂塑象记幢》所云:"威容既立,不闻鸟鹊之声。"①这两个庄严威武的天王,似乎要用他的威力来慑伏一切外道邪魔似的。同样使我们注意的是两个被踏在天王足下的地神,尤其是图版83北方天王脚下的那个猴头兽身的地神,通过艺术匠师丰富的想象力所创造出来的艺术形象,那样生动自然地使我们感觉到"若有其物"的感觉。

　　320窟盛唐比较好的菩萨;327窟是同一个时期比较优美的菩萨;45窟有代表性的盛唐采塑,菩萨与比丘,形象生动,比例恰当;图版89是盛唐时所特有的龙首虎身的坐式瑞兽。

　　唐代塑象的发展高潮同时跨着盛唐和中唐两个时期(公元713—820),是杨惠之生存和创作的时代,是中国采塑在现实主义发展道路上到达空前高潮的时代,这个时代的采塑艺术在造型与采绘两方面得到更密切的联系和更完美的发展。与杨惠之同时的,还有吴道子的门人后来改攻捏塑的张仙乔、王耐儿、元伽儿、李岫、张寿等,都是唐代采塑史上有名的高手。他们能画善塑,使采塑与壁画不但是和谐的配合,而且是共同的合作。显著的例子可以在千佛洞所遗留下来中唐塑象中体验到,其中主要的以194窟为这个时代的代表作。这个由佛、比丘、菩萨、天王、力士七身组成的龛内外采塑,至今还相当完好。图版93是龛内的南壁天王及菩萨的特写;图版95是北壁天王、菩萨的特写。这里大部分造象的肉身都是乳白色,其他如菩萨的天衣珮带及天王甲胄冠饰

① 《常山贞石志》卷十一:"堂宇既立,庙貌得无,命匠者审运丹青,澄神绘塑,威容既立,不闻鸟鹊之声。"

上的采绘，与壁画的作风完全一致。北壁天王面部作土红色，挺胸挈拳怒目直视，现出无比威武的气概。南壁天王的浓眉和两颊的蜷曲的胡须，都是用暗红色的毛笔在光润的面颊上勾刷出来的。真有吴道子画赵景公寺"刷天王须笔迹如铁"的风度。南壁菩萨丰满微笑的颜面，头上髻鬟作下垂形，上身着了淡绿采绘的半臂，两肩搭着卷草纹的帔子，当胸已由初唐的方形演变为大圆形，下着长裙，画卷曲的蔓草，看上去正是杜甫诗中所描写的"蔓草见罗裙"似的唐代少妇。这里生动的造型与绘画有机的结合，使采塑绚烂夺目地增加了它的感染力。北壁天王象，面作土红色，头戴盔，怒目切齿，右手执拳，左手张开作抚腰势，全身甲胄施满了采绘，真有"生机勃勃，气吞河岳"的气概。如图版97的北壁龛外力士，上身袒裸，怒目张嘴作"大喝一声"的姿势；全身肌肉在有力的运动下紧张突出，有些地方还可以看见皮肤内面正在运行的静脉，身材尺寸比例与合乎解剖的肌肉运动都显示着科学上的依据与现实主义表现技术上的进一步的成就。同时也使我们幸运地认识到杰出的唐代采塑可能就是先驱者杨惠之和他们同时代著有盛名的张仙乔、王耐儿等在中国塑造发展的全盛时代的现实主义传统，他们曾波及塞外，并且一直留传到现在，使我们有条件在敦煌艺术宝库中找到如此优秀完整的宝贵遗产。

差不多与194窟同时，可能稍后一点的有类似作风的一铺七躯的采塑是159窟。这个至今留着完美的壁画与造像的洞窟，由于处在距地二十公尺的四层高岩上，并且通道断绝，所以没有遭受到破坏，因而保存完好。这个洞窟采塑的主要内容是天王、菩萨、比丘，他们的服饰和活泼生动的造型体态，与194窟有共同相似之处。但由于这个洞窟的壁画精美色采鲜艳如新，因而更呈现了满室辉映富丽堂皇的感觉。这里菩萨的衣裙是绯红色的地子上画满了团花，与耿津《凉州词》的"金钿正舞石榴裙"句是十分切合的。

晚唐塑象一般仍沿袭中唐的传统,个别的采塑如326窟的一个高僧的采塑,完全用现实的创作方法表现出来的造象,已较佛龛上的比丘象向写实进一步发展。196窟存有晚唐时代比较优良的塑象,天王象高约五公尺,是千佛洞几个较大造像之一,象身高大,形式比较简略,其中一个半跏趺坐、上身袒露的大菩萨象,从她圆润的线条所烘托出来的丰满的体态,加之下边衬着卷折的裙边,这一切符合了唐代妇女健康美丽的形象。在它大理石般洁白的上身袒露的色采,加上胸前朱红的披巾,绿色地子上用黑、蓝、红间杂描绘的团花,更使得主体显得朴实而健美。197窟是晚唐塑造的娟秀生动的另一个菩萨象的例子。

五代和宋代的洞窟,在千佛洞大体是由原来隋、唐洞窟重新妆绘的结果,因此这两个时代的塑象遗留极少,261窟是五代采塑的代表;55窟是五代或宋初采塑的代表。它们姿态比较生硬,神色也呆滞,衣褶繁杂紊乱,有些象敦煌宋代壁画一般,已到了从唐代艺术创作高潮上走向另一种富有装饰倾向的风格了。

元代莫高窟修建的情况可以至正十一年(公元1352年),速来蛮西宁王《重修皇庆寺碑》上所记"施金帛、采邑、米粮、木植命工匠重修之,佛象壁画焕然一新"来做佐证。皇庆寺是经清道光年间重修过的,可能就是现在中寺的寺院,并不是石窟。当时所谓"佛象壁画"已全部不见了。现在能够见到的佛象就是95窟,六臂观音大士、侍立诸天一铺七躯。这一铺采塑虽然有经过后来重修的痕迹,但在这七个采塑所反映出来的生动的现实作风看来,可能在一定程度上是和当时名采塑大师刘元"神思妙合"的采塑风格相接近的①。

元代中统元年(1260)正是尼泊尔名塑象艺人阿尼哥在吐蕃为八思巴建宝塔的时代，密宗的造象千手千眼菩萨流行的时候，千佛洞465窟中心圆形宝坛上原有木胎、锯木粉搀合了胶质妆塑的千手千眼观音一铺，可惜已经为人捣毁。95窟这一铺六臂观音及侍从天神的采塑，是敦煌石窟中仅存的一铺以六臂观音为主尊的采塑。这个六臂观音与元至正八年(公元1348年)莫高窟造象碑中的六臂观音的风格相同。采塑的形象生动、刻划入神，不但作品的风格上较之宋代时期的采塑，已有很大的进步，内容方面也显露了新的改变。元代和尚圆至赠采塑匠师张生的序上曾说："骈木为骨，抟土为肉，縻金胶采为冠裾容饰，操塓以损益之，丰而为人，瘠而为鬼，粲然布列而为众物，其形其事，必当其类。一堂之上，坐立有度，贵贱有容，怒者、喜者、敬者、倨者，情随状异，变动如成人，使观者目惮魄悸，不敢目为土偶，此塑之工也。菩萨则不然，慈眼视物，无可畏之色，以耸视瞻；其姣非婉，其颛非愿，其服御容止有常制，巧无以显，拙无以隐，其慈若喜，其寂若蜕，德蜕于容、溢于态、动于神……"②从这里我们可以理解这一评价的真切。

明代严踞嘉峪关，敦煌曾一度废置，因此，千佛洞并无这时代留存的艺术遗产。直到清雍正年重置敦煌县后，千佛洞有些唐窟被改为娘娘殿，出现了几个含有民间风味的采塑，如454窟送子娘娘的主角，就被打扮得粉面小脚，与中原一般清代庙宇中的塑象大致相同。

---

① 《元史》："刘元者，尝从阿尼哥学西天梵相，亦称绝艺。……始为黄冠，师事青州杞道录，传其艺焉。至元中，凡两都名刹，塑土范金抟院为佛象，出元手者神思妙合，天下称之。"

② 见元释圆至《牧潜集》。

五　结语

敦煌采塑是中国固有的泥塑传统结合了佛教东渐后的外来因素发展起来的。杰出的古代艺术匠师们不但生动地塑造了人物的动作形状和表情，而且随类赋色地给予这些造象以更真实的感觉。在壁画图案装饰富丽的石室中，它们以立体的强有力的光与色相结合的效果，突出而又和谐地使石室更充满了艺术的气氛，好象一支在音乐会上合奏的交响乐。这种塑造、石室建筑形式和壁画三位一体的紧密的关系，不是身处其中的人是难于理解的。必须指出采塑的存在，与它所处周围金碧辉煌的环境是分不开的。采塑的作用好不好，要看它是否能符合于周围壁画的艺术水平和要求。因此，泥塑的妆銮不是简单将各类颜色涂刷在表面就算完事，绘画技术水平的高低，将是影响采塑成功与失败的重要关键。可以说妆銮就是绘在立体上的画，也可以说采塑是雕刻与绘画相结合的综合艺术。

看惯了简单朴素的金石雕刻孤独地存在于自然环境中的人们心理中，可能认为将各种颜色涂刷在泥塑上是多余的，容易流于俚俗。敦煌采塑杰出的成就，以具体的事实驳倒了这种主观的想法。中国古代的采塑匠师们贡献了他们杰出的艺术才能，创造了中国民族所独有的采塑的优良传统。经过三千余年的演变与发展，一直到今天，采塑仍然是群众所喜爱的反映现实生活的重要艺术形式。从天津泥人张以及其他民间泥塑中还可以意味到敦煌采塑不绝如缕的传统的关系。

在发掘文化遗产，批判地接受民族艺术优秀传统的社会主义文化建设高潮中，重点地介绍这一被忽略被遗忘掉的艺术宝藏，将不会是无益的。展示在我们眼前的这些图片，可能会引起雕塑家和其他文艺工作者对于这一杰出的采塑遗产予以应有的重视，并从而组织力量，进一步用科学方法对敦煌采塑展开全面的研究。

1958 年 8 月于敦煌莫高窟

（原载《敦煌采塑》，人民美术出版社 1960 年版）

敦煌飞天

人类的历史，是人类与自然作斗争的历史，是人类生活、生存的历史。而艺术，正是在这历史的土壤中孕育、生长和开放的鲜花。早在商周时代，我们的祖先，就在生产石器、陶器基础上，发展了玉器和铜器。他们把天地鬼神、奇禽异兽雕刻在上面。春秋战国以后，交通逐渐发达起来，文化艺术交流也广泛起来，因此，铜器上的纹饰转变到实用而轻松的主题，出现了回纹、狩猎、飞禽、山川等自然风物。由于古代人民对神仙世界的憧憬，因而把自然界的风云走兽都神仙化了。为了征服自然，他们就幻想飞行，因而也就出现了有翼的神仙人物，并衬托祥云以表示飞行。1972年，湖南长沙马王堆楚墓出土的《凤夔人物帛画》《人物御龙帛画》，都描绘了神仙羽人，在流水一般的彩云中奔腾飞翔。山东武梁祠汉代画像石中，就有飞行的有翼神仙与涡线形、波浪形的云气纹。这是秦汉前后中国美术的特点，它对敦煌飞天的形成产生了一定的影响。

公元前139—126年，汉武帝为了想联合大月氏夹攻匈奴，派张骞出使西域。张骞经过十余年的艰苦危难，最后到达大月氏，但那时大月氏已不愿兴师远征，婉言谢绝。张骞此行虽然没有达到预期目的，却从远方带来了印度的佛教。到了东汉明帝永平二年(公元59年)，佛教传入中国，成为善男信女梦寐以求的"天堂"。信心诚笃的唐代行脚僧玄奘，意大利旅行家马可·波罗，他们在丝绸之路上，穷年累月一步一个脚印地东西奔波，交流了文

湖南长沙马王堆帛画（嫦娥奔月）

山东武梁祠汉代石刻（羽人）

化，增进了友谊。

随着佛教的传入，带来了印度佛教艺术的图像。飞天，就是佛教图像中最令人喜爱的形象。在印度，梵音叫她犍达婆，又名香音神，是佛教图像中众神之一。她出现在乐鼓齐鸣、天花乱坠的佛说法庄严时刻。她们居住在风光明媚的天宫十宝山中，不食酒肉，专采百花香露，散天雨花，放百花香。《观无量寿经》描写佛国净土时说："如一念顷，即生彼国七宝池中，行者自作紫磨金色，足下亦有七宝莲花，……经于七日，即能飞至十方。"这说明飞天和西方极乐世界的往生灵魂一样，诞生在七宝池中，她们也都是莲花的化身。敦煌莫高窟第 257 窟北魏背光画中的两个莲花生，就是往生灵魂的雏形。

　　从鄯善沿着天山南路东行大约三四百公里，就到达了玉门关内的敦煌莫高窟。这个地处河西走廊尽头的塞外江南，从历史和地理上考察，它和天山南路的于阗、鄯善等处的关系是比较密切的。五世纪高僧法显的西游，就是从敦煌经米兰（鄯善）、于阗并在那里参加祇园盛会的。自公元前111年汉武帝建立河西四郡后，敦煌就是一个总绾东西"华戎所交"的都会。随着政治、经济的发展，文化也有了一定的发展。敦煌汉代就有著名的书法家张芝，晋代有索靖，南北朝有刘昞，隋唐时有薛世雄及沙门竺法护等等，都是历史上文艺、政治、宗教方面的头面人物。这一切都说明敦煌具有悠久的历史文化传统，也说明敦煌艺术源远流长，因而敦煌飞天才具有迷人的魅力。敦煌莫高窟第285窟西魏壁画中，就能看出顾恺之的笔墨遗风。同样，从他的名作《女史箴图》表现的长裙曳地，迎风飞动的垂饰，以及气韵生动的风格，也显示出中国古代绘画传统对敦煌飞天艺术的影响。

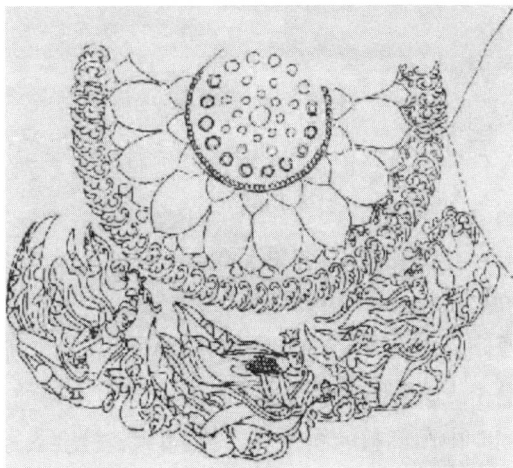

洛阳龙门莲花洞天井的莲花飞天

当汉武帝派张骞出使西域时，正是耶稣诞生一世纪的时候，东方和西方两大世界性的宗教正在兴起。印度和中国是大乘佛教，西方拉丁世界是基督教。这两大宗教虽各有各的教义，但两种宗教同样含有救世济人、慈悲为怀的共同愿望，都需要运用文学艺术中最有感染力的方式，雅俗共赏的图画、语言，使迷信与幻想蒙上一层善与美的轻纱，配以动听的赞歌。而敦煌飞天壁画，正是这些艺术赞歌的优美插曲。

顾恺之的《洛神赋》

从印度传来的佛教犍达婆（飞天），则是上身赤裸，在舞带飘忽中做出临空飞舞的姿态。鸠摩罗什在公元416—417年译成的《妙法莲华经》"譬喻品"中，有关于裸体飞天的一段描述："尔时四部众：比丘尼，优婆塞，……乾闼婆（即飞天）……等大众。见舍利弗于佛前受阿耨多罗三藐三菩提记。心中欢喜踊跃无量。各各脱身上所著上衣，以供养佛。"这就是飞天袒衣裸胸的依据，同时也证实了当时中国佛教的图像，已突破了封建社会衣冠周正的习惯。自此以后，我国新疆、敦煌、云冈、龙门等地，差不多都在四、五世纪出现了袒衣裸胸的菩萨和飞天。

飞天，是浪漫主义思想方法与创作方法结合的产物，是古人

云冈石窟第 8 窟飞天

印度阿旃陀石窟飞天

最善良最美丽的理想憧憬的进一步飞腾与升华。而敦煌则是飞天的荟萃之地。莫高窟四百九十二个洞窟中,有二百七十多个洞窟绘有飞天,总计四千五百余身。其中仅第 290 窟就有一百五十四身各种姿态的飞天。第 130 窟的盛唐洞窟中有身长二米五的飞天,但也有不到五厘米长的飞天。这些飞天图像,不受造像度量衡经的约束,千变万化的姿态,随意画在洞窟内较高的壁面。有的画在窟顶藻井图案的四角,藻井中心部分,藻井垂幔的四周,

伊朗塔科依布石室门浮雕飞天

阿富汗巴米羊飞天

佛龛顶部,佛说法图上方,佛故事画的上方,窟壁上部周边。飞天飘游在西方净土变的上空,穿行在楼阁门扇窗框间,佛说法的背光中。她们配合整窟壁画,起到装饰美的作用,丰富了"天衣飞扬满壁风动"的意境。

敦煌早期的飞天绘画,代表了艺术匠师们摆脱了汉魏以降传

新疆克孜尔飞天

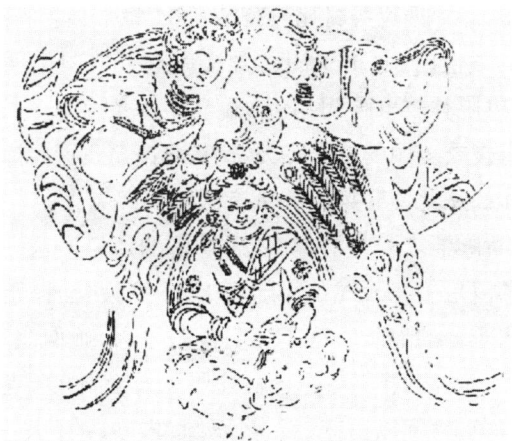

新疆吐木舒克飞天

统礼教的束缚,驰骋他们的幻想力,是具有浪漫主义风格的伟大
的创作。"飞"表示她们精神的解放,是早期艺术风格的特征。豪
放的笔力,对比的色调,在行云舒卷、流水有声的画面上,倾吐了
千百年来被压迫、被屈辱、被歧视的敦煌古代无名的画工们发自
内心的呼声(见 428 窟北魏飞天)。

　　北魏时期的飞天,可以明显地看出两种风格。一种仍保持浓

厚的西域风,笔触粗健豪放,体态野犷简单。在大红底上著灰色(这种灰色是由银朱混合色年久所变)、石青、石绿、黑白等色烘染。另一种显然是从中原传来的风格,飞天的脸型修长,飘带尾部锋利如削。飞行动作虽然加强了,但不能轻盈自如。还有一种画在背光中的飞天,她们配合背光向上趋势的火焰,一身接一身向上飞翔。

在敦煌莫高窟保存有西魏大统四年、五年(公元 538—539年)题记的第 285 窟。这个窟顶绘制了伏羲、女娲、日天、月天,还把灵鸟怪兽、风伯、雷神画在天花与流星行云之间。在这满壁风动的天体中,还穿插有身材比较苗条细长、飘带翻卷潇洒的飞天。她们已粗具顾恺之《女史箴图》"骨法用笔""气韵生动"的流韵。该窟南壁"得眼林故事画"的上方,配置了一条六米多长的一气呵成的十二身俊秀美丽的伎乐飞天,这是莫高窟飞天宝库中一幅划时代的杰作。从此使北魏以来带有天竺石刻菩萨那样壮实飞天造型,变成晋顾恺之秀骨清像、体态婀娜的风姿。这一时期的飞天画在行云流星中。云气纹伴随飞天,千变万化,以至天衣与云气达到鱼水难分的地步。这十二身伎乐飞天,她们演奏着琵琶、箜篌、鼓、箫、笛、笙、排箫等乐器。这些飞天绘制在天花乱坠的明亮的白垩底色上,配以钴蓝、石青、石绿、朱砂、黑色等,并用朱红及墨线勾勒,其用笔之流利婉转,与其说是出自高手的神笔,不如说是春蚕吐丝。

在那十二身优美的伎乐飞天中,奏箜篌的飞天正在安详自然地挥动纤巧的双手,弹奏出清脆悦耳的乐声,似美玉碎裂的声音,又象凤凰的鸣叫,似带露的荷花在低怨,又象芳香的兰花在纵笑。那手执琵琶的飞天,好像正在构思一曲新颖的《琵琶行》。用白居易的诗句去披露她胸中的构思,一定相得益彰。"嘈嘈切切错杂弹,大珠小珠落玉盘。间关莺语花底滑,幽咽泉流冰下难。"她使我们迷离恍惚地沉醉在不尽的声韵中。

隋代的艺术匠师们,象镶嵌金银错的器皿一样,用金碧绚烂的色彩描绘流云般的卷草纹、联珠纹和对兽纹等,更增加了隋代飞天的华美。隋代飞天的身躯,画得比较灵活,配合飘带所占的空间比北朝的大。飘带曲折翻卷,加上大动作的舞姿,显得动感较强。再配以波浪形的五彩缤纷的唐草卷叶,推波逐浪,使飞天和花草行云都在用同一个速度流转运行。有的飞天紧贴蓝天,好象不是在窟壁上飞行,而是在浩瀚无垠的太空中疾飞速翔,势如流云飞渡,花随人舞。尤其新颖的是,第 407 窟隋窟藻井,在华盖图案中心,绘制了一朵丰硕的莲花,花心有三只兔子向一个方向奔跑,三只兔子只绘了三只耳朵,每一只兔子借用另一只兔子的耳朵,这是艺术匠师多么巧妙的创作。更精彩的是,在这莲花周围蓝纹的底色上画了八身飞天,在彩云飞花中,追逐飞绕,栩栩如生,生意盎然。

从公元 618 年起,历时将近三百年的唐朝,是我国封建社会文化艺术的盛世。从贞观之治开始,总结了历代艺术的创作经验,保留了北魏拓跋族所特有的粗犷有力的笔调和中国画史上顾恺之、陆探微"迹简意淡而雅正"的风格。并通过丝绸之路和往来敦煌古郡的旅客,吸取了伊朗萨珊王朝细密精致、色彩瑰丽的纹饰,和印度三世纪阿玛帝时代石雕造像那样肥硕生动富有肉感的人物造像等因素,改变了过去六朝造像的"秀骨清像"的时代特征。人物造型开辟了张僧繇"面短而肥"杨贵妃式唐代美人丰腴圆润的风格。

这个时期的飞天,面型丰满圆润,体态婀娜多姿,临风飞舞。像我们时代在外层空间的航天人,在失重的情况下自由自在地轻轻飘浮在天空彩云间。由于初唐到现在已经历了一千三百多年的历史,飞天赤裸上身的颜色,由原来的银朱和白粉氧化变成棕黑色。第321窟与第320窟壁上的黑飞天是敦煌飞天美中之美的代表。她们是刚从天宫凭栏伎乐群中投身下凡的天女,经过敦煌古代匠师们精心刻划出来的造型。看到她们伸展自如、婀娜多姿的体态,我们不禁联想到意大利文艺复兴时期的大师波提切利所画的《维纳斯的诞生》等驰名世界的杰作。敦煌无名的艺术匠师们和佛罗伦萨的艺术大师们一样,他们在安排自己所创作的优美飞天伎乐时,注意到与周围宗教气氛相和谐。仅看一下第321窟黑飞天的手臂处理,和天宫诸凭栏菩萨象舞蹈一样的手势、身段与动作,一定会使你叹为观止。这些凭栏菩萨和下降飞天,都具备着宗教一般深情而无邪的神秘的爱抚。敦煌古代的艺术匠师们用现实主义与浪漫主义相结合的手法,成功地表现了香音云神一尘不染的宗教情操,提高到超人的幻境中,给人以完美的艺术享受。

敦煌壁画的主题是根据佛经内容而定的。敦煌石窟藏经洞中反现了不少阿弥陀净土经。将佛经内容用图像故事画在壁上的,就叫做"变相"或"变现"。把《阿弥陀净土经》主题用图像故事画在壁上的,就叫做"阿弥陀净土变现"或"阿弥陀净土变",或"西方净土变",这个变相的内容,是"弥陀佛坐中央,观音势至侍左右。天人瞻仰,眷属围绕,楼台伎乐,水树花鸟,七宝庄严饰,五彩彰施"。飞天就是在天花乱坠的释迦牟尼佛说法时出现的。她们出现在池角水边,有时出现在天宫的楼阁中,有时又从亭角的窗户中穿梭似地往返上下飞舞。使我们惊异的是,飞天的飞翔并不是靠翅膀,而是靠迎风招展的几根彩带,是用线表现出来的飞舞。这就是画史上所说的吴道玄线描式的飘带迎风飞舞的"吴带当风"。敦煌唐代飞天,正是乘着当风的吴带,生动活泼地飞翔起来的。

在中国美术史上,人们一贯用曲铁盘丝来形容晋代画家顾恺之的有力线描；用春蚕吐丝来形容吴道子的行云流水般的线描。敦煌飞天发展到象顾恺之、吴道子线描的坚实，象吴道子线描连绵不断，从而构成了中国佛教艺术在敦煌杰出的创造性的成就。在从北魏到隋唐的发展过程中，当一世纪，曾经有一段时间，印度佛教艺术受到来自西方犍陀罗式的希腊佛教艺术的影响，有所谓犍陀罗希腊、印度佛教艺术。他们表面上模仿汉代的线条，实际上都是希腊时代遗留下来的呆板线条，有所谓曹仲达的曹衣出水式的平行衣褶上线条的产生，这就是佛陀袈裟宽袖大袍的形成。它不仅包括了印度民族生动活泼的石雕艺术优良传统，也使印度早期石刻飞天成为沉重不能上升的艺术形象。直到阿玛尔筏帝的四世纪时代，才摆脱了犍陀罗，而创造了丰硕圆润的印度阿旃陀时代的民族人物造型。这也很类似敦煌飞天艺术摆脱了北魏粗犷时代，而达到隋唐的民族传统发展时期。

到了五代、宋、元时代，象初盛唐那样依靠飘带起舞的飞天少了，而是衬托一堆云气表示飞行，因此舞带当风那样轻身起舞的飞天少了，飞天的造型也变得比较笨重了。这时的飞天造型，下面托着一大堆卷曲式的云层，装饰性强了，但飞天临风起舞的印象淡了。到了西夏及元代，大概蒙古和西夏民族，已没有隋唐的清秀婀娜，飞天的风格，也变得象明朝重层叠床的艺术风格了。

（本文与李承仙合作）

（原载《敦煌飞天》，中国旅游出版社 1980 年版）

敦煌图案

——《敦煌唐代图案》代序

敦煌艺术遗产，是第四世纪到第十四世纪当中，我国劳动人民的集体创作。通过建筑、雕塑、绘画三种造型艺术的形式，它们互相关联，互相辉映，形成谐和而强烈的感染力量。

敦煌石室的结构，随着时代有所改变：魏窟一般的形式是前面一段人字披的殿堂，后面是中心龛柱，窟顶画平棋图案；隋窟与魏窟大致相同，间或有一部分方形或长方形倒斗式的窟顶；唐代窟型极大部分作正方形。

如图所示：石室前方正中有一个窟门，它是唯一的进出的口道和光线来源。窟门不大，四壁和窟顶都是壁画。造像一般都设在正对入口墙壁中央的佛龛里面，也有在窟内中央的佛龛里面和窟内中心须弥座上的。造像周围的壁上画满了说法图、经变图和佛传故事画，那都是以"神"与人物为主的大型构图。供养人的写像，一般画在洞窟入口处的墙壁上，也有画在故事画和经变图下面或须弥座下面的。

在千佛洞，图案是属于上述建筑、雕塑、绘画三方面共有的装饰纹样。它附属于建筑梁柱的本身，附属于造象妆銮的部分和壁画分界的边缘；也单独地用以装饰石室中央藻井的地位。这些色彩瑰丽绚烂夺目的图案，虽然有时是配合大幅主题壁画的一种装饰，但它们的作用却与建筑、造象以及壁画本身有着密切的关系。拿藻井来做例子：这个属于民族建筑式样主要部分之一的古老的名称①,就包括由桁条的四方斗栱层层叠架起来所谓架木为井式的屋顶结构。除去藻井一般以莲花、团花为主的装饰纹样外,极大部分都是由带状边饰组织而成。这些带状边饰的纹样,大体与我国三代铜器上的山纹、水纹、垂鳞纹以及汉画上的绳纹、云气纹、棋格纹、卷草纹等有很多共同的地方。

自晋、魏到隋、唐的过程中,敦煌图案的纹样,早期是以几何形及动物形象为主,渐渐演变到唐代而以植物的形象为主;因而丰富了主题内容,艳丽了色彩的烘染,从而演变生长以达成中国图案发展的一个高潮。

唐代是以旋转自如的藤蔓、卷草、花叶的结构来代替了早期龙虎等动物图案的主题内容。承继并发扬了汉代艺术奔放活泼的民族传统。在生枝发叶上,在开花结果上,在一个带形或圆环形规范中合拍合节的有方向有组织的发展上都表现出来"动"的感觉。石室中可以看到长达二、三丈的边饰②,一气呵成,顺着一个方向蜿蜒曲折地布满了各种不同姿态的枝叶、花果、果实等等。它连绵发展的气势像行云流水一般,从头到尾都是不息地在生发滋长。在这些边饰图案中,我们可以看到初生的枝芽,含苞的蓓蕾与盛开的花朵;还可以看到像莲蓬、葡萄与石榴等累累的果实。它们充分反映了唐代社会欣欣向荣隆盛兴旺的景象。

藻井的边饰承袭着汉代建筑物上垂幔与华盖的形式,从北魏严整的山纹、垂角变为珠环、铃铛、璎珞、流苏,使唐代藻井图案增加了生动富丽的气氛。配合着这样的外围,在藻井的内部以一格一段,数以一二十计算的由忍冬、卷叶、卷草、藤蔓、云纹、华绳各式散点纹样构成的边饰逐层推进,一直到主宰藻井中心的团花或

---

① 汉代张衡:《西京赋》有"蒂倒茄于藻井"句。
② 莫高窟第二五八窟东壁边饰。

莲花为止。一个桁条边饰与第二第三条边饰的配置,从宽狭的内部结构一直到色彩的组织,无不合乎变化与调和的原则。

为了进一步达到光辉灿烂的目的,从魏、隋时代一般使用的平涂色彩方法上,唐代图案又采用了叠晕的手法。在花叶上运用各种颜色的色阶的变化,由深而浅逐层退弱下去,使纹样不但具有更加丰富的色相,而且还有立体感。

唐代图案纹样另有一个卓越的地方,就是艺术家们对自然形色演绎[1]手腕的高明。假如我们能从纹样本身体会到枝叶茂密、花果繁盛栩栩如生的景象,并不等于艺术家单纯地抄袭自然;而是晋、唐时代从事艺术者所共同追求的"传移模写"[2]"妙悟自然"[3]的意匠的结果。唐代艺术家们知道如何从自然中摄取优美精粹部分,加以灵活的组织配置,使自然纹样在叶脉的转动,花瓣的舒合,藤蔓的伸卷和果实的生长各方面,大都合乎统一与变化相结合,对称与平衡相结合,动与静相结合,繁与简相结合的原则。唐代图案纹样是这样从自然的形象中脱胎出来,而由艺术家赋予一定的风格与气魄。

在组织结构方面:自从唐代窟顶建筑由魏、隋的形式演变成为方正宽敞的殿堂形式后,作为殿堂顶部倒斗形中央的藻井图案,从开始设计起,古代的艺术家们,在选择自然形象进行创作意匠的同时,就首先注意到建筑上对于图案的要求,把他们适当地组织在规矩方圆的形体内部。从本书所介绍的全部藻井图案里,我们可以明显认识到唐代艺术家们,是如何富有创造性地把这些富丽生动的自由纹样有条不紊各得其所地组织配置起来;并纳入

---

① 演绎,俄文"Иеревбд",法文"INTERPRèTATION",日文"便化",是图案创作中由写生经过概括变化过渡到典型纹样阶段工作的名称。

② 南齐谢赫:《古画品录》。

③ 唐代张彦远:《历代名画记》。

建筑的结构当中。我们如果从下面向上去看那些藻井图案，把目光由垂幔、边饰一步一步地推进到中心结构的时候，不难发现由结构与纹样交织而成的两种力量在推动这个固定的窟顶。一种是由几何形纹样组成的向上推进的纵伸的力量，另一种是由自由舒卷的花叶波浪形连续贯穿的横展的力量。这两种力量互相作用，使藻井图案在不知不觉中形成了一顶临空转动的华盖。依靠变化有致的结构上的设计、辉煌多彩的颜色上的配置与无穷丰富的纹样本身的组织，使整个藻井图案归纳到一个象征纯洁的盛开的莲花①的中心。由于莲花瓣的重叠错置，仿佛从那里散放出光辉与芬芳，使静寂的窟室内部形成了"形质动荡，气韵飘然"②的境界。令我们深深感动的是唐代艺术家们旺盛的创造能力与先进的构图方法，完全符合于民族艺术传统和图案构成的科学原理，他们综合而概括地表现了图案的主题思想。

图案与壁画所采用的色彩，以青蓝、碧绿、红、黑、白、金为主。这些颜色恰恰符合宋代建筑及《营造法式》一书上叙述的施行于斗栱、檐、桁、额、枋等部门的彩画用的颜色。这说明了敦煌图案的纹样及颜色，与古代的建筑彩画部分的关系。大体说来：唐以前的图案很多是画在赭色的地子上的。因此用色以青、绿、黑、白诸冷色为主。唐代图案用色的特点是把朱、赭色大量地运用在青绿的纹样间。有时用鲜明的赭色线描绘在青绿色的纹样边缘来调和补色之间的关系，加上金色与黑白色互相衬托出金碧辉煌的效果。这种与唐以前时常用的冷色调相反的热色的组织，有时虽

---

① 大智度编八卷有"莲花软净"句。

② 宋代张怀《画苑补益》："惟画造其理者，能因性之自然，究物之微妙，心会神融，默契动静于一毫，投乎万象，则形质动荡气韵飘然矣。"敦煌壁画和图案，因为年代久远，已经变色。今天所见的大部分黑色是由银朱氧化而成。本集中的图片是按现状临摹的，没有进行复原。希注意。

然把纹样画在天蓝的地色中,依然能给予我们一种令人振奋的热烈的印象。

与形象的演绎相一致,唐代图案的用色并不局限于自然色相的模仿;为了调和,为了使整个图案结构和运动的节奏相配合;有时也画出绿色的花和红色的叶。这正说明了唐代艺术家们在图案表现上创造性的意匠。

唐代初期图案上的线描沿袭隋代所常用的细线镂金描画的方法,像刺绣的线镶一般,附属在纹样上发生着刻划形象的作用。唐代后期图案中的线描是有压缩有粗细地组织在纹样的笔触里。由此可见当时名画家吴道子的兰叶描的技法也同样运用在图案的创作方面的。

上述敦煌图案不限定装饰在藻井、龛楣、边饰、佛光等方面;同样的图案纹样,普遍地散处在于窟檐的柱梁上,塑像的妆銮上,壁画人物的衣着、武器、舆马和家具等各个方面。它与唐代的织锦、陶瓷、铜器、石刻等纹样完全一致,说明了敦煌唐代图案与当时社会生活的紧密关系。

从敦煌图案主题内容方面所包含的丰富的民族色彩,乡土气氛和结构形式方面所具备的充沛的变化与活力看来,它们不但体现了伟大中华民族悠久灿烂的文化特点,而且是有力地反映了民族艺术的创造性。因此,进一步对敦煌图案遗产的学习与研究,将会有效地推动中国装饰艺术在承继和发扬民族艺术传统,推陈出新,为我国社会主义建设事业服务。本书出版的主要意义是希望它能对大家学习研究敦煌图案遗产上有些帮助。

(原载《敦煌唐代图案选》,人民美术出版社 1959 年版)

《敦煌石室画象题识》序

敦煌石窟始建于东晋永和九年（西元三五三年），至今已历一千五百九十四个甲子。在这倏长的过程中，我们研究敦煌佛教艺术作风系统的分类，差不多全凭历代供养人题记年代做一个测量判断的标准。例如第一六八窟（即张编第七五窟，伯编第一一七窟）：规模之大，制作之精，可以说是晚唐以后的代表著作。从壁画作风来判断，应该认为五代系统；但从该窟东壁门北供养人第七身："大朝大于阗国天册皇帝第三女公主李氏为新受太傅曹元禄姬供养"的题记，证诸罗振玉《瓜沙曹氏年表》记载"太平兴国五年归义军节度使曹元忠卒……授延禄归义军节度使"，则推断该窟建于宋太宗之世（西元九七五年），已突出五季的范围了。此外，历代服装制度变更阶段，我们还可以藉供养人题名来识别，例如上述第一六八窟同条题记："大于阗国女公主"的服装冠饰，与第九身曹议金妻"故母钜鹿郡君夫人奈氏一心供养"的汉服全然不同；凡此种种，都可以证明题记关系的重要。可惜的是，供养人的地位，往往在壁画的下首，因此磨灭的机会，比较经变故事画的题记为多。我们担心着这种宝贵字迹日渐消褪的危险；所以在本所三十三年创立之始，即请史岩先生着手这一件基础纪录工作，因为题记本身的漫漶，与大部洞窟光线的不好；往往一字的辨识，要经过长时期的推敲，所以这种工作，是相当艰苦的。在史先生离去千佛洞的一年中，我们又把供养人的图录也画好了。这部"题抄"原是想跟"图录"同时出版的，但是因为印刷出版费用的浩

大,我们没有这种经济能力。现在幸得五大学比较文化研究所与
华西大学博物馆的帮助,使这本稿子得以早日问世。我想不但原
作人史岩先生得有安慰,就是敦煌艺术研究所同仁也极引为欣
幸的。

　　民国三十六年二月二十日　　常书鸿于敦煌千佛洞艺术研
究所

　　(原载《敦煌石室画象题识》,比较文化研究所、国立敦煌艺术
研究所、华西大学博物馆联合出版,1947 年二月)

《中国石窟·敦煌莫高窟》序

　　著名的敦煌石室宝库,是中古时代我国西北多民族地区文化艺术、语言文学、宗教思想的总汇。敦煌,《后汉书·郡国志》引《耆旧记》说它是"华戎所交,一都会也",说明这个历史名城很早的时候就已是我国西北各族人民聚居、活动和交流的地方。汉武帝于元朔初年派张骞出使西域,积极开辟通向西方、驰名于世的丝绸之路。敦煌恰当这条道路的要冲。元鼎六年(公元前111年)设置了敦煌郡的建制,使它与东边的酒泉、张掖、武威相连成为河西四郡,这就进一步确立了它在历史上的重要地位。自公元一世纪佛教传入中国开始,在丝绸之路上,不知多少行脚僧留下了往来的足迹。敦煌是他们的必经之地。根据敦煌文物研究所藏武周圣历元年(公元698年)李怀让重修莫高窟佛龛碑记载,前秦建元二年(公元366年),乐僔和尚在敦煌的鸣沙山创建了莫高窟最早的洞窟。历时千数百年、奇迹般的敦煌佛教艺术创造即由此发端。

　　魏晋南北朝时期,是我历史上分裂割据、战乱频仍、充满痛苦和灾难的时期,同时也是民族大融合、中外经济文化广泛交流的时期。在那个时代里,在河西走廊一带建立地方政权的少数民族,带来了同中原农业地区迥异的风俗和文化,具有粗犷放达、亢爽明朗的特征。早期洞窟的壁画,如第272、275等窟,在土红地色上,用简练而质朴的笔触与强烈对比的色彩描绘出菩萨、飞天和本生故事画,其浑厚雄健的气魄跃然于画壁之中。我们仿佛听到那些游牧人伴和胡角和羌笛，声振大漠的歌唱。随着中国与印度、尼泊尔等地佛教徒的频繁往还，经书和图像粉本源源而来。就敦煌和新疆库车、吐鲁番等地发现的古代写经文书来看，除汉文外，还有西域大月氏、粟特、龟兹、回鹘以及西夏、蒙古、西藏等各种文字的传写。现存西晋元康六年(公元296年)由曾经在敦煌居住过的月氏菩萨竺法护所译述的《诸佛要集经》当时的写本，早过莫高窟始建约七十年之久，它那奇特挺拔的书法，诚如当时王珉在《行书状》中所形容："邈乎嵩岱之峻极，烂若列宿之丽天。伟字挺特，书奇秀出……虎踞凤跱，龙伸蠖屈。"若将这样的写经同稍后出现的敦煌北朝壁画及彩塑作比较，可以发现，它们的神韵和风采是何等地相似和一致。古代敦煌的画师和塑匠们既融合了我国西北各族人民的才智和创造力，同时亦受到来自印度、伊朗、希腊的宗教与艺术的启迪和刺激。他们勇于变革和创新，发挥了丰富的想像力和无比的热忱，从而使早期的莫高窟艺术，由彩塑到壁画，由佛、菩萨像到飞天、伎乐、供养人，由人物形象到故事情节，由线描、色彩到造型、构图，无不飞翔腾达，虎虎有生气。

莫高窟艺术的中心是人物，它以中古时代的宗教热情画人物、塑人物，诉说人物的故事，刻划出许多具有性格特征的人物形象；它手法细腻，十分注重整体效果，处处讲究意境和装饰美，从而富于浓郁的东方色彩。早期石窟多以千佛、说法、降魔、涅槃和本生故事为主，其故事情节大体采取横卷形式展开。隋唐时代，在石窟的布局上，插入了较大规模的经变画。有的本生故事改变为屏风或立轴的形式，同大幅大幅的经变画结合在一起。经变画里居中的是佛，密密匝匝地簇拥着众多的菩萨、弟子、天龙八部等。如果是西方净土变，则靠下还有乐队和舞蹈，宝池中有莲花化生，亭台楼阁之上妆点着彩云、天花和飞翔的香音神；佛像庄严、菩萨婀娜、护法威武、童子天真，宏大而完整的构图表现出一派富丽堂皇、华美隆盛的景象。这时，由于建立了统一的封建大帝国，我国南方和北方、中原和西域各有不同特点的艺术风格，外来影响和民族传统，都融合成一个统一的整体。早期那质胜于文的风貌和锋芒毕露的热情，变得圆润，变得含蓄，变得柔和，变得文雅；无论人物、山水、界画，皆走向成熟，进入了佛教艺术灿烂的鼎盛期。这以后，五代、宋、西夏、元各代，又在唐代艺术的传统之下加以延续和发展。现在保存着的四百九十二个洞窟、一千四百多身完整的塑像和四万五千平方米的壁画，都是出之于一千年间无数默默无闻的画工、塑匠们的辛勤劳动和了不起的创造。已故的郑振铎先生说得好："我们在这里可以看出，他们是多末勇敢，多末耐心，多末有气魄地表现着历代的社会生活，表现着形形式式的人间，表现着喜怒哀乐的面相，表现着历代的衣冠制度，表现着历代的舟车和耕种的方式。"莫高窟实在是无价的艺术宝藏！

艺术而外，公元 1900 年（清光绪二十六年）5 月 26 日敦煌石室秘藏的发现，至今也已整整八十年了。从那时起，敦煌文物逐渐受到全世界的广泛重视，引起研究的热潮。世界上出现了一种专门的学问，叫做"敦煌学"。与此同时，敦煌文物也遭受到严重的破坏和盗劫。

新中国成立后，完成了大规模的敦煌石窟维修工程，珍贵的艺术品受到良好的保护。敦煌文物研究所对敦煌文物进行了系统的整理和研究，并进行了大量的临摹复制工作。此外，使用科学的方法，借助现代的摄影技术和印刷技术，将幸存的文物编印成为精美的图录，是更久远地保存石窟文物必不可少的手段。值此举国奋力争取早日实现四个现代化，中日友谊不断增长的今天，中日两国学者和出版工作者合作编辑出版五卷本《中国石窟·敦煌莫高窟》，这是两国文化交流的一个新发展。我们通过整理印行东方艺术的这一菁华，以期有所贡献于世界。

（原载《中国石窟·敦煌莫高窟》第 1 卷，文物出版社、平凡社 1981 年版）

国立敦煌艺术研究所三年来经过概述

（一）筹备时期

民国三十年秋，于公右任视察西北，转道敦煌，目睹千佛洞古迹之残毁破灭，为民族最大之损失。因向国防最高委员会提议设立机构，寓保管于研究之中。兹摘录原提案文如左：

为提议设立敦煌艺术学院，以期保存东方各民族文化而资发扬事。右任前次视察西北，因往敦煌县参观莫高窟之千佛洞，依崖筑凿，绵亘里许。俗称有千余洞，除倾圮沙埋者外，尚有五百余。有壁画者计三百八十，其中壁画完整者亦二百余，包括六朝、唐、宋、元各时代之绘画、泥塑，胥为佛经有名故事。其设计之谨严，饰备之柔美，花边之富丽，绝非寻常匠画，大半出自名手。今观其作风，六朝以上无考，自唐以下，率类阎立本风。唐塑分西番塑、中国塑两种，衣纹神态，大者五六丈，小者尺余，无不奕奕如生。就所见文字，有蒙、藏、梵、回及西夏文等六七种之多。而各时代供养人之衣冠饰物用具，亦可考见当时风俗习尚。洞外残余走廊，犹是宋时建筑。惜在过去未加注存，经斯坦因、伯希和诱取洞中藏经及写本书籍，又用药布拓去佛画将及数千，复经白俄摧残，王道士涂改，现则完全荒弃。而沙埋之洞，不知更有何物。且闻敦煌西部，尚有西千佛洞，然仅二十余壁画尚存。而安西万佛峡之榆林窟，洞画完好者凡四十六，曾往亲自察看，其壁画之精美，皆可与千佛洞匹敌。似此东方民族之文艺渊海，若再不积极设法保存,世称敦煌文物,恐遂烟消,非特为考古暨恃物家所叹息,实是民族最大之损失。因此提议设立敦煌艺术学院,招容大学艺术学生,就地研习,寓保管于研究之中,费用不多,成功特大。拟请交教育部负责筹划办理,是否可行,理合具文提请公决,谨呈国防最高委员会。

三十一年秋(距石室藏经发现后之四十年),教育部聘请高一涵、张庚由、张维、张大千、王子云、郑通和、窦寿吾、常书鸿等八人为国立敦煌艺术研究所筹备委员会委员,并指定高一涵为主任委员,常书鸿为副主任委员,王子云为秘书。于三十二年二月在兰召开筹备委员会凡二次,讨论本所组织大纲及研究保管各种计划(附件一、二),并同时聘请职员,购备应用材料、文具、纸张等物。一切部署妥贴后,于同年三月间,由高主任委员率领,径赴敦煌千佛洞开始筹备。高主任委员到达千佛洞后,除对于洞窟之修整,积沙之清除等有详尽之指示外,并与地方当局及驻军妥洽协助各点,即日开始全境测绘工作,并次第完成下列各项:

一、所址之改建与布置。

二、千佛洞初步调查。

三、千佛洞地形之测绘。

四、择要修补洞窟。

五、开掘水渠与修筑堤坝。

六、清除积沙。

七、窟内残缺遗物古迹之集纳。

八、洞窟内部之清理。

九、陈列室之布置。

全年七月,因本会经费久未拨发,维持为艰,经第三次委员会议决定,派书鸿去渝向教育部面陈一切。书鸿抵渝后,分向教育部及其他有关部门报告筹备经过及千佛洞保管研究等要点,幸蒙当局垂鉴赞助,教育部为慎密保管起见,准予拨发修建围墙专款二十万元。鸿率领工作人员于秋末离渝返敦,沿途以川陕路被水冲破,耽误甚久,抵达千佛洞已十二月初旬,时塞外寒冽气候,已无法开始围墙修建工作矣。

(二)成立以后

1.本所成立纪念在敦煌举行展览会

三十三年一月一日本所正式成立,为纪念此塞外艺术机构之创始,曾在敦煌城内举行石室艺术展览会三日。其间除陈列本所短时期所作之摄影、绘画等临摹作品外,并陈列彭贝、波斯等壁画,以引起当地人民对于此千数百年之中国艺术瑰宝,略作比较参考之认识。

2.围墙之修建

围墙修建工作,经多方筹备,并得省政府谷主席及敦煌陈前县长冰谷及地方当局之协助,于三十三年三月二十五开工,至四月十五日完全竣工。围墙全长计一千零七公尺,高六公尺五,自第一窟南首起,至一百六十四窟北首终止,除北首三百〇六至三百〇九窟,因正在河床,且地势低洼无法圈入外,其余圈入有画石室共计四百二十余窟。从此关闭有定,管理已较前容易多多矣。

3.设计委员会之成立

本所因僻处边远,关于敦煌石室考古、宗教、历史、艺术各部门专家学者,不易罗致,仝人学识浅陋,深恐多所陨越,乃呈准教育部组织设计委员会,聘定时硕高一涵、张道藩、傅孟真、贺昌群、徐悲鸿、张大千、林风眠、李济之、吕澂、吕斯百、卫聚贤等五十九人为委员(附设计委员会章程草案),作为咨询参议之首脑。成立至今,幸蒙各委员之赞助指教,本所得益至夥,除感激外,敬致谢忱。

4. 研究工作

本所按照研究计划，原拟向历史、宗教、艺术三个目标同时推进。惟以人材缺乏，工作不易，全人等远道来此，泰半出身艺苑，于历史、宗教素乏修养，对此千数百年文化宝藏虽有研治之心，而无成达之能。当此战时，因乏参考资料之缺乏，查考引证，无所凭藉。漠北环境本极惨淡孤寂，而对于研治学术必要条件，尤无法充实。即在艺术一方面言，因限于经费，缺乏器材，模写工作全赖破笔薄纸、土胶劣色勉强工作，往往一画之成，穷二三个月之光阴，尽力其间。因塞外气候之干燥，大幅画纸？(皲)裂，时遇一补再补，千疮百孔，幸而完成，精疲力绝。但每一念及纸质之脆弱，及颜色之易变，如昙花之朝夕，不旋踵而破裂消失，面对石室千数百年斑斑若新之先贤遗迹，往往勇气尽失，无复继续工作之心力矣。三载以还，全人均在如此艰难困苦之环境中勉力支持，故成功所得，距期望甚远。虽事实如此，但亦不敢求谅于邦人君子之前者也。兹将各部门工作分别述之于后：

（甲）文字考订

关于敦煌石室之文字考订，过去罗振玉、贺昌群等海内外学者已有甚多之记述。本所因成立于战时，一切必要参考材料无由罗致，今但就调查报告方面着手，计有下列之著述：

一、初步调查录　　　　　　　龚祥礼、陈启基

二、初步调查记略　　　　　　史岩

三、千佛洞现状概述　　　　　史岩

四、敦煌石窟群之编号问题　　史岩

五、敦煌莫高窟历代供养人题抄　史岩

六、千佛洞壁画初步调查　　　张民权

七、千佛洞壁画之作风系统　　张民权

八、莫高窟　　　　　　　　　李浴

九、敦煌附近碑碣考　　　　　　苏莹辉

十、瓜沙曹氏考　　　　　　　　苏莹辉

十一、国立敦煌艺术研究所发现北魏写本经卷颠末记

　　　　　　　　　　　　　　苏莹辉

十二、榆林窟调查报告　　　　　阎文儒

十三、敦煌佛教艺术（未完）　　阎文儒

十四、敦煌艺术剖视　　　　　　常书鸿

十五、千佛洞测绘图　　　　　　盛其立

十六、榆林窟测绘图　　　　　　盛其立

十七、千佛洞各窟立面平面测绘　陈延儒

十八、千佛洞壁画现状测绘报告　陈延儒

十九、敦煌石室历朝供养人图录（附六朝以后服饰杂考）

　　　　　　　　　　　　李福　潘絜兹

　　上项著述，均因目前出版困难尚未付印。三十四年春，经本所接洽《西北日报·西北文化副刊》，由苏莹辉先生主持编印《敦煌艺术特辑》七期。执笔者除本所全人外，尚有高一涵、夏鼐诸氏。此外尚有《敦煌艺术学报》第一期一种，拟在说文月刊社出版，执笔者除本所全人外，向达、高一涵诸先生均有极精彩之论著。

　　（乙）摄影工作

　　千佛洞以范围广阔，包涵历代艺术作品太多，目前一般文化界人士急需吾人忠实之介绍，欲达到此目的，舍摄影技术不为功，故本所成立第一主要目标，即为全窟壁画、塑像等之摄制。惟限于开办费之缺少（三十二年核定为五万元），购备材料器具，定不可能。当时幸有中央通讯社摄影部主任罗寄梅先生慷慨协助，吾人仅担负罗先生及其助手颜廷鹏、刘先二先生之旅运费及生活薪津，一切摄影成绩连同底版由中央社及本所各执一份之条件下进行工作。罗先生等一行在塞外艰苦之环境中，历年余之光阴，摄

成千佛洞及安西万佛峡壁画、塑像等作品凡三千余幅，内中并有色彩照片，超过一切前人摄影工作，且为千佛洞空前之成就。前因战时材料困难，本所除取得若干样张外，其他正待罗先生等完成缴纳中。

（丙）绘画工作

千佛洞壁画以篇幅太大（最大者为十四窟之净土变，高一丈五尺，长二丈余），故复制描绘，以大幅布画为妥当。惟本所因限于经费，此种长篇巨制，不得不以连史纸为代替品。之上矾糊裱，备极艰难。更兼以所用颜色，又非矿物良质，烘染描绘，殊属不易。幸研究人员在此种物质困乏之环境中，仍能作卓极艰苦之奋斗，计历年工作所得凡　件。（附绘画成绩表）

（丁）塑造工作

塑像方面，以历年毁损太甚，其完好如初者仅十之二三，模写工作往往以塑像之固定不可移动，光线之黝暗等等，殊为不易。此外因千佛洞地临沙山，无有纯净粘土，春夏气候燥热，时时生裂缝，虽以麻丝纸肋，仍多破裂，兹将工作成品列后。（附塑造成绩）

（戊）图案工作

千佛洞藻井及边饰图案，材料之丰富，变化之繁多，为壁画各种内容中之最有兴趣者。因此项宝贵资料，正足以补救目前中国图案材料之缺乏。本所因聘请专门人才，延至今岁，方正式开始，计前后得各时代代表藻井及边饰图案二十余幅。（附图案成绩）

（己）创制工作

除上述临摹工作外，吾人因鉴于此际历代艺术作风之演变，对于中国新艺术趋势有甚多之启示，环境所接，乃作中国新艺术趋势之集体探讨。同人利用漠北寒冬室外工作停止时期，于三十三年冬修建大型工作室，内设火炉、火炕及画桌、画架，每周规定题旨，利用当地老百姓及边塞各民族丰富之色彩，先作"速写"与

"习作"，俾对于此种人体有充分之认识，然后以历朝所示方法，构图布色，完成创作。年余以来，同人已能利用六朝唐宋画之精华，而为自由之创作。

5. 保管工作

千佛洞保管工作之切要者，为防止自然与人为的毁坏。自然的毁坏，其主要原因即在风日流沙之侵蚀。因千佛洞砾岩，东倚大沙山，该山原系鸣沙山之余脉，为千万年来沙漠中飓风所播带之细沙积集而成者，因之随风迁徙，飘忽无定，千佛洞石窟所蒙受之灾害，即为此种沙风之洗刷及沙流之淹埋。因之有人主张在石窟削壁尖顶，建筑高墙，以阻遏流沙。此种倡议，姑无论在此戈壁沙漠十余丈削壁之下，建筑绵亘一千六百十八公尺长墙之物质困难，施工不易为如何，其最不合理之点，即千佛洞四季风向无定，事实上，沙风流沙之来袭，固不仅东山二个方面而已也。故本所自筹备之初，即放弃上述建墙防沙之议，而作下列两个步骤：其一，在窟前添种树木，多加灌溉，三年以来，吾人添植之树木（如二十二年在古汉桥北所植者）已高可数丈。加之三载未曾修枝，水流经常灌溉，树木茂盛，夏季绿叶成荫，婆娑于窟前崖壁。春夏季候风所携带沙流，大部均流止于树根流泉中。其二，即按照方回先生之提议，经常雇工轮流打扫，数载以来，已收成效。

其次在防止人为的毁坏方面，自围墙修建以后，一切旅客，均留宿围墙外之上寺招待所，而围墙以内，启闭有时，在管束看守两方，均较过去为易。但为防止偷窃剥离起见，对于从前已经剥损之古迹，与夫摇摇欲坠之残壁，重加泥工，使之粘固牢实，不易再毁。此外如加门上锁等之工作，兹分别列述于后：

（甲）修补洞窟

本所在筹备时期曾择要稍事修补，厥后又收到甘肃省政府谷主席拨款五万元，专为修补洞窟之用。计自去岁九月间开始动工,至十一月完工,计共修理 9、17、18、20、22、23、24、25、26、27、28、29、30、31、32、33、34、35、36、37、38、42、44、47、48、49、50、52、53、54、55、56、57、58、59、60、61、62、63、64、65、66、67、68、69、70、71、72、73、74、75、76、77、78、90、92、93、96、97、99、100、111、116、117、118、119、120、121、124、131、137、138、139、140、142、144、147、151、164、174、184、185、187、190、195、196、199、200、201、202、203、206、207、208、209、210、213、214、215、216、217、219、220、222、227、230、231、233、234、235、236、237、238、240、242、243、245、246、247、248、260、265、267、268、271、273、280、282、283、286、290、300、301、302 等大小一百四十窟。其间如道路之修整,过道之改良,使千佛洞二百余窟,均有攀登巡礼之可能。

(乙)加门及锁闭通道

三十四年五月,本所奉令结束。当时深恐机构取消之后,将来保管更为困难,乃择要设置门户,封闭通道。计自六月动工至八月两个月中,修造窟门大小二十四个,主要通道三条,并配置锁匙。计共封闭大小洞窟一百八十四个,连同架梯可上之二十四窟,合计共有二百〇八窟可以锁闭控制。如第 227 窟门北行通道,共可控制主要隋、唐、宋、元窟八十五个,270 窟门通道,控制初盛唐主要窟十三个,277 窟门通道控制主要盛唐、宋窟凡十六个,284 窟通道窟门控制盛中晚唐窟凡十五个,245 窟通道控制主要北魏窟凡十一个。今尚余第一层单独较主要洞窟应做门而尚未做者,计有四十余个,现已与地方商洽(于七月间发动信士捐助窟门运动,由本所测绘门样,分向当地土绅商贾捐献)。今已捐得二十余个,明春四月初八前可以安妥。

(丙)研究工作之限制

壁画临写工作,过去漫无限制,因摹写者之不经心而污损,在所难免。本所对于研究工作人员,时向告诫谨慎从事。但为确实

收效起见,于本年七月复规定千佛洞古迹模写暂行办法,请内外壁画临写人一体遵照,其主要之点:

(一)取缔着壁印模。

(二)不论任何工作,桌架不得直接倚靠画壁及其他艺术品上。

(三)所内外研究人员,必须以临摹稿件留缴本所,为便于后来工作人员之参考,而避免一般重复工作。

(丁)导游及监视

今夏自南疆公路开辟之后,此“华戎所交一都会”的敦煌,游人日增一日。本所为郑重起见,每次均由本所派人导引,即时启闭洞窟。然此种任务,往往影响所内本身工作,今后拟请设导游人员,专任参观导引之责。

6.员工生活之改善

闻玉门油矿当局,对于矿场同人福利事业,曾消耗二分之一以上之经费。其如此注重者,因老君庙地处戈壁,自然生活环境艰苦所致。本所所址在距城四十里之千佛洞,戈壁周围,四无人烟,千佛洞除本所员工外,仅中上寺喇嘛各一人,招待所职员一人而已。同人处境既极孤独,因各种日用必需均取给于敦煌县城之故,生活享受又甚清苦。本所为补救此项缺点起见,利用千佛洞园地购置牛马大车,实施耕种垦殖及小规模之畜牧事业。三年以还,略有进步,以前取给于县城之蔬菜等等,一部份已可由园地出产品供应。不但取给便利,并可减轻担负。在目前城内各机关,每人每月餐费已达至少一万五千元之际,吾人仅须三千元左右,即有中等之享受矣。其他如员工消费合作社之组织,理发洗衣之专雇工役,免费服务,往返县城马匹之购备草料及驻城办事处之设立等等,对于员工生活方面,较初到时已改善多多矣。

7.过去困难与今后希望

书鸿以菲薄之才承乏研所,三载以还,因边塞生活之惨淡,人材不易罗致，物资之无法购办，困难重重，一切工作推进不易。其间最感棘手者，厥为本所事属草创（国内尚无其先例），性质与工作目标未有确实之规定。本所设立宗旨，诚如于公右任之提案原文"寓保管于研究之中"，则保管研究责任并重。在保管方面讲，应负一般博物院、美术馆整理保管之任务；在研究方面讲，应负中央研究院与北平研究院各研究所同等之任务。但事实上，此种美术馆类似之保管整理工作，非有专门素养与实际经验，均难胜任。研究方面，吾人需要兼通佛经及艺术、历史、技术之专家，按照千佛洞艺术古迹在世界文化地位之重要，应不惜一切多方罗致，但国内上列两项人材，两年前与向觉明先生商议，聘请国内佛教权威精通美术专家吕澂先生，始知吕先生继欧阳法师，功业在江津主持支那内学院，毫无西来之可能性。解决此问题，书鸿本有向欧洲聘请专家之梦想，不幸其时正当抗战最后关头，裁并减缩风潮盛行之际，战战兢兢，只有抱定所谓"苦干""硬干"之精神，暂从艺术技术方面着手。与调查报告有关之各种部门，罗致若干青年艺术工作人员，勉强从事工作。

数年以来，因文艺工作全人之兴趣习惯风尚所趋，管理甚难，更兼材料缺乏，工具不备，成绩所得亦与预期相去甚远。今后如能充实人材（聘请国内外专家），加添设备，则保管研究两个目标仍可同时进行。目前似应聘请考古及壁画保管专家各一人，（英不列颠博物院及巴黎之罗佛博物院均有此项专家）助手各二人（国内大学毕业生中聘请），专心从事洞窟之修整工作，期于两年完成，然后再酌量情形兼及研究等等。

最后，如补充设备，改善生活，加高待遇，使工作人员得安心所事，作久长之打算，尤为切要。

（本文未公开发表）

188

从敦煌近事说到千佛洞的危机

一

石室藏经的发现，是光绪二十六年五月二十六日的事，其间因为内含经卷、文书、图轴等出土，关系历史、宗教、文化各方面。其规模之大、影响之深，不但较中国历次文献的发现如：孔壁古文、汲冢竹书、殷墟甲骨、流沙坠简等为重要；即较之十八世纪意大利发现一千八百余年前的庞陪伊（Pompei）古城也无逊色。这个把世界文化史重新改写过大发现，从洛克济（一八七九）、斯坦因（一九〇七）、伯希和（一九〇七）、橘瑞超（一九一〇）、华尔纳（一九二四）等先后到达，相继诱窃盗取，因而传布表扬，简直把二十世纪这个"发现时代"探险发掘的狂潮，从欧洲扩展至亚洲腹地。一时英、俄、德、法、美、日、瑞典、匈牙利诸国学者均纷纷前来探险发掘，风声所及，昏昧如晚清政府，尚能以保存国故为名，训令敦煌地方当局：收集劫余残经，赍送京师。（至今国立北平图书馆收藏的九千余卷经书，就是那时候的收获）以及晚近专家向达、贺昌群、陈万里、张大千、劳贞一、姜亮夫等都有过各种不同的研究和发表，使国内智识阶级对于发现的经过和价值得到了若干的认识；敦煌之名是这样子传播在中国的朝野。

不过敦煌僻处在西北边陲，国人的性情又多好作卧游。当初伯希和掠取经卷，满载归国的时候，道经北平；仗他一口流利的中国语，曾在六国饭店陈列展览之际，发表了一篇动人的演说。这篇演说虽曾打动了学者如罗振玉、王国维等兴奋的情绪，并且还根据当时见闻写了好多研究敦煌的文章。但实际来到敦煌考察调查，一直延至民国十四年。那时代表北京大学国学门的陈万里先生，因福开森（John C. Ferguson）之介绍，得加入美国哈佛大学旅行团华尔纳（L. Warner）等一行同去敦煌。这是中国为敦煌艺术前往调查考察的第一个人。正如沈兼士先生在民国十四年出版的陈著《西行日记》序文上所载："余以敦煌近二十年来，外人已屡至其地，顾我国学者，以考古为目的而往者，此殆为嚆矢。"但是这次因为华尔纳在前一年已至敦煌盗窃塑像和壁画的关系，竟遭受地方士绅的坚决阻止，并没有得到理想的成功。民国二十年，贺昌群先生，根据伯希和所著的敦煌图录，以他丰富的中西文化交流史的学识，在东方杂志上写了一篇《敦煌佛教艺术的系统》的文章。这篇介绍敦煌佛教艺术的空前论文，除了对于敦煌的史地背景作了一番简要的介绍外，并比较地将中国佛教艺术的源流，有撮要的说明。至于敦煌佛教艺术本身的研讨，更有许多独到精深的地方。贺先生虽没有到敦煌，但他的文章，却给予后来千佛洞的人一种很好的启示。

继续着贺氏对于敦煌佛教艺术之介绍，正值抗战前期，国内开发西北声浪高入云霄之际。这个自宋元东西海上交通鼎盛之后，即已沉眠了近十世纪的河西走廊，重新又被人注意起来了。于是后汉书所称的"华戎所交一都会也"的敦煌县，就增加了许多游客。随着甘新路的完成，南疆公路的完成，敦煌已变成塞外主要的名胜。但过去到敦煌的人，都是游历性质的旅客，这些旅客除在壁画记上一些"某月某日到此"的无聊题记外，并没有足以记载的事实。至于真为千佛洞壁画而来的，要算民国三十一年当代国画名家张大千先生。那时候一般国画家正在流行着出国展览争取外汇的时候，大千先生能走到这种绝塞荒郊，"磅礴坐卧其下者几及三载"，他那种"祁寒盛暑，劳苦相勉"、努力于中国古艺术发扬的精神，在最近展览中已经获得了应有的代价了！在艺术工作同人的立场，我们要钦佩他先知的聪明与敏捷的行动。较大千先生迟几个月到千佛洞的，还有中央研究院的劳贞一先生，教育部艺文考察团王子云先生和著名敦煌学专家、汉唐古交通史地权威向觉明先生。也就是那一年，于右任先生偕同高一涵、卫聚贤诸先生视察西北，特来千佛洞巡礼，当时看到千佛洞古迹的可贵和设立保管机构的必要。提出七十五次国防最高委员会，设立敦煌艺术学院。于先生在原提案上，除简要的把千佛洞历代沿革及内容现状等申述之后，在结尾上有"……似此东方民族之文艺渊海，若再不积极设法保存，世称敦煌文物恐逐湮销！非特为考古暨博物学家所叹息，实是民族最大之损失"。因为这个有力的提议使敦煌千佛洞，由文字的介绍，进入实际行动的阶段。当时于先生的提案经国防最高委员会通过之后，正在交由教育部实施筹备办理的时候，向觉明先生以方回的笔名，在三十年十二月二十七日重庆《大公报》上发表了一篇长达万余言的《论敦煌千佛洞的管理研究以及其他连带的几个问题》的文章。这篇文章，如傅孟真先生在文首按语上所说"于敦煌文物之原委，历历如数家珍"之外，并从自己身历其境的观察，提供出保管和研究的实施问题。其内容是那么翔实生动；其爱护敦煌文物的热情，又是那么洋溢于字里行间。曾记得该文发表的时候，陪都正荟集了全国艺术界，举行第三届全国美展的前夕。许多文艺界人士，都非常热切地展望着西北边塞的一角——那介乎三危、鸣沙二山之间的敦煌千佛洞。因为在那篇文章中，向先生对于当时千佛洞现状的不满，曾引起全国文化界无限同情。这种同情，正如作者在文首所希望一般，后来真个"逐渐化成舆论"了。

教育部为加速敦煌艺术研究所成立的筹备，立即发表高一涵、张庚由、王子云、张维、张大千、郑通和、窦景椿、常书鸿等八人为敦煌艺术研究所筹备委员，并指定高一涵为主任委员，常书鸿为副主任委员，王子云为秘书。筹备委员会由高一涵先生主持在兰州甘宁青监察使署开了两次会，通过保管研究计画大纲，复由高主任委员率领筹备委员会工作人员，于三十二年三月二十七日抵达千佛洞，就地设立办事处，开始筹备工作。

二

千佛洞在敦煌城东南四十华里处，三十三年研究所成立后，请示甘肃省政府谷主席的同意，由当时敦煌县长陈冰谷发动地方民工，开了一条直达千佛洞的汽车路。从安西来的汽车，在离敦煌城十公里的地方，就可以见到一条南行的支路，行九公里、快进入山峡就可以远远见到那些掺杂错置、累累如蜂房的石窟群。石窟全部自南至北共长一千六百十二公尺。包括现在已出土存有壁画的自北魏、西魏、隋、唐、五代、宋、元七代的壁画和塑像。这样大规模的结构，我只有将统计所得的结果，用乘车看画的譬喻使没有到过千佛洞的人得到一个概念：全部千佛洞壁画面积凑合起来约计高五公尺的画共有二万五千余公尺；就是千佛洞壁画全长可以展开到二十五公里；换一句话说：我们如果坐着二十五公里时速的汽车，要一小时的工夫才能把全部壁画飞逝般打一个照会。再加上二千多个塑像，以及各时代建筑的实例，从变化复杂的壁画题材，从绵延相继的历史体系，从包罗齐全的宗教典释，从演变无穷的艺术系统，……这种不能想像的伟大史迹，实在予人以惊心动魄的感觉。

这个曾经北周武帝及唐武宗二朝废佛毁寺的厄运，晚清西陲宗教变乱的焚劫,在十数世纪漫长的经历之后,劫余仅存的残族瑰宝,现在是残落荒凉地矗立在灰枝绿叶的白杨后面。一湾从大泉南来的细流,蜿蜒曲折地经过全部石窟的壁脚,消逝在北端石窟尽头的戈壁沙石间,一切残破毁坏的迹象,随着西逝的落日增加它衰败危殆□严重感觉。敦煌千佛洞自东晋穆帝永和八年(西纪三五三年)创建至今,已到达一千五百九十四岁的高龄。他毫无掩饰地,把我们这个自汉唐以降国势衰败的迹象,一如矗立在雅典废墟中的巴载龙(Parthenon)神殿地在沙漠的边塞中暴露出来。我们随着高一涵先生于三十二年三月二十六日抵达千佛洞的时候,正是中华民族抗战的第七年。这个已经沉睡了近十世纪一度被人遗忘的古迹,能在国家艰苦困难的局面中重创正式保管和研究的机构,我们应该感谢政府贤明的措置。所以当我们到达的瞬间,在万籁俱寂的山谷中,听到从大泉淌来的那一湾细流的水声,仿佛是象征着中华民族一种活力的透露似的。从远古时候起,这条古称岩泉的流水,像中国五千年文化活力一般他没有一个时候止息过!

　　那时候张大千先生住在上寺,和他同时工作的有画家谢稚柳先生与大千先生的门弟子暨喇嘛。他们是中国当代艺人第一批自动来到这绝塞边陲,肩担了承先继后工作的,忠于名位,艰苦卓绝的英雄。我钦佩他的勇敢,祝福他的成功。住在中寺的是敦煌学权威,曾经在国外研究敦煌流散在欧洲的经卷文籍的向觉明教授。当我去拜会的时候,向教授如敦煌平民一样朴素地正在一个苏苏柴的灰盆上用搪磁杯煨煮一盅沱茶。一枝残余洋蜡的烛光,在塞外寒气未除的早春之夜,使人感到温暖安逸的情调。就在这样的环境中,他们已作了敦煌艺术开导启发的基础工作。事实上,我们以后得到他们不少关于解决千佛洞历史艺术诸种问题的帮助。这里,除了感谢之外,并为他们长时期在沙漠中工作的精神致我们的敬意。此外,我对于认真帮我们去沙开渠工作的三十二年敦煌驻军郏团长国宣以及直接负责指挥工作的乔连长得丰及其士兵表示感谢。因为根据当时工程师的估计,仅仅去沙工作,雇用民工就需要三百万元的代价。现在他们已是义务地为我们尽了宝贵的力量。

到目前,事隔六年,但我仿佛还看见当时张大千先生在春寒黎明忙忙碌碌指挥门弟子从事临摹工作的紧张状态,以及向觉明先生独自深夜秉烛俯伏在洞窟高壁上录写题记时聚精会神的侧影,与乔连长等率领士兵携带铁铲木耙,清除沙土时热烈奋勇的场面。千佛洞在过去的文献上虽然有过十余个寺院和二三百个寺僧门徒,从三百窟张议潮及其夫人出行图上那样鞍马屏帷贵游的盛况;但经过千余年的沉寂之后,我想民国三十二年,该在千佛洞大事纪上记上一个重要的段落。可是,这样的时期并不久常。在四月里塞外初夏,千佛洞梨花盛开的某日,向觉明先生继张大千之后,离此东返。于是千佛洞又像农历四月初八浴佛节时,敦煌全城人士来此拜访释迦牟尼佛诞辰的次日一般,重新又趋冷落孤寂。研究所那时只有五万元的开办费,去了同事、工警的长途旅费及一些简单设备,已经没有一个多余的钱了;高主任委员一涵在临别的时候对我说:"现在你们要抱着白手成家的精神,在千佛洞孤岛上去开辟一个新天地!"是的,我们从碗筷、水缸、锅盆、灯盏、炉火、柴水、薪炭以及驴马、大车等无一不要我们自己去购买准备。而这许多东西,有时候,连敦煌县城都不能买到就必须向人家商借应用。我们在这四无居民的沙漠上必须先作生活布置然后才能进行工作。因为我们不是一个暂时机构,我们不是一个定期可以完成的工作队,我们必须要作一个久常打算。

三

　　这里既然是一个四十里无人烟的孤僻所在，一般年青同事，因为与城市生活隔绝的关系，日久就含有精神上异常孤寂之感！平时如此已甚不安，一到有点病痛的时候，想来想去就变成非常可怕的心理了。记得有一年夏天，同事 C 君因偶受暑热，发高度的寒热，在我们准备了一辆牛车（要六小时才能达到城内）正要送他进城医治之前，他偷偷流着泪对服侍他的工友说："我死了之后不要把我扔在沙堆中，请你们好好把我葬在泥土里呀！"（后来这位 C 君在病好了不多久，就辞职回去了。）这种凄惨的话语，往往会影响许多同人的心理，因为谁也不知道，究竟什么时候，这种病会一样加在自己身上呀。假使不幸碰到急烈性的传染病的时候，我们也许同样会逃不出死葬无所归的命运。在这种时候，大家都有"但愿生入玉门关"的心情。就是从城内雇来的工匠，做了几天之后，往往会不声不响的私自进城去。没有娱乐，没有社交，孤零零静寂寂地，有时候等待一个人群社团活动的希望，比什么还要迫切。作者的妻——一个在巴黎繁华世界混了八九年的浮俗的女人，就是为了过不惯这种修道院孤寂冷静的生活，在三十四年四月抛弃了子女潜逝无踪地奔向她理想的乐园去了！五年了，我在这瀚海孤岛中，一个与人世隔绝的死角落，每次碰到因孤僻而引起的烦恼问题——如理想工作人员的不能聘到，如柴草马料的无法购运，如同人因疾病而起的恐惧，以及不能久安于此的等等——我常常自己在疑问："千佛洞的环境是否有设立一个类似机构的可能？"于右任先生在提议设立敦煌艺术学院的时候，早已想到这一层，所以在呈请国防最高委员会的原文上有"寓保管于研究"的措辞。他老先生在三十二年一月正当我动身赴西北之前亲自对我说："这是一个不易久居的地方，所以我要找你们艺术家去担负久常的保管工作。因为只有艺术爱好的人，能从富有的千佛洞历代艺术宝藏中用安慰与快乐来抵销孤僻生活中的苦闷。"

我们在盛夏烈日或是严冬风雪中，为了往返城郊，穿越四十里不生寸草的流沙戈壁，一个人在沙漠单调的声息与牲口的足迹中，默默计算行程远近的时候；那种黄羊奔窜、沙鸟悲鸣、日落沙棵的黄昏景象，使我们仿佛体会到法显、玄奘三藏、马可·孛罗、斯文·赫定、徐旭生等那些过去沙漠探险家、旅行家所感到的："沙河阻远，鬼魅热风"那般的境界。是的，我现在方才了解于老先生的话，"我们这里需要对于敦煌艺术具有与宗教信仰一样虔诚的心地的人，方能负担长久保管的任务。"否则，他必须有一个执着沉毅的志愿；或是怀藏着猎取敦煌艺术的私心，才能有所期待地作定期居留。因为自从张大千先生，大规模地将他两三年来七八人精美的敦煌壁画临摹成绩，在渝、蓉等地展出之后，敦煌壁画是如此样子的流行与受人爱戴。一部份以画件为商品，作为招摇赢钱目的人，就不惜拿敦煌之名做一个幌子，展览买卖大发其财。记得有一位 L 先生，在千佛洞住了一日一夜，借临了些研究所朋友们的画稿，居然大摇大摆地在西北著名城市中开了一次规模不小的敦煌画展。（抗战期中，因为艺人们受不到国家对予自由创作者的保障，纷纷放弃了中国画家过去清高雅逸的传统，甚至在十字路口摆狗肉摊子的风尚，有待于中国新宪法实施后的纠正。因为新宪法上对于文艺创作者规定有保障的原则。那是另一个问题。）但类似上述"敦煌画展"那种不尽不实的流风所披，竟至影响到此间同人的研究工作，就使我们非常痛心了！因为这几年来，研究所工作的重心，还是仅仅在敦煌艺术的介绍。大部份时间经费都集中在这个问题上面。我们很知道，敦煌艺术研究，应该从整个东方佛教艺术互参对比中找出路。我们从不能西越葱岭横跨喜马拉雅高原,追溯恒河流域的印度佛教艺术之源,甚而扩充到有关的希腊波斯艺术的渊源;至少也该在国内云冈、龙门、库车、刻字儿那一带石窟艺术做一个实地比较研究工作。但是像这一类的旅行调查研究工作,一定要一笔相当大的费用。而研究所因为过去没有事业费无法实施这种计画。所以这几年来要想做一点介绍工作,仅限于简陋的设备,与有限的材料,来现实客观的忠实的临摹介绍工作。这种客观的临摹,像欧洲博物院的标本画一样,是一个要藏纳起自己个性的耐心苦劳的事情。决不是那些马到成功急待渔利者所能做到的。有些在这里共事的朋友,因为待遇的菲薄,同时又以身处异域,不甘久留,所以往往要利用时间带一点可以开展览会的私蓄回去。因而制作粗滥了,工作怠慢了! 一切结果,离我们理想还是太远。敦煌艺术研究所,在中国还是一个前无成例的机构。它可能是一个美术陈列馆,但是对于这里几百个石窟的固定性质的古迹,又不甚相同。它可能是一个博物馆,但像这样仅编于佛教美术的内容东西,称之为博物馆亦非确当。去岁在重庆的时候,曾和傅孟真先生商量了几次,后来拟定了一个"敦煌古迹保管处"的名称。因为敦煌千佛洞研究工作,决不是几个人在短时期当中所能解决。对于这样一个国家民族文化的瑰宝,我们必定要尽心尽意负担着严格的保管责任。只要保存得法,使千佛洞的古迹,不要再向坏里去;那么,研究工作,是可以随时推进的。我们要像傅孟真先生在向达先生那篇论文的按语上所说,供给"有资格来敦煌研究的人",由教育部聘请有关教育文化机关学校对于敦煌有兴趣的教授或是用考试选拔方法收几个研究生到这里来作定期专题研究。仿佛法国培养国内高级艺术人才的美帝西学院(Villa Medicis)那样,把有天才的画家、雕刻家、建筑家、音乐家,用选拔的办法,保送到罗马美帝西学院,学院里有一个院长,负责指导并管理选拔的高才生,到了三年工作期满,回到法国来为艺术界服务。在留学期间,每年暑假均有成绩送到巴黎展览。我想敦煌艺术的研究和发扬,很可以采取类似的办法。研究所负责保管之外,并制定严格管理洞窟的规则。现在这里有十余间简单实用的宿舍,生活方面赖去岁军政部陈前部长拨发的一辆卡车,交通运输以及日用材料给养都已有完善的解决。我们这里对于研究人员除尽量供给一切生活便利外,还应准备必要的工具书(如"二十四史"、《大藏经》、佛学辞典等)让他们在此安静的环境中完成全中国在期待着的各种写作。千佛洞虽在沙漠绝塞中,但因为有水有林,在春夏秋三季中,一样的蓝天白云、鸟语花香、牛羊鸡犬、瓜果菜蔬无不应有尽有。就是在三九寒冬,这里每天灿烂的天气衬着温暖的阳光,在中午时间也并不十分冻人。假定我们没有其他对于城市的特殊迷恋的心理,那末,这里到是一个理想的研究写作的地方。

四

研究所在这三五年来,保管方面显著的工作,是三十三年四年间造了一条长达九百六十多公尺的围墙,把主要的石窟与树林,及中下二寺均圈在围墙里面。修了十余条必要通道,一二十个主要的窟门。现在二百多个洞窟都可以登临巡礼了。最近又做了一个总窟门。对于参观的人,一定要用木制入场证经过登记手续才可以进去,而且每个进去的人都要由研究所派员领导。研究所因为责任的关系,对于研究人员不能漫无限制,近来已绝对禁止两项过去已成了习惯的不合理的方法。其一是用玻璃纸在壁画上直接印模画稿。其一是用液体喷在画上帮助显示漫灭殆尽的壁上题记。千佛洞的壁画都是用粉质的颜料画成的,画的时候是和有胶质,但经过千数百年来时际,有些因为氧化作用,变色之后大部浮表在壁画面上。浓重松散，很像霉糊物体表面的绿苔。假如要在上海刻划加水可以想像得到的，这种损坏壁画的措置是如何样子的不合情理。我想一切爱护敦煌壁画的人都应该一致反对这种谋杀性的行动。关于临画的问题米芾也曾说过："画可临可摹，书可临不可摹！"因为摹画究竟是匠人的事情。西洋画注重 copy（临）但决不能 decalquer（印摹）。这是同一的理由。何况现在我们要印模的又是如是脆弱的国家瑰宝呢？目今研究所定了两条硬性的条文：（一）研究所同人不能假借任何理由有印模与喷水之行动，违则撤职离所。（二）外来研究人员如发现有上项行为即撤销研究许可证，停止其研究工作。这种规定对于到千佛洞来临画的人当然是很失望的。因为空手临写究意比印模要繁难，要费时费事。为了补救这一方面起见，研所正在设法购置幻灯放大机，现在研所已有一部小发电机，及简单的摄影设备。这种工具是可以补救一般不能空手临摹壁画的人的缺点的。至于喷水湿壁的事情，那是没有甚么其他代替办法可以来满足研究人员的了！

五

千佛洞修建的年代既如是久远，而其本体又系工程建筑上一件杰作。这些石窟的开凿，是在一个玉门系砾崖——由无数小石与沙粒只凭一点钙质的风化而粘着的脆弱的岩石——的质地中。洞子的型式既不一致，高低大小亦极不同。这里面有高达三十六公尺的，有长达十七公尺的，每层洞窟上下的间隔，有几个地方厚度只有五六公分。像二十窟、三百零一窟，两个大卧佛殿，窟深七公尺，高六公尺，长却有十七公尺，窟上都是略作瓢形的平顶，这十七公尺与七公尺宽的大面积中间没有一根支掌横廊的柱脚。

上面却负担着千万吨石岩重量，如果没有想到这个窟顶的砾崖仅由一点点钙质粘着的事实，谁也不能否认这种大胆的建筑上尝试，是非现代人所能设想的。至于上下两窟楼层，只隔着五六公分厚度那种危险事实，使我们行走其上的人，如履薄冰一般的感觉到心头的恐惶。凡此种种可以证明千佛洞石窟建筑的大胆与巧妙；同时也就是说明经过千余年来千佛洞石窟已经毁损了五百多个洞窟的所以然。因为这种过于巧妙与大胆的工程，也就是增加它破坏可能性的理由。

根据当地泥匠所说，千佛洞砾岩用热水润湿之后非常容易凿刻。这番道理，在前年修筑通道和加筑门户的时候已完全实验了。我们在修凿百零二窟通道时是先在砾岩上加上温水然后以铁锄打击，小石沙粒都很快的离开本体。因此知道石窟建筑非常怕潮湿的。假如这种石窟建在西南的话，怕早已变成土丘，决不能绵存至今的。虽然敦煌雨水不多（平均全年约一〇〇公厘），但却有很大的风。春冬两季的风，起来的时候，往往飞尘走石，黄沙披天的一连几日。因为石窟峭壁上面就是鸣沙山的余脉，那座与窟平行，绵延矗立，表面上呈现着波浪形的沙山，就在这种西北风的扫荡中，把表面的沙石经过戈壁、向石窟削壁的几个缺口中，像瀑布一般淌下黄色的沙带。比砂纸还要利害，这沙粒把曝露在断垣残壁间的壁画一层又一层地磨灭。那些流在最下面的，就把没有窟门的洞窟堆塞起来。往往一夜的风沙，会把昨日我们走过栈道和走廊堆满了高高的沙层。这种摩擦，这种沙堆的重量积压都是崩毁栈道和崖壁的主因。

有时候，譬如在一个平静的初夏午后，我们正在洞窟中静静地工作的时候，忽地会听见崖顶上先剥落一些沙石，继续看就是一大块岩石，崩然落下地面沙石上……我们不由的看看上面：一只沙鸟，或是一头白鸽正惊惶地向上面飞开去了。——原来这正是因为一只小鸟爪子碰到了堆高的沙石而起的毁坏。

从敦煌文献上，我们看到武周、晚唐、五代、宋、元各朝代都有重修千佛洞的记载，但这些记载，都限于局部的个人洞窟。至于大规模通盘的修理打算，到现在还未曾有过。所以到目前不但"窟檐倾摧，窟壁断毁"，外面一层包护壁岩的壁画，经过千余年来的曝晒摩擦，已经剥蚀殆尽。因此崖壁本身已是全体赤裸。经常的时候，一阵风或甚至一只小鸟的爪子都可以引起坍毁崩裂的危险，如果遇着地震或大雨的时候，那就非常可怕的了！敦煌的雨水大概都在夏冬二季，这几年来千佛洞雨水比往常要多。拿去年来作个例子，一冬就下了四次雪、一场雨。西北因为气候寒冷的缘故，下了雪往往会积留一两个月，甚至整个冬天也不会容易化的。千佛洞的雪也是如此，说它不化吧，但在中午的太阳中，还是慢慢的融解下来。这种水分就慢慢的浸入砾石积层，因而造成崩溃的现象。去年十二月十五日下了一场雪，二十四日在窟崖北壁一千二百公尺处坍塌了约有五十公尺大的一块崖壁。这里面包括了一个整个洞窟的破灭。幸而这个洞窟是僧侣用为起住之处的寮房。是一个已经有了裂缝的墙壁。像这样的裂缝在整个崖壁上有二十余处，都是随时有崩裂的可能，换一句话说将有一二十个充满了各时代的壁画洞窟，受到无可补救的毁灭。五年以来，研究所从筹备成立撤销改隶中央研究院，归隶教育部种种变化，人事不健全经费不充裕，所以我们已经做的一些修理，是轻而易举的木柱支架和泥巴搪塞工作。但经过三五年风沙和雨雪的浸蚀，证明这点表面的工作是非常靠不住的办法。例如十六窟屋檐前一座离开了崖壁本体的大岩石，我们冒了危险非常吃力的加上了几支木柱，暂时支撑着，要这块千百吨重量的石块不要跌下来。但是今年一月十五日大雪之后，因为柱脚受潮的松陷，那块大岩石倒下来的结果，致使十七窟门口南壁的不空羂索观音像毁损了一大半。同时那块落下来的大石已把邻窟（十七窟）的入口完全堵住了。再如二四六窟，是位于第三层石窟上，一个无法上去的洞子。三十四年为了便于巡礼，我们在四十二窟前屋檐上修了一个土砖和泥巴的梯阶，使参观的人就可以从二六三窟的檐道上走上去。不料仅仅一年功夫，这个梯阶整个从四十二窟窟顶上坍下来了。此外二百二十四窟，是位于第四层高处（约高二十公尺）有曹延禄之世修窟檐题记的盛唐洞窟，是千佛洞仅有的三十余俱有宝贵题记的洞窟中的一个。因为窟檐上受了历年积储的崩溃下来的碎岩重量压逼，把一根支架在上面的横梁，从崖壁上拉去一英尺长的地位，将整个残破的窟檐歪斜倾倒，直成了一座摇摇欲坠的"危楼"了。……诸如此类的险象，我可以继续着一五一十的写下去的。

现在千佛洞是需要一个紧急的修理工程，一个通盘计画的整个修理工程。因为目前呈现在吾人眼目间的，似乎已到材料学上的危险断面。如果用武周圣历元年重修莫高窟佛龛碑上所载，那时候："计窟室一千余龛"，来推断现存四百二十七个仅存的窟室的寿命，恐怕不到二百年功夫敦煌石室就会完全毁灭了。前年冬天美国善后救济总署欧彼得（Edwinv P. Oths）与芮鲁德（Luther R. Ray）同了工业合作协会的唐逊（P. Townsend）先生来参观千佛洞。其中芮鲁德先生是工程专家，他对于千佛洞是非常着急地表示需要紧急的修理工程，可能将这许多有无上价值的宝藏展延到比从开建到现在还要久远的时间。因为这里的气候是可以使现代的工程挥发它最大的效果的。"但是这种工程需要一笔很大的款子呀！"当他问我："中国现在是否可能着手这类彻底修理工程？我回答他的是："我们应该要彻底修理，但是目前是否有这样能力，那我不能回答。"最后芮先生在我纪念册上写着"May God continue to preserve the beauties of the Dung Waug Caves"几个使我们痛心的字眼。因为对于一个生存其间负责保管的人，睁眼看到千佛洞的险象历历，崩溃相继的现象，自己又没有能力来挽回的时候，实在是一种最残酷的刑罚。

六

今年是石室藏经发现的第四十八年，再两年是整整半个世纪。这已不能算是一个短时期了。我们对于千佛洞这个民族文化至高至上的结晶，那系连着五千年来黄帝子孙唯一的内在的生命，似乎应该有一个办法，作一番不能再延拓的紧急兴修工程，这种工程，除去几个危险裂缝要逼切的架住外，对于千佛洞整个，先要做一个补包岩壁外壳的基础工作，然后再用支架柱梁，恢复栈道走廊。像唐大历十一年陇西李府君重修功德碑记所载："……是得旁开虚洞，横敞危楼"，这种栈道走廊，一方面可保护整个崖壁，一方面可作为各层石窟的通道。连带着，我们还要把每一个窟门补修起来、然后再逐洞逐窟的作壁画和塑像补修工程，我们还希望如印度阿近他壁的画的保存法一般在每副壁画上加上挥发光油（Varnish）……这一切当然要请建筑设计专家精详审密的设计，国家要拿出一批不算少数的款子，也许要经过十年八年才能完成的工作。

七

现在是塞外的深夜，我坐在元代及道光年间重修过的皇庆寺一个庙廊上写这些琐事，窗外面一颗颗细沙从破了的窗棂中透进来，正是："警风拥沙，散如时雨。"那一粒粒沙子像江南春雨一般散落在砚台上，这种沙子是从荒迹大漠漫无边际的瀚海中随着风浪奔腾前来，也就是这种沙子，它盖没了房舍，填塞水道，在不知不觉中使沙漠上的城市变成废墟，绿树变成枯枝。自古多少远徙边塞，站在国防最前线的卫兵戎卒，曾经在这种黑风黄沙中求奋斗的生存：要使人与自然的力量，决定一个胜负消长！四十八年前（一九〇〇）斯文·赫定在罗布淖尔沙漠中发现的楼兰长眠城，是失陷于纪元后四世纪之初一个为沙子埋没了千余年的古城，这正是汉魏没落了的中国政治势力的象征。我们不要小看这轻微的沙粒，它时时刻刻在进行毁灭千佛洞宝藏的工作，也就是对中华民族文化能否万世永生的一个试探！

原载上海《大公报》(1948 年 12 月 10—14 日)

敦煌莫高窟的维修工作

　　建国以来，在中国共产党领导下的人民政府，对于祖国历史文物，作了史无前例的发掘和保护工作。其范围之广、成绩之大，超过了任何历史时代。随着社会主义建设事业的发展，工作愈益深入，愈益细致，对于工作质量的要求也愈益提高。列为国家重点文物保护单位的敦煌莫高窟的保护与维修工作的发展，正是证明了上述情况的一个生动的事例。

　　正如大家所知道的，这个近五十年来历经帝国主义分子盗窃和破坏的祖国艺术宝库莫高窟，解放前曾为伪教育部设立的一个搪饰门面、有名无实的艺术研究所，仅有的几个职工因经常积欠工资，生活都无法维持，更谈不到维修与保护工作了。从解放的第二日开始，莫高窟的工作，就受到党、人民政府和广大劳动人民的重视和支持。同志们的生活和工作条件也有极大的改善。1954年10月，在党中央和毛主席英明领导下，中央文化部还特地拨给专款，第一次在莫高窟装设了电灯，使长期在那里工作的同志们的工作和生活，呈现出生气勃勃、幸福快乐的景象。

　　十余年来，在党和人民政府的领导下，敦煌文物研究所的同志完成的工作，可以与解放前后作一个对比。（见附表）

　　上述工作，仅是同志们十余年来在党的培养教育下的一点贡献，距离党和人民对我们的要求还是很远。莫高窟已有一千五百九十五年的历史，它的维护修建工作愈来愈要求细致深入，如壁画的维护工作就严格地要求我们必须从科学研究工作入手。十余年来，我们从敦煌风速的变化，温湿度的变化，砾岩本身的变化等纪录资料，发现石窟内藏部分壁画由于历年制作技法不同，壁画附着的岩石本身变化，有不同程度的毁损。这些情况，具体表现在变色和壁画脱落，以及画面起甲，酥松和发霉等几个方面，而酥松、风化、起甲等现象，是消毁壁画的危险信号。因为壁画一旦达到上述程度，即使一个轻微的震动或流沙吹风的袭击，就会纷纷散落沦为灰土。据 1959 年上半年不完全的统计，莫高窟发现起甲的壁画共有一一六三. 四平方米，受潮酥松的壁画约有六八三. 二〇平方米，大面积壁画连同墙泥脱落的约计八三二. 〇三平方米，发霉的约一四四. 二平方米。所有这些数字正在与日俱增地扩大。自然的情况严重地威胁着莫高窟壁画。

针对这一严重的情况，敦煌文物研究所的工作重点是，立即从抢修窟檐岩壁转移到壁画本身的修补维护。

从 1956 年开始，我们先用一种特别的合成胶与丙酮溶液涂在壁画残片上，作了第一次保护壁画的试验。结果不但使起甲的壁面黏着在壁面，而且由于丙酮的作用，使画面蒙罩了一层透明的保护层，画面的颜色也显得分外鲜明。1957 年 7 月，中央文化部为了提高我们壁画维修的技术，曾聘请了来我国讲学的捷克斯洛伐克著名修补壁画的专家约瑟夫·格拉尔同志等二人，来莫高窟作了修补壁画的报告和壁画修补技术的现场表演。他在四七四窟用打针注射法，将阿克里拉(乳酪石灰溶液)注射到壁画上，然后用纱布衬垫以小型胶棍滚压几遍，使起甲快剥落的壁画重新紧紧粘合在泥层上面。随后逐步深入酥松的泥层，分层注射胶水。这是一次比较成功的试验，在三年后的今天，还没有发现变色脱落等现象。

但是上述主要材料中的合成胶和丙酮和阿克里拉等原料，我国出产较少，价格昂贵。我们为了贯彻党的勤俭建国，勤俭办一切事业的方针,本着自力更生的精神,根据历史资料记载,分别在 1958 年和 1960 年在第四七二窟和一六一窟两个洞子中进行了两次新的尝试。1958 年的试验,内容是用石灰水注射在画壁上,虽起了黏合的作用,但壁画颜色变黑了,有些地方还起了黑斑点。

1960 年 6 月的试验方法,是用胶矾水的溶液注射,获得了比较良好的效果。这一次试验用了几种成份不同的胶矾溶液。第一种用 1:1.5:100 的胶矾溶液,即一份胶、一份半矾,和一百份水融化后注射在四七二窟底层潮湿、泥皮呈酥松状的壁画上,用小胶棍用力滚压几遍,使起甲、翘起的画皮紧贴壁画泥层。第二种用 1:1:100 的广胶明矾溶液注射,这两种溶液注射的效果:广胶比桃胶的粘着力强些,桃胶弱些。虽也能使起甲皮和墙壁黏着,但因壁画在第一次注射了矾水以后,表皮层渗透了矾质,而画皮与泥层粘着力不够,第二次注射胶水就不能很好地吸收,给修补工作造成了困难。这次试验的结果,证明胶的性质和矾的比例很重要。同年 7 月,我们又在一六一窟做了新的以软性鹿胶和矾水的注射,用量是 2:1:100。这次试验结果,不但使起甲壁画粘着了,而且色泽鲜明,有如用丙酮的效果。只要经过一定年代后不变颜色,我们考虑今后可以大量应用此法,使垂危的壁画再获新生。

从上面一些工作的情况看,我们文物的维护工作,正如国务院最近颁布的条例所要求的那样,必须在总结经验提高质量的基础上,进一步加强。这对批判地继承遗产、推陈出新、创造新的社会主义文化工作,将起着积极的促进作用。

附表一

类别	项目	1943—1949.9	1949.9—1959.9
莫高窟洞窟保护修缮统计表	永久性洞窟修缮		63 个洞窟
	新建窟檐及栏墙		55 处
	唐宋窟檐复原修缮		5 座
	修整洞窟通道地面	146 平方米	4383 平方米
	修防沙墙及防沙沟	30 米	1483 米
	清除洞窟前积沙	150 立方米	7460 立方米
	安装洞窟门窗	30 合	248 合
	修缮壁画	150 平方米	2150 平方米
	修缮塑像		204 件
	修理古代土塔	4 座	8 座
	洞窟测量（平、立面）	1000 米	1700 米
	地形测量	0.15 平方千米	1 平方千米
	电测掩埋洞窟		940 米
收集敦煌文物统计报	发现新洞窟	12 个	17 个
	收集重要文物	231 件	870 件

附表二

类别	项目	1943—1949.9		1949—1959.9			
		册	文字	种	册	文	图
历年研究著录统计表	大中型图录及专书	2	100000	10	12	258000	1500
	普及小画库及导游			7	20	264000	420
	专论			20 余		319000	
历年壁画临摹及新壁画创作统计表	各时代壁画临摹	321 平方米		616 平方米			
	整窟临摹（原大）			2⅓ 整窟 327 平方米			
	新壁画创作			131 平方米			
	其他绘画			105 平方米			
历年彩塑临摹及创作统计表	各时代彩塑临摹	15 件		23 件			
	各时代供养人制作			12 件			
	创作			1 件			
	平均高度	35 厘米		88.6 厘米			
历年摄影记录统计表	黑白片	400 张		9372 张			
	彩色片			740 张			
	放大			782 张			
	印晒	400 张		10989 张			

附表三

类别	项目		1949.9—1959.9
1949 年起历年莫高窟参观人数统计表	平日		42548 人
	庙会		103761 人
	外宾		195 人
	共计		146504 人
敦煌艺术在国内外展出统计表（1949 年 9 月—1958 年）	国内	城市	8 个城市
		展出次数	12 次
		参观人数	834500 人次
	国外	国别	6 个国家
		城市	11 个城市
		展出次数	12 次
		参观人数	309600 人次
	共计	参观人数	1144100 人次

（原载《甘肃日报》1961 年 5 月 9 日）

坚守敦煌

1943年3月24日，我们6个人盘坐在千佛洞中寺破庙的土炕上进晚餐，我真有点不习惯盘腿而坐，而会计老辛却坐得非常自如。几乎没有什么生活用具——灯是从老喇嘛那里借来的，是用木头剜成的，灯苗很小，光线昏弱；筷子是刚从河滩上折来的红柳枝做成的；主食是河滩里咸水煮的半生不熟的厚面片；菜是一小碟咸辣子和韭菜。这是来敦煌的第一顿晚餐，也是我们新生活的开始。

我的秘书，原来是天水中学的校长老李，久患胃病，经过旅途的疲劳颠沛，终于病倒了，躺在土炕上呻吟。一个同事提醒我，教育部临行时给的那点经费，因为另外请了三位摄影专家，他们从重庆乘飞机来就花了我们整个5万元筹备费的1/3，加上我们来时一路上的开销，现在已经所剩无几了，而且这里物资昂贵，甚至有钱也买不到东西。更困难的是，千佛洞孤处沙漠戈壁之中，东面是三危山，西面是鸣沙山，北面最近的村舍也在15公里戈壁滩以外，在千佛洞里除我们之外，仅有上寺的两个老喇嘛，下寺的一个道人。因此，工作和生活用品都得到县城去买，来回路程有40多公里，走戈壁近路也要30多公里。而我们惟一的交通工具是一辆借来的木轮老牛车，往返至少一天一夜。

在万籁俱寂的戈壁之夜，这些牵肠挂肚的难题缠绕萦回，瞻前顾后，深夜难寐。半夜时分，忽然传来大佛殿檐角的风铎被风吹动的丁当响声，那声音有点像我们从安西来敦煌骑的骆驼铃声,抑扬沉滞,但大佛殿的风铎丁当声却细脆而轻飘,不少风铎同时发声就变得热闹了。渐渐,大佛殿的铃声变轻了,变小了,我迷蒙蒙地仿佛又骑上骆驼,在无垠的沙漠上茫然前行;忽而又像长了翅膀,像壁画中的飞天在石窟群中翱翔飞舞……

忽然一块从头上落下来有飞天的壁画压在我身上,把我从梦中惊醒,窗外射来一缕晨曦,已是早晨七点多钟了。我起身沿着石窟走去,只见一夜吹来的风沙,在好几处峭壁缺口处像小瀑布一样快速地流淌下来,把昨日第44窟上层坍塌的一大块岩石淹没了。有几个窟顶已经破损的洞子,流沙灌入,堆积得人也进不去了。我计算了一下,仅南区石窟群中段下层洞窟较密的一段,至少有上百个洞窟已被流沙淹埋。后来,我们曾请工程人员计算了一下,若要把全部壅塞的流沙清除,光雇民工就需要法币300万元。我一听,吓了一跳。教育部临行给我们的全部筹建资金才只有5万元,何况已经所剩无几,叫我们怎么雇得起呢?

我和大家商量,流沙是保护石窟的大敌,一定要首先制服它。眼前首先是这些积沙如何清理,但没有经费雇民工,怎么办? 虽然生活工作条件异常艰苦,但是大家的工作情绪都很高涨,大家想了不少主意。后来,我们从王道士那里听说他就用过流水冲沙的办法。于是我们便试着干起来。我们雇了少量民工,加上我们自己,用了两个春秋,从南到北,终于把下层窟洞的积沙用水推送到0.5公里外的戈壁滩上,这些沙又在春天河水化冰季节被大水冲走了。

因为这里原来是无人管理的废墟,三危山下和沙滩边的农民已习惯把牛羊赶到千佛洞来放牧。当我们来到时,春草在戈壁上尚未长出,老乡们赶来的牛羊经过沙漠上的长途跋涉又渴又饥,又渴又饥的牲畜只有拼命地啃不多的几棵杨树的皮。我再三向牧民交待，但他们没有办法使饥饿的牛羊不啃树皮。为了加强管理，保护树木以防风沙，我们建造了一堵长达两公里的土墙，把石窟群围在土墙里面。

仲夏的敦煌，白杨成阴，流水淙淙，景色宜人。在这美好的季节，我们的工作也紧张有序地开展起来。当时人手虽少，条件也很艰苦，但大家初出茅庐，都想干一番事业，所以情绪还不错。我们首先进行的工作是：测绘石窟图，窟前除沙，洞窟内容调查，石窟编号，壁画临摹等。

为了整理洞窟，首先必须清除常年堆积在窟前甬道中的流沙。清除积沙的工作是一件工作量很大的劳动。雇来的一些民工由于没有经验，又不习惯于这种生活，有的做一段时间便托故回乡，一去不返。为了给他们鼓劲，我们所里的职工轮流和他们一起劳动，大家赤着脚，用自制的"拉沙排"一个人在前边拉，一个人在后面推，把洞中积沙一排排推到水渠边，然后提闸放水，把沙冲走。民工们粮食不够吃时，我们设法给他们补贴一些，使民工们逐渐安下心来。据县里来的工程师估算，这些堆积的流沙有10万立方米之多。此外，还要修补那些颓圮不堪的甬道、栈桥和修路、植树，等等。这些工作，我们整整大干了10个多月。当看到围墙里的幼树成林再没有牲畜破坏而生长得郁郁葱葱、我们工作人员及参观游览的人在安全稳固的栈道上往来时，我心里充满了喜悦。

随我来的两个艺专学生，他们对工作很热心，但困难的是在敦煌买不到绘画的颜料、纸和笔，他们便十分节省地使用从兰州带来的画纸和颜色。他们还自力更生，到三危山自采一些土红、土黄等土颜料。他们是画国画的，临摹了一些唐代的壁画，觉得很有兴趣。以后在调查洞窟内容时，他们都选择了各时代的代表作品作为下一步的工作计划。我用油画颜料临摹了几幅北魏的壁画，那摹本的效果很像法国野兽派画家罗奥的作品。

在洞窟编号工作中，我们还有一个小小的遇险故事。当时我们没有长梯子，只靠几个小短梯子工作。一次，我们调查九层楼北侧第230窟的内容，大家便从第233窟破屋檐的梁柱中间用小梯子一段一段爬上去，我们工作结束时，小梯子翻倒了。这一来我们都上不着天、下不着地，悬在半空洞窟中，成了空中楼阁里的人了。一个姓窦的工人出主意，从崖面的陡坡向上爬。陡坡大约七八十度，下临地面20多米，从第232窟大约要爬十几米的陡坡才能上到山顶。大家都面带难色，这时，只见姓窦的工人动作敏捷地爬到了山顶。艺专的一个小伙子也跟了上去，但没爬几步，便嘴里大喊着"不行"停住了，只见他神色恐慌，进退两难。我想试一试，刚爬两步，原以为坡上的沙石是软的，用大力一踩会蹬出一个窟窿，没想到脚下的坡面像岩石一样坚硬，一脚踩下去，像被弹回来一样，反而站立不稳，差一点摔下去。惊惶之中，我的一本调查纪录本也失手掉在坡上，立即飞快地下滑，像断线的风筝一样飘飘荡荡地落下去。我只觉得身体也在摇晃不定，像是也随着本子落到崖下。后来，还是我让山顶上的老窦回去取来绳子，把我们一个个拉了上去，才结束了这一场险情。以后我们做了两个长梯子，再也不敢冒险爬陡坡了。

我们的工作和生活条件变得越来越艰苦了。三四个月过去了，重庆一直没有汇来分文，只好向敦煌县政府借钱度日，债台越筑越高。为了借钱和筹措职工生活用品，为解决工作中的困难等事项，我日夜忙碌。有些事情要进城办理，无论严寒盛暑，或是风沙月夜，我一个人跋涉戈壁，往返城乡，每次近30公里之路，搞得我精疲力竭，困顿不堪。更使人忧心的是，这个满目疮痍但储满宝藏的石窟，随时会有险情发生。昨夜第458窟唐代彩塑的通心木柱，因虫蛀而突然倒塌，今天，查时又发现第159窟唐塑天王的右臂大块脱落。随之而来的，便是我们一阵艰苦的补修劳动。这些文物补修工作，不敢轻易委托民工，怕他们搞坏，我们只能亲自动手修复。

还有更可怕的困难，就是远离社会的孤独、寂寞。在这个周围 20 公里荒无人烟的戈壁孤洲上，交通不便，信息不灵，职工们没有社会活动，没有文体娱乐，没有亲人团聚的天伦之乐。形影相吊的孤独，使职工们常常为等待一个远方熟人的到来而望眼欲穿，为盼一封来自亲友的书信而长夜不眠。一旦见到熟人或接到书信，真是欣喜若狂，而别的人也往往由此而更勾起思乡的忧愁。特别是有点病痛的时候，这种寂寞之感就更显得突出而可怕了。记得有一年夏天，一位姓陈的同事，偶受暑热，发高烧，当我们备了所里惟一的牛车要拉他进城时，他偷偷流着眼泪对照顾他的人说："我看来不行了，我死了之后，可别把我扔在沙滩中，请你们好好把我埋在泥士里呀！"后来他在医院病愈之后，便坚决辞职回南方去了。类似的情况，对大家心理影响很大，因为谁也不知道哪一天病魔会找到自己头上。的确，如果碰上急性传染病的话，靠这辆老牛车（到县城要 6 个小时）是很难救急的，那就难逃葬尸沙丘的命运了。在这种低沉险恶的境况下，大家都有一种"但愿生入玉门关"的心情。但对于我这个已下破釜沉舟之心的"敦煌迷"来说，这些并没有使我动摇。记得画家张大千曾来敦煌进行"深山探宝"，临走时半开玩笑地对我说："我们先走了，而你却要在这里无穷无尽地研究保管下去，这是一个长期的——无期徒刑呀！"

"无期徒刑吗？"我虽然顿时袭来一阵苦恼和忧愁，但还是坚定地表示了我的决心。我对他说，如果认为在敦煌工作是"徒刑"的话，那么这个"无期徒刑"我也在所不辞，因为这是我梦寐以求的神圣工作和理想。虽然是这样回答了他，并决心经受千难万险也干下去，但是眼前的现实实在令人愤慨，一种灰溜溜的不祥预感常常袭上心头,一场更残酷的打击正向我扑来。

（原载《新语丝》2001 年 5 月 12 日《新散文论坛》）

武威出土的东汉铜奔马

—— 学习祖国历史文物笔记

  铜奔马出土的甘肃武威,是汉代建立起来的河西四郡(敦煌,酒泉,张掖,武威)之一。四郡的建立,进一步保护了河西走廊的安全,使"丝绸之路"畅通无阻,保证了中国与西亚乃至欧洲的友好往来和文化交流的关系。汉武帝在建立河西四郡之后,一方面大量移民,另一方面修筑了一条从陇西开始接连秦长城向西延伸长达万余里的新长城。沿长城每隔五里一个墩,十里一个烽火台,并驻有戍卒了望。遇有敌情,白天举烟(称为烽),夜间举火。白天举烟时的"燧表"是用辘轳把积薪苇炬点燃,提升到三、五丈的高杆上,晴朗时远在三十里外都能看到。从这个烽火台传到邻近的下一个烽火台,是采取紧急行动的信号。然而,由于风沙雨雪的来临,使烽火台上的"燧表"难于燃点的时候,突然发生了敌人来袭的紧急情况,就必须设法解决警报的传递。在这十万火急的重要时刻所能采取的惟一办法,就是需要一匹马,一匹由一个勇敢的健儿乘骑的好奔马,突出重围向关内告急。正如唐代诗人王维所描写的:

    十里一走马,五里一扬鞭。

    都护军书至,匈奴围酒泉。

    关山正飞雪,烽火断无烟。

  在这首诗里,诗人突出地把"走马"提到首要位置,用简练的数据,形象而生动地刻划出诗人所描写的"走马",如何在"一扬鞭"的瞬息间飞奔了十里路的速度,及时送到军书的生动形象。不难看出:马在古代社会中的重要作用。历史上著名的"天马",就是汉武帝在太初元年(公元前一〇四)兴师动众地派遣贰师将军李广利等横渡塔克拉玛干大沙漠,越葱岭,经过千辛万苦才得到大宛著名的"汗血马"三千匹。据《汉书·武帝纪》说:汗血马又称"天马",踏石,汗血。指这种马,蹄坚硬,在飞奔时踏到石头,可以踏下去显出马蹄的印迹;前肩流汗色红如血。

历史上记载着"天马"的来源和特点。诗人歌颂了它的神速和作用。对于从事艺术工作的人来说,如何用艺术的语言来成功地塑造出"天马"的造型,能够排除地面障碍临空的介乎"飞"与"奔"之间的"空行"的神速,却是一个困难的课题。记得一九五一年在北京举行敦煌文物展览会我和徐悲鸿先生谈论壁画时,曾经从敦煌壁画中北魏的马,唐代画家韩幹的马,谈到印度、埃及、希腊的马(见附图,本文作者的速写)和法国十九世纪以画马出名的吉利古尔(一七九一——一八二四)的马。但我们当时共同感觉到这些古往今来的"马"好是好,但还没有创造出"天马行空"的理想的神态。徐悲鸿先生说:"画马的难处在于不但要画出马的神速,还要画出马的烈性!象'红鬃烈马'那样'拼命'的性格。吉利古尔的马的速度好象已画出了,但看不出马的烈性,气吞河山的烈性。"也就是缺少南齐画家谢赫在评西晋画家卫协的作品时所颂扬的"形妙而有壮气"的中国艺术传统。徐悲鸿先生是画马的行家,但是他十分谦虚地说:"画了数以千计的马的草稿,但至今还没有一幅使自己满意的行空的 gallop(注:马的四个蹄子同时离地飞奔时的称呼)的马。"

无疑的,今天在无产阶级文化大革命时期武威雷台出土的铜奔马,就是我们在二十余年前纵览古今中外不曾找到的一件珍贵的文物。奔马高三十四厘米,长四十五厘米,是一件东汉(公元二

一九二二年埃及陀唐卡
蒙墓出土文物扇柄上的
木雕奔马（公元前一三
七九至前一三六二）

希腊龙克吐拉蒂王
时代钱币上的骑士
奔马（公元前一九
〇至前一六七）

印度阿育王石柱上的
奔马（公元前二四三）

五—二二〇年）无名艺术匠师用高度智慧,丰富的艺术语言,深刻的生活体验,简练而有力地表达了我们民族艺术传统中"形神兼备,气韵生动,形妙而有壮气"的杰作。作者以娴熟精深的技巧,把奔马所具备的力和速度融合成为充沛的气韵,浑然一体地贯注在昂扬的马首,饱满健壮而流线型的体躯,四条正在飞奔的腿和踏石有迹的马蹄上。作者经过长期对于骏马性格和生活的体验,塑造出一个气吞山河昂首长啸的马头,并将头上一撮鬃毛扎结成流线型的尖端指向马尾经过高度意匠所产生出来的彗星一般的尾部。通过造型结构,奔马就是这样前后呼应,上下呼应地,使我们仿佛觉察到"奔马"周围存在着一股风驰电掣飞速前进的电流,一股看不见的电流,在带动"奔马"的飞行。这具实际上是静止的文物,却由于无比智慧的造型和结构,使我们不禁联想到《汉书·天马歌》中"天马徕,开远门。竦予身,逝昆仑",日行千里的神话传说故事的现实意义。但这个现实的意义得来并不是那么容易的。因为从地面跑的马,要它变为"行空"的"天马",这其间有速度和重量的矛盾;容易做神话般的浪漫主义的设想,不容易捉摸超现实的现实。对于一个具有三度空间,有重量有体积的铜奔马来说,既要塑造天马那样"矢激电驰"的动的速度的形态,又要达到平衡稳定的效果。如何解决这个矛盾,从来都是雕塑家一个突出的问题。所以雕塑家在设计创作的同时,要考虑到创作完成后如何使作品能稳固安定地展示在观众面前的问题。这就是东晋画家顾恺之评论卫协的画时所说的一个艺术家,应该具备"精思巧密"的"巧"字。在创作的时候,每一个作家都要绞尽脑汁,凭自己的智慧和巧妙来对待这个问题。例如有一件比东汉铜奔马晚一千多年的意大利文艺复兴初期,以擅长建筑透视造型著称的被誉为当代雕刻大师的多那太罗(一三八六——一四六六)的《格太梅拉达骑马像》,它在欧洲古代文化美术历史中,一直被誉为有高度现实主义风格的伟大作品。多那太罗所塑造的全身武装的格太梅拉达勇士乘骑的大马,是一匹正在迈出前右腿开始把马蹄提到已离地面的时候。作者为了要使马身稳定,简单采用一个铜圆球垫在马蹄之下,其结果恰恰相反地给人们以动摇和不稳定的感觉。美术史上也常常可以看到一些背上插着两个翅膀的马、龙、蛇、人,或用云彩衬托,挖空心思地表示他们在飞翔。其结果,使神话传说,停留在神话传说的阶段,格格不入地没有现实意义。相形之下,现在再来回顾一下"铜奔马"的创造者,一千数百年前出生在武威地区、长城内外的无名匠师,当他成功地塑造了三足腾空的马之后,却如此奇妙而智慧地把另一只右后腿的马蹄轻轻"摆"在展翅飞行的燕子的背上。在这里,我不用"踏"字来说明马蹄与飞燕的关系,而采用了轻轻地"摆"的字眼;因为从"奔马"的整体造型中可以发现接触到飞燕的马右后腿正是处在从后面回收到休息的一瞬间,实际上也就是"奔马"四足腾空的瞬间。否则,"马踏飞燕"会给我们以马要堕落的不安定的感觉。作者的智慧和巧妙,就在选择了这一最好的侧面,成功地塑造了一个完美无缺的"天马行空"运动速度和整体重量平衡的造型;是现实与想像的结合。不仅如此,作者高于生活的创造还在于飞燕与马蹄对话的描写。请看:那只在一个偶然的机会与"天马"巧遇于同一个空间与瞬间的飞燕,不是正在全速的飞行中回过头来唠叨什么似地与马蹄对话吗? 如果作者没有高度的智慧和饱满的创作热情,决不能作出如此深入浅出刻划入微的高于生活的艺术杰作的。

学习甘肃武威出土文物"铜奔马"杰出塑造,进一步认识到毛主席所说的"离开实践的认识是不可能的"这个真理。从而使我们更深切地知道离开生活的创作也是不可能的。不能设想,如果唐代诗人王维没有到过河西走廊,没有在长城内外深入生活,进行观察和体验就能写出"十里一走马"的好诗。同样的,如果铜奔马的作者,没有在烽火台上当过戍卒和卫士,没有生活的长期观察和体验,经过深刻的分析研究,怎能把奔马的各种特点集中起来,凝合成一件源于生活而高于生活的空前完美的艺术作品?

这个由封建社会手工业艺术匠师创造出来的铜奔马的发现,不仅给我们民族艺术遗产的宝库增加了新的珍贵品,而且给今天的美术工作者以批判地继承遗产,学习和提高创作能力的机会。

(原载《光明日报》1973 年 1 月 6 日)

怀念画家韩乐然同志

1927 年秋天，我从浙江赴法国巴黎，尔后以公费生考入里昂中法大学。里昂，这是阿尔锋司·都德在《小物件》这篇著名小说中所描写的小物件的出生地，它正象这篇小说中所描写的那样，保守、贫困和死气沉沉。中法大学座落在圣蒂合内山下，房舍原是一座旧兵营。刚刚离开祖国，离开繁华的巴黎，来到这个小街小巷的山城，我越发增添了异国的寂寞之感。

我记得在一个溶溶的月光之夜，在中法大学的宿舍里，我会见并结识了来自鸭绿江畔的画家韩乐然同志。他满面红光，显得很有生气。我们没谈多久，就很象是一对老朋友了。他于是把胳臂下夹着的一大叠在国内画的水彩风景画稿拿给我看，并说他准备在里昂中国饭店举办一次他的个人画展。我听了颇感惊异，因为那时乐然同志的画还不很成熟，法国又是一个艺术发达的国度，这不能不说是一个很大胆的举动。所以，我和当时在场的吕斯百、王临乙、刘开渠诸同志都建议再充实再准备一下以后再展出，但他却微笑着回答说："试一试看！"不久，居然在中国饭店看到了他的画展。正如所料，没有很好的效果。但他毫不介意，仍然非常自信地非常乐观地继续他的水彩画写生。"我有我的打算呀！"他直率地跟我们说："这是环境逼人，因为我是勤工俭学，要自食其力，假如我也像你们一样是公费的话，我就不这样做了。"

是啊，初到法国，人地两生，语言不通，又要学习，又要穿衣吃饭，实在不容易。这种艰苦的生活，在没考上公费以前我也过过。

当时学音乐的冼星海同志也在里昂,为生活所迫,有时他也在咖啡馆里拉小提琴赚几个钱。勤工俭学实在不象一般人所想象的那么容易,这也是我们这一辈人艰苦奋斗所经历过的一种社会大学的生活方式。乐然是不名一文来到法国的,所以遇到的第一件事就是生活的困迫。我赞赏乐然的大胆奋斗精神。从他的言谈和行动中,我知道他是一个有志气的人,我支持他不辞艰辛地去努力探求。不久,他对我说,里昂很穷困,他打算离开这里,到法国南方的尼斯去。一天,我在里昂美术馆遇见他,他说他已买好当天夜里去尼斯的火车票,我问他有什么困难没有,他回答说没有。但我知道他没有多少钱,于是我就把随身带的法郎塞进他的大衣口袋里。就这样,我们握手而别了。

打这以后,关于乐然的消息知道的很少,只听说他在法国、瑞士、荷兰等国旅行作画、卖画。我虽然有时也听到他的名字,却见不到面,因为他没有固定的地方,他又不愿写信。直到1936年,一天,我在巴黎蒙巴拿斯地道车站,碰到了他。他仍然是那个样子,只是衣着比在里昂时整齐了些。我们谈了离别七八年的各自情况,他关切地问我有没有加入共产党? 我说没有,并告诉他我就要回国了。他欲言又止,最后他告诉我,他正在《巴黎晚报》作摄影记者。

1945年10月,乐然和其他游客一起来到莫高窟千佛洞,同时带来了沿途的写生画稿。此时我们虽然已阔别十年,但跟以前比起来,他并没有多大改变,尤其是他那永远年青的体态。他依然是快乐的,红光满面的。看着他的画,每一幅都充满了光和色的明快,毫无板滞生涩之感,他那纯熟洗练的水彩画技法,已达到了炉火纯青的程度。"怎么样? 朋友!"他拍着我的肩膀说。他的画正和他充沛的精力一样,深深地感染了我,我连连称赞道:"好! 好!"

一个远在边塞多年的人，忽然见到相交二十多年的老友，我内心感到十分快慰。于是我也拿出自己的画，互相品评鉴赏，各自说了些鼓励的话。这一夜，我们作了痛快的长谈，高兴得谁都没有合眼。从此，我们之间的友谊更加亲密。当时，正值我的家庭发生变故，他诚心诚意地为我劝解，并谋划挽回的办法，因为在法国时他亲眼看见了我家庭的美满景况，为了孩子他诚恳地要求我听从他的劝告。

1946 年 10 月，他携了夫人和儿女再来莫高窟千佛洞住了十天，临摹了许多壁画，我还请他为研究所同人作了一次《克孜尔千佛洞壁画特点和挖掘经过》的讲演。从与他谈话和他的实际工作中，我了解了他所要做的事，同时也感到了对未来的希望。他对千佛洞的工作提出了很好的意见。他计划 1947 年再来敦煌，并且与我约好，下次他再来时我们二人共同用油画工笔临摹几幅千佛洞的大壁画。我们互相期许着，要在荒漠之中开拓出中国艺术复兴的园地。

在他离开敦煌的一年中，他每每在工作告一段落时，总要给我来信，报告他的情况，使我能够分享到他的喜悦。在克孜尔临摹、摄影中，他和他的助手发掘出一个最古老的洞窟，后来称为 69 号洞。可以说，他在克孜尔已把全部重要的东西都收集整理完了。克孜尔处于南疆要冲，正是印度佛教艺术东渐时的第一个门户，里面的作品出自汉晋时代，创作时间早于千佛洞，在风格方面接近于西方。他的工作成绩，对研究敦煌艺术做出了可贵贡献。许多人想做张大千先生早就想做而没有做的事，而乐然竟远涉关山，在烈日沙漠中完成了，甚至不幸以生命殉了发掘祖国艺术宝库的崇高事业。

当我听到乐然牺牲的噩耗时，我竟无法相信这是事实。"在梨子成熟的时候，我一定再到千佛洞来"，这是乐然从克孜尔给我的最后一封信的最后一句话。我对他的话是坚信不疑的，所以一直在等待他的到来。那时正是千佛洞的梨子在初秋塞外炎热的阳光下逐渐成熟的时候，可是乐然却没能践约而来，他的名字竟列入飞机失事遇难人员之中。这不啻是晴天霹雳！我悲痛，我悼念！乐然同志的躯体连同他的美好理想永久地留在了祁连山的层峰叠峦之中，永恒的寂静埋葬了积极活跃的灵魂！他的牺牲是西北文明史的一个不可补偿的损失！

写到这里，我仿佛听到大佛殿角的铁马在静夜的千佛洞中发出了叮当的声音，这声音又象是从连绵的骆驼队中发出的铃响，把我引到遥远的沙漠，引到敦煌和克孜尔的千佛洞，催我与乐然同志一起，为发掘祖国的艺术宝库而努力工作。

乐然同志辞世三十多年了。在党的领导下，由于同志们的努力，敦煌宝窟愈来愈显示出她璀璨的艺术之光。如果乐然同志九泉有知，是会感到欣慰的。这是我们对乐然最好的悼念。

（原载《社会科学战线》1982 年第 4 期）

《九十春秋——敦煌五十年》

第七章　保护与研究

一　出访印度和缅甸

1951年秋，为了促进中印、中缅两国人民之间的友谊和文化交流，应印度和缅甸两国政府的邀请，我国派出了一个文化代表团访问印度、缅甸。代表团由三十多位从事科学、文化事业的专家组成，丁西林、李一氓任正、副团长，刘白羽为秘书长，团员有郑振铎、陈翰生、狄超白、季羡林、冯友兰、钱伟长、张骏祥、周小燕、吴作人等，我也为团员之一。这是新中国成立后第一次规模最大的出访代表团。为了保证这次与邻邦之间的文化联系与友好交往的访问成功，代表团全体成员在北京集中学习了两个月，研究并进行必要的准备工作。在此期间，敬爱的周恩来总理曾召集我们在中南海他的办公室多次亲切指导，对每个代表团成员出国时应负的责任作了详细的指示。有一天他笑着对我说："你这次带着敦煌艺术去印度、缅甸访问，既要献'宝'也要取'经'，要正确宣传我们解放后的信仰自由的政策。看来你的任务不会比唐代高僧玄奘西游轻多少呀!"总理亲切的教导给了我宝贵的启发和鞭策，也给了我信心和力量。这次学习和准备期间，我们还对中印、中缅两国之间文化艺术悠久的历史渊源及密切的交流关系有了新的认识。过去由于各种因素、条件的限制，我们对敦煌文物涉及的美术、宗教、中西交通、民族关系等问题的研究很少下功夫，尤其对来自印度的佛教和佛教美术的演变、发展情况研究得很不够，只凭很少的一些书籍资料获得理性知识，缺乏具体的感性认识。这次受到党和国家的委托，我能亲自去实地考察和学习研究，真是机会难得，一定要像总理教诲的那样，既献"宝"又取"经"。

1951年10月至1952年1月，我们在印度、缅甸分别进行了为期两个多月的友好访问。我们携带的展品，有介绍新中国面貌的各种图片，有一批珍贵的美术工艺品，有新中国成立以来的电影片和敦煌壁画摹本等。访问期间，我们参观了印度、缅甸数以百计的文化古迹、学校、艺术和科学设备等等，我们还在印度新德里、孟买和缅甸的曼特拉等城市举办了"新中国建设成就展览"，"敦煌艺术展览"配合展出，又举办了各种学术性的座谈会、报告会。根据组织上的安排，我在印度、缅甸都做了介绍敦煌艺术的学术报告，并和印度、缅甸有关人士进行了友好的文化学术交流。印缅人民对新中国成就和敦煌艺术以及有关学术报告都很欢迎。他们看了"敦煌艺术展览"中的壁画摹本，知道中国还如此完整地保存了千百年前创造的敦煌悠久的佛教艺术，都非常惊讶、敬佩。他们看到我们展出的敦煌莫高窟第61窟宋人画的佛传故事，从《燃灯佛授记》《乘象入胎》《树下诞生》，一直到《临终说法》《涅槃》《争舍利》等32幅完整的佛传壁画摹本，赞美这是世界佛教艺术中未曾有的盖世之宝，珍贵之极。特别是画中人物的服装都改成了中国宋代的民族服饰，并以中国的绘画艺术风格描绘得生动自然、栩栩如生，他们赞叹不绝。在与印度朋友交谈中，印度当时的考古局局长恰克拉伐蒂深有感触地对我说："你们至今还完好地在敦煌保存着自4世纪到14世纪的四百多个洞窟，完美的壁画、彩色塑像，他们的彩色还是如此鲜明、完整，真是令人羡慕。至于我们，虽然有阿旃陀那样世界闻名的佛教艺术宝库，但却只有 29 个洞窟，保留了一些残破的壁画。就是这些残存的壁画，在英国人统治时期，以保护为名，把大多数的壁画都涂上了凡纳西（一种普通清漆），逐年变色，至今一部分壁画变成为深褐色了。"说到这里，他摊开双手，露出了十分感伤的表情，愤慨地说："这说明我们印度过去受人摆布，样样都听外国人的话，连自己的国宝都保存不好。"我告诉他说："我们在国民党统治下的旧中国何尝不是如此呢！我在 1942 年承担敦煌艺术研究所工作时，国民党教育部高等教育司司长吴俊升，那时刚访问印度回国，他曾亲口指示我要按英国人对印度阿旃陀壁画涂凡纳西油的办法，把敦煌的全部壁画也涂上凡纳西油。我当时表示：我是一个油画家，我知道油画上涂凡纳西油会导致油画变色，在壁画上涂凡纳西油这种办法还没有把握，事关重大，最好不要轻率采用。吴俊升听了我的话，脸上露出惊奇、生气的神色，说：'你居然连英国人的技术也怀疑吗？'我没有作声，现在才知道，当时不采用在壁画上涂油的办法，才使敦煌壁画免遭一场阿旃陀壁画的厄运。看来阿旃陀的厄运是我们今后保护石窟壁画工作中值得警惕的教训。"我最后对印度朋友说："现在新中国成立后，政府对敦煌文物十分关心爱护，对我们文物工作十分重视，目前已大力增加经费和人力，对敦煌进行大规模的研究和保护工作。我们一定要把敦煌文物世世代代更好地保护下去。"他们频频点头称赞说："毛主席真好！新中国真伟大！"

我是一个美术考古工作者，过去曾在欧洲看到过不少希腊、罗马和欧洲文艺复兴时期的雕刻和绘画，但那些陈列在巴黎、伦敦、柏林等处的美术雕刻，都是帝国主义从殖民地掠夺得来的片段；局部片段虽然好，但看不到完整的艺术气魄和完整的节奏。这次我们在印度看到如此丰富的印度民族文化艺术遗产，像桑溪

的石栏、阿旃陀巨大的壁画、埃洛拉那样以整座石山雕刻成的巨
大殿堂和生动活泼的天神大象，气魄伟大，雕凿精细，是前所未有
的人类智慧的杰作。它们给人以不可磨灭的深刻印象，是自古以
来人类文明创造的高峰。像印度埃洛拉那样用整块石山来直接
设计雕凿的，只有我国的山西大同云岗、河南洛阳龙门以及四川
大足的石刻堪与比拟。它们坚强的毅力与高度的智慧雕凿出既
观察人微、形态生动的天神仕女，又是互相统一完整而气势磅礴
的伟大的整体。敦煌石窟创建于 4 世纪到 14 世纪，阿旃陀创建
于 4 世纪到 7 世纪，前者以 1000 年的时间前仆后继地在沙漠中
连续不断地修建了数以千计的石窟寺，后者以 500 年的时间修建
了 29 个石窟，中印两国人民以自己的毅力和智慧创造了人类伟
大的历史文化遗产。它们是中印两国人民的智慧结晶。

　　我们中国文化代表团经过两个多月的访问，不但增进了中印
友谊，而且增加了很多有关印度佛教和佛教艺术的感性资料，丰
富了比较研究敦煌艺术的认识。这对我们今后研究新疆佛教艺
术和中亚文化发展提供了十分有利的条件。在离开印度之前，印
度考古局局长还向我了解我国文物保护组织和解放后对文物保
护和古为今用的政策，我介绍了我们敦煌研究所的情况。我说，
敦煌文物研究所自 1951 年开始，直属于中央文化部文物局，从此
我们经常不断地接到来自文化部文物局的有关学习资料。通过
学习，我们才真正认识到今后对文化遗产的保管和研究是经常的
文化建设的一个重要组成部分，这也是我们人民政府文物政策法
令的精神所在。这几年来，通过学习毛主席关于"中国长期封建
社会中，创造了灿烂的古代文化。清理古代文化发展过程，剔除
其封建性的糟粕，吸收其民主性的精华，是发展民族新文化，提高
民族自信心的必要条件，但是决不能无批判地兼收并蓄"的教导，
才知道研究敦煌文物，应该从批判它的封建性的糟粕着手，然后

才能吸收其民主性的精华，使古代文物在承前继后、创造新文化的工作中起到积极的建设作用。恰克拉伐蒂局长对此表示说："纵然我们是佛教盛行的国家，印度教和其他民族的宗教也各有其特点，但对于古代文化艺术的保护和研究，虽然没有像你们那样紧密地结合政治来发展，但我认为一切宗教的信仰，也是寄希望于未来。从人类生活的进步和改善这一点来说，我们是有共同的观点的。作为印度考古局局长，我希望看到您写一篇即将在中国北京举办的纪念阿旃陀壁画 1500 年的纪念文章。"为此我写了一篇《阿旃陀壁画在北京展出的意义》一文，当时刊载在《光明日报》上。我写道："印度阿旃陀壁画在北京的展出，对于进一步巩固和发展中印 10 亿人民（此文为 1956 年所作，当时中国人口 6 亿，印度 4 亿，故称 10 亿人民。）两千年来和平友好文化交流传统关系来说，是有极深刻意义的。""中国和印度两大民族悠久的和平友爱的历史，是发自两大民族本身在无私的互相尊重的基础上，由文化交流和经济往来的记录积累而成的。今天当我们中印两国友好和文化交流的关系进入了一个新阶段的时候，重新提一提那些古老的标志着我们祖先在文化经济方面交光互影的历史关系，对于我们友好往来是有重要联系的。阿旃陀石窟艺术在我们人民首都的展出，就是中印文化交流关系的许多友好活动之一。"

　　1951 年，我曾以中国文化代表团团员的身份，在印度佛教艺术宝库阿旃陀参观时，那样兴奋地看到和敦煌壁画同样以佛教为题材刻画出的"释生前行传"图画。它们使我仿佛坠入深远的历史底层，仿佛回到敦煌壁画面前，体味着中印两国人民声息相共的情感。那一天，我和郑振铎、冯友兰、吴作人拿着玄奘写的《大唐西域记》走到第 26 窟前按文字记载，在卷十一按文索记中看到：

国东境,有大山。叠岭连嶂重峦绝巘爰有伽蓝,基於幽谷。高堂邃宇,疏崖枕峰,重阁层台,背岩面壑,阿折罗(唐言所行)阿罗汉所达。罗西印度人也。其母既终,观生何趣。见于此国,受女人身。罗汉遂来至此,将欲导化,随机摄受,入里乞食,至母生家。女子持食来施,乳便流汁,亲属既见,以为不祥。罗汉说本因缘。女子便呈圣果。罗汉感生育之恩,怀缘之致,将酬厚德,建此伽蓝大精舍。高百余尺,中有石佛象,高七十余尺,上有石盖七重,虚县无缀,盖间相去,各三尺余。闻诸先志曰:斯乃罗汉愿力之所持也。或曰神通之力,或曰尊术之功,考厥实录,未详其致。精舍四周,雕镂石壁,作如来在昔修菩萨行诸因地事,澄圣果之祯祥,入寂灭之灵应,巨细无遗。备画镌镂。伽蓝门外南北左右,各一石象。闻之土俗曰:此象时大声吼,地为震动……

我们四人非常兴奋地来到玄奘到过的此窟,并在南北二大象前摄影留念,同时表示对中印文化交流的纪念。

二　考察麦积山、炳灵寺和新疆石窟

1951年10月,甘肃省委孙作宾副书记与西北人民图书馆冯国瑞先生乘视察临夏分区土改工作之便,抽暇到永靖县境内炳灵寺石窟,作了初步了解。后由冯国瑞先生根据当时所见与传闻,并参考了些史籍记载,写了一篇简单的报告,在《甘肃日报》和北京《光明日报》发表后,引起全国文化界的重视。1952年8月,正当甘肃省准备庆祝天(天水)兰(兰州)铁路十一国庆节举行通车典礼的前夕,我们也正准备去兰州举办"敦煌壁画摹本展览"。我接到中央文化部社会文化事业管理局郑振铎局长来信说:中央与西北的文物专管机构为了贯彻和实施政务院所颁布的保护文物古迹的政策法令,研究和发扬伟大祖国的优秀文化遗产,经中央文化部社会事业管理局与西北文化部商议,决定组织"炳灵寺石窟勘察团",对该石窟作进一步了解。由西北文化部文物处赵望云处长为团长,常书鸿、吴作人为副团长,包括画家张仃、李可染、李瑞年、夏同光和冯国瑞等为团员的 13 人组成勘察团。随后我调来敦煌文物研究所的孙儒僩、窦占彪等,于 9 月 14 日到达永靖炳灵寺先做准备工作。当时刘家峡水电工程正在勘测。

"炳灵寺石窟勘察团"于 9 月 15 日在兰州成立,我们于 9 月 18 日启程赴炳灵寺石窟。早 8 时我们从兰州乘汽车出发,经临洮的辛店,这里是闻名中外的距今约四千年的临洮辛店期彩陶的故乡。我们同行的人差不多在这里都上街去购买了彩陶,我也在一店铺购得彩陶一个。之后,我们乘汽车至唐家崖渡洮河。洮河上没有桥梁。我们乘坐的汽车是整个汽车带人开到一艘停靠在趸船旁的大渡船上,由渡船渡到对岸。我们继续行进,渡通远河,越安远坡,渡大夏河,一直到下午 7 时才到达临夏。临夏,旧时称作河州,在甘肃省境内,是多民族居住地区。民国初年,河州先改为导河。后来,因为城在大夏河旁,所以又改称临夏。临夏分区共辖七县:临夏、永靖、宁远、和政、夏河、康乐、临潭及东乡自治区。在临夏住了一宿,第二天在临夏头道桥水阁吃了早餐,上午我们分别作风景画,并到摆满彩陶的店铺中选购彩陶,我选了六件。下午 1 时从临夏出发,3 时许抵达永靖县。永靖县在黄河边上,旧称莲花堡,县内杂居着汉、藏、回等族人民。我们在莲花堡参观了彩陶烧制的窑址,并参观了店铺中陈设的各种彩陶。

在永靖住了一宿,第二日早上 10 时从县城出发。由于没有公路,我们改乘马,把行李工具等均驮于马背。出了永靖县城北门,就进入山口,经过崇王家,沿着旧时通永登县的废公路攀登上山,行走了十余里坎坷不平的道路抵达骆驼岭。我们在这里一家崇姓本地人家中歇息以后,继续至烟墩,向南折行至盘坡。这里山势陡峻,不能再骑马行走,只好弃马步行。山路十分狭窄险峻,沙砾散溜,几乎不能迈步。我们只好手拉手地互相搀扶而过。这样极险的山路约莫走了十余里,即到小积石山。石山突兀起伏、千峰攒涌,心目惊奇。我们在这危崖上,俯视崖下深谷的时候,真有些眩悸不能自持。我们一行战战兢兢地下得山去,再骑马继续前进。这时又进入山谷,仰望群峰参嵯、千奇百态,再行约五里至上寺,见到扬法台并观赏了原为唐雕经后代修饰的弥陀像和千佛洞留存的残瓦佛像。我们还是沿着山谷继续步行,翻越过一道山岗才进入大寺沟。我立即站到山上高处,这时渴望已久的炳灵寺大佛及石窟全貌顿现于眼前。我们急急忙忙下了山坡。山坡下有一条小溪,我们涉水而过,出山口,沿着黄河北岸步行约二三里,到达喇嘛下寺。这样,经过 3 天岖崎惊险的骑马和步行攀登,历尽艰辛才到达炳灵寺山岩脚下。我们当晚在喇嘛下寺住宿。第二天,我迫不及待地一早就去巡视洞窟。这里已由先遣人员窦占彪领导工人搭起了四丈多高的木梯,梯间钉以短木,共 40 级,两端装有活车,梯的中段有四根长木擎持,左右各有长索,分别拴于大石块上,以免高空攀登时有闪动的危险。这样四丈多高的梯架要二三十人之力方可安置。我和吴作人、夏同光、萧淑芳等同志攀登上第 82 窟,作了首次高窟巡礼。我与范、孙、窦四人留在窟内工作,发现魏窟附近有唐人题记数则,因距离太远,石质风化太甚,不能辨认准确。

我们的工作分两组进行。我负责窟内勘察组,吴作人负责窟外组。我继续与窦占彪等攀登危险的第 82 窟、83 窟、88 窟和 80 窟,在 80 窟外摩崖发现北魏延昌二年曹子元造窟题记。这则题记即冯国瑞先生初次勘察时误认为后唐的题记。那时冯国瑞先生在下面用望远镜观察,因此不能准确。我为了证实这则题记,和窦占彪在高梯上再架梯子攀登上去视察。当我确切地记录下这则题记后,回首俯视悬岩,庆幸在这样危险的勘察工作中才能有如此巨大的收获。当我把题记辨认确切后,就由窦占彪再次攀登梯端捶拓。我在这个高空危窟中又发现一个残断佛头,由于吴作人、张仃、李可染等不能攀登上来,因此经大家商议,同意将佛头由窟内吊下,共同研究。经研究,均认为此佛头石刻风格接近汉晋的传统。我又与范一同登上58窟工作。炳灵寺石窟离地面很高,有些高层窟根本无法从下面攀登,只能从悬岩沿石壁攀登第三、第四窟。每进一个高空危窟,都要付出很顽强的努力,往往全身汗水湿透。我对这些刚发现的珍贵的艺术作品,尤其是建窟题记,如获至宝。在第93窟的北端,我意外地发现了一方唐开元十九年御史大夫崔公德命副使膳部郎中魏季随文,题名《灵岩寺记》的碑,上有碑文30行,每行43字,由窦占彪当即拓下四份。

为了便于工作,我在夏同光所绘的窟龛图上进行编号,并与窦占彪将这些编号书写在各窟窟壁上。这是炳灵寺首次编号,有些编号是我在悬梯上悬空书写的。此后我又继续勘察第58窟,在石龛群唐人题记中发现"孝慈"二字,疑为佛龛雕刻人名,这需要在今后继续工作中探查。继而攀登唐代大窟,相传在同治年间事变时,炳灵寺僧人曾藏火药于洞内,后在火灾中炸毁。在灰烬中我们捡得唐刻天王头像及手、足等残石,在附近窟外的《灵岩寺记》也可能是为此窟而写的。我又奇迹般地在第124窟发现明代藏文写经29种,书法端正秀丽,内有《造像度经》一种,尤为珍贵。我们在勘察中把这些铭刻都尽量在夏同光先生的外景图上加以注明。

在炳灵寺石窟的10天勘察工作中,我们始终群情激昂。大家互相配合,尤其在攀登高空危险洞窟时,窦占彪同志挺身在危岩上搭架,帮助我奋力攀登数百年来无人迹的佛窟,发现并搜集到许多重要资料。至今事隔整整 30 年，但这次难忘的勘察工作我仍然记忆犹新。

炳灵寺石窟勘察工作于 9 月 26 日全部结束。我最后在夏同光所绘石窟立面图上对照勘察记录反复核校龛窟编号，并将洞窟编号标志在每个洞窟上。这是有史以来炳灵寺石窟第一次编号，计魏窟 10 个、魏龛两个、唐窟 21 个、唐龛 85 个、明窟 5 个、明龛 1 个，共计龛窟编号 124 号，后来又继续调查增补。炳灵寺石窟现保存有西秦、北魏、北周、隋、唐直到明、清各代窟龛 183 个（其中窟 34 个、龛 149 个）。内有大小石雕佛像 679 尊、泥塑 82 尊、壁画 900 平方米，塑像最高 27 米，最小的仅 20 余厘米，另有石雕方塔一座，泥塔四座，其中唐代窟龛约占全部洞窟的 2/3。炳灵寺石窟在全国佛教艺术遗迹中，是具有特殊价值的一处。目前全国石窟中最早的题记"西秦建弘元年"（420）即在这里。敦煌莫高窟据记载于前秦建元二年（366），但洞窟中最早的题记是第 285 窟西魏大统四至五年（538—539）。

炳灵寺早期魏代造像的纯民族的形式与唐代造像那种刻画入微的高度的写实风格，证明了中国佛教艺术是从伟大祖国的艺术遗产中一脉相传地演变而来的。我们从炳灵寺石窟的第 80、81、82 等窟中的佛像与善人及菩萨的绮丽精美的造像中，仿佛看到曹仲达、顾恺之那样坚实挺秀、生动活泼的线条，80 窟的文殊像，端坐在两个菩萨中间，庄严活泼，富丽朴厚，是一个气韵生动的作品。

炳灵寺石窟的唐代造像艺术可以说是中国佛教艺术经过六朝时代的演变，而到达创作高潮的代表。如第 58 号窟左右的几十个佛龛群，第 3、4、114 及 98 号龛的残断的观音半身像，都丰满秀丽、生动活泼，是高度民族艺术传统的杰作。魏、唐壁画遗留甚少，大部分是明代重绘的，已沾染了焚烧的烟薰黑。我们从比较完好的第 3、4 窟壁画内容看，都以密宗曼荼罗为主。这里的壁画与敦煌宋、元壁画的作风不相同，也与近代藏画不一样。第 84 窟北壁的轮回故事画，是以粗壮的笔调与热情的颜色绘成的，这是炳灵寺石窟明代壁画的特点。

在我们勘察甘肃永靖县炳灵寺石窟之后，西北文化部又指示我组织人员勘察甘肃天水麦积山石窟。1952 年 11 月 1 日，我率领麦积山石窟勘察组，经过 30 天的勘察、考证、摄影、测绘和重点临摹工作，于 1952 年 12 月 1 日完成了对麦积山石窟首次勘察任务。

在 1952 年 10 月底，初冬时节，天气已开始寒冷，我们从兰州坐火车到达天水北道埠火车站，在这里换乘汽车到天水县，在天水县做了一些去麦积山生活、交通、配备勘察人员等等的准备工作。从天水乘汽车经过马跑泉、甘泉镇，行走了 35 公里的平坦大道后，就进入麦积山峡口。麦积山在秦岭山脉的西端，我们沿着缘山傍道再走约十公里，就看到耸立在我们眼前的如农家积麦之状的"麦积崖"。正如唐代著名诗人杜甫《山寺》诗所云："野寺残僧少，山园细路高。麝香眠石竹，鹦鹉啄金桃。乱石通人过，悬崖置屋牢。上方重阁晚，百里见秋毫。"（注：唐肃宗乾元二年即 759 年秋天，48 岁的杜甫带着家属住在秦州——今甘肃天水市，从此开始了直到他逝世的流浪生活。这是他在秦州麦积山所著的名诗。）

麦积山历代开凿的窟、龛造像是在距山基 20—30 米和 70—80 米高度的悬岩峭壁上，佛窟层层相叠，上下错落，密如蜂房。麦积崖的石质是一种容易风化的砾岩，雨水冲渗，容易造成山崖的纵断裂缝而崩坠。这座东西 240 米，上下 50 米的幅面，中间部分崩塌极为严重，有些窟龛仅残剩一角留在断崖上，有些连痕迹都不见了，因而形成东崖和西崖两部分。这种崩塌可追溯到五代以前,因为在五代的时候,已有东阁、西阁之称。可以想象当年窟外依悬崖岩壁所建筑的满山重楼复殿、飞桥栈阁的景象,可惜如今只剩几只烧焦残断的木桩了。

我们勘察组上山以后,就住在麦积山下的瑞应寺。这是一个没有山门的寺院。我们夜晚还听到豹子的叫声,使人毛骨悚然。我们对这座石窟作首次勘察时条件是十分艰苦的。当时有许多洞窟不能攀登,为了做到全面考察,我们想尽一切办法,冒着生命危险,终于克服重重困难,对麦积山石窟一百九十多个洞窟做了全面考察,包括测绘、内容考察、重点临摹等等。敦煌文物研究所的技工窦占彪,是个一贯善于登攀悬崖峭壁探宝的开路先锋。在他与天水麦积山当地木工文德全的配合下,在 50—60 米以上的峭壁上,抽出一个朽烂的木桩,再在桩眼中安装上一个新的木桩,架上木板,就这样,一个木桩一个木桩,一块木板连一块木板,艰难地开辟了飞栈的通路,把我们引上"天堂洞"等许多高层洞窟,这些洞窟不知已有多少世纪没有人上去过,有的窟内鸟粪存积厚可没胫。能在 20 世纪 50 年代初攀登上这些险窟探宝,虽然生活艰苦,工作条件很差,加上天气寒冷,但我们还是兴致勃勃,一个洞一个龛地详细勘察。尤其可贵难忘的是,文德全首次接通"天堂洞"时,他的手拉着我的手,扶着山崖,在摇摇摆摆的飞栈板道上,我们一步一步地移动脚步。这是一个初雪的上午,我上到这个洞窟后,连中午饭也没有下来吃,整整在上面考察了一天。我们全体勘察组同志们都表现了无比的工作热情,不避艰险,风雪无阻,克服种种困难,终于完成首次对麦积山石窟的勘察。

据文献记载,麦积山石窟于后秦时开窟造像,创造佛寺。西魏文帝时(535—550),再修崖阁,重兴寺宇,魏文帝皇后乙弗氏毙,凿麦积崖为龛而葬。北周保定、天和年间(561—571),秦川大都督李允信为亡父造七佛阁,距地面 70 米高处,俗称"散花阁",

居高临下，在阁前扬手散花，花随着上旋气流越飘越高。五代《玉堂闲话》云："其青云之中，峭壁之间，镌石成佛，万龛千窟，虽自人力，疑是神功。"民间传说中有"先有万丈柴，后有麦积崖""积木成山，折木成功"的记载。麦积山石窟的形制完全按照我国民族建筑形式开凿，方形、平顶、前壁开门、两侧开龛，房屋建筑为崖阁式。麦积山是秦岭山脉西端的奇峰，冬暖夏凉，秋季细雨霏霏，云雾缭绕，《广兴记》誉为"秦地林泉之冠"。"麦积烟雨"为天水"八景"之首。我们在勘察时适逢大雪，满山遍岭的皑皑白雪另是一番奇异景色。

在麦积山保存有北魏、西魏、北周、隋、唐、五代、宋、元、明、清各代洞窟 194 个（东崖 54 个窟，西崖 140 个窟），泥塑像、石雕像七千余尊，壁画 1300 平方米。泥塑有高浮雕塑、圆塑、粘贴塑、壁塑四种，有高 16 米的阿弥陀佛，也有小到 10 厘米的小影塑，有数以千计的与真人大小相仿的塑像。不论是佛还是天王脚下的"金角银蹄"的牛犊儿，均精巧细腻，栩栩如生，极富生活情趣，令人感到亲切而不畏惧。泥塑虽上彩，但不重彩。这里堪称"塑像馆"，是与敦煌莫高窟同等重要的祖国艺术宝库。

对麦积山的考察结束之后，我又参加了赴新疆考察石窟的工作。1953 年 6 月 12 日，我接到西北文化局电报："接中央文化部电话，嘱你所常书鸿所长参加新疆文物调查组工作，盼于 6 月 17 日赶到酒泉，候同出发。"接到来电后，我即匆促安排安置所中工作并积极准备行装，于 6 月 14 日离开莫高窟本所，骑着我们那匹老红棕马到敦煌县城。15 日清晨，我乘坐运输公司拉货物的大卡车，行走了两天，于 16 日到达酒泉。到酒泉后才知调查组其他成员尚未到达。一直等至 6 月 21 日，王子云（西北艺专教员）、范文藻（西北历史博物馆）、刘士茂（西北大学学生）三位到达酒泉，询知此次调查组成员为武伯纶（西北历史博物馆馆长）、王子云、范文藻、刘士茂和我五人。西北文化局指定武伯纶为组长，我为副组长。武伯纶因病不能坐汽车，已另乘飞机飞往乌鲁木齐。我与王、范、刘一行四人于 6 月 29 日抵达乌鲁木齐，住在新疆省文化处。武伯纶也已到乌鲁木齐，我们即开始进行工作。

到乌鲁木齐后，我们在新疆分局宣传部赵守攻部长及文化处牙生、王元方正副处长的协助下，争取民族干部参与工作。经过三个星期的准备，通过赛福鼎副主席，最后确定了新疆文物调查组的工作任务、调查组的工作计划、调查路线与调查组的成员。调查组由新疆文化处处长牙生为指导，武伯纶为组长，常书鸿、阿力哈木、于素甫拜克三人为副组长，组员有李遇春、哈力克、王子云、傅仁麟、范文藻、梁涛蕴、哈特尔、伊克利、柳景文、阿不都拉，共计 16 人。

由于新疆地区辽阔，当时决定分南疆与北疆两个重点分头进行工作。北疆原为北方民族发源地，是历史上所载匈奴、乌孙活动的主要地区。由于过去考古工作尚未涉及这方面内容，因此，文物存在情况缺乏具体记载。为了初步了解这方面的情况，我们选定以伊犁地区为主要调查区，同时面向西北的霍城和南面的昭苏一带进行工作。南疆各区以库车为中心，展开了东西两方面的调查工作。西面以和阗、洛浦为终点，东面以吐鲁番为起点。重点工作放在千佛洞的调查，同时要做古城和遗址的调查。拟定了调查路线以后，调查的地点主要是北疆的孚远、惠远、霍城、伊犁、特克斯、昭苏，一直到沿哈雷克套山的撒姆哈什、哈萨克、培孜儿、下台，南疆的吐鲁番、焉耆、库车、沙雅、拜城、阿克苏、巴楚、阿图什、喀什、莫吉沙、莎车、皮山、桑株、墨玉、和阗、洛浦。

全部工作人员于 6 月 18 日乘汽车离开乌鲁木齐，在途中日行夜宿，行走了 33 天，于 7 月 21 日到达伊犁专区。在伊犁专区的地域上，我们以伊宁、昭苏、霍城三处作为工作重点，分别进行了调查。留驻在伊犁的 29 天时间中,主要调查了金顶寺遗址、圩子古城、苏拉官玛扎、小红海石人、科伯雷脱深山岩刻、阿里马里废地及大西沟千佛洞废地等 27 个处所,配合调查作了保护文物政策的宣传,并搜集了部分石器、陶器、银铜质残币以及民族衣饰等等,于 8 月 21 日返抵乌鲁木齐。在乌鲁木齐,整理了调查资料,总结并准备南疆工作。其中在 9 月 3 日至 7 日还调查了孚远的千佛洞与金满县的古城废地。

在乌鲁木齐整装以后,我们于 9 月 11 日离开,一直至 12 月 4 日返回。在这 83 天中,我们总共走了 3.59 万公里的路程,调查了库车、新和、拜城、焉耆、吐鲁番等 13 处主要的千佛洞,焉耆、库车图拉、吐鲁番 3 处明屋,新和、沙雅等古城 13 处,古遗址 14 处、古塔及古墩台 9 处,玛扎 11 处,古墓群两处,古岩刻 1 处和寺庙 4 处。在配合工作与宣传文物政策的同时,我们在沿线各文物古迹的中心地区收集了完整的陶器 12 件、残陶片 394 片、塑像及陶像 56 件、墓砖 22 块、古民族文字及汉文的古钱 208 件、古铜章 23 个、古民族文字残片 37 件、手抄本及印书 25 册、角弓铁衣等武器 4 件、古代美术装饰品 128 件、石刻 1 件、古代民族服饰(衣帽鞋等)137 件,以及其他一些文物。

在这 83 天的考察活动中,新鲜的发现和奇异的遭遇伴随着艰苦的探索工作,大家在疲惫和艰辛中体验到无穷的快乐。我自己也经历了几次既险又有趣的遭遇。在向克孜尔行进的途中,一次我们坐在堆满行李用具的卡车上。当车通过一座桥时,车倒向一边,由于桥前边一棵树的阻拦,车没有翻,但我却连人带行李随着车的倾斜掉进河里。由于行李都压在我身上,同行的武伯纶等同志看见了行李,却找不见我。我因穿了冬衣没有摔伤,经过一阵折腾,才爬上河岸,大家又惊奇又着急,我自己倒并不害怕。在克孜尔,一天晚上我去提水,发现不远处的土坡上好像有两束手电筒的亮光。我以为是过路的行人或附近的村民，即挥舞着手电划着不太大的圆圈招呼过来的人。但当我不停地划着圆圈后，两束"手电光"却越来越远了。打了水回到住处，我问房主人，他们说那是狼的眼睛，正是你挥舞着圆圈的手电光把狼给吓跑了。事后想想，也真险，这是平生第一次在旷野上与狼打交道。我自 20 岁起就有洗冷水澡的习惯，在新疆考察不容易洗到澡，特别是在路途上。在 11 月底，考察快结束回乌鲁木齐的路上，一次夜宿一家小客栈，客栈中烧火取暖用的是牛马干粪，因而屋子里充满了难闻的焦糊味。我感到气闷，就拿了一个睡袋睡在卡车的行包上。早晨一睁眼，发现自己几乎完全被埋在雪中，脸上湿淋淋的全是雪水。正好乘着积雪，脱掉衣服，在雪里擦了一个"雪澡"，清除了好几天来的污垢，感到浑身轻松舒畅。在新疆大漠戈壁，这也是我独到的一次生活体验。

12 月 4 日返回乌鲁木齐后，我们对上述调查作了整理总结，于 12 月 14 日整理完毕。15 日由新疆文化局召集有关领导及新闻记者等，举行了南疆文物调查总结报告。报告会由新疆文化局牙生局长主持，武伯纶作了全面介绍，我作了新疆 13 处千佛洞调查专题报告。至此，我们结束了在新疆行程五万多公里、历时六个多月的调查。我们在调查中制作的测绘图、文字记录、摄影、临摹、拓印等以千计数，获得了相当的成果。

新疆重要石窟集中在天山北路的龟兹、焉耆、高昌。它们是古代佛教的中心。作为本节的结尾，我将新疆重要的石窟从西到东的分布情况记录如下：

新疆石窟分布情况

分区	石窟名称	位置	内容简介	时代估计	备注
古龟兹国区域	托和拉克店千佛洞	属温宿县。在公路经过的托和拉克店附近	有残破洞窟六个,已空无一物。		全部残破
	赫色尔哈千佛洞新窟	属今拜城县东北赛里木乡赫色尔南约六公里处(属拜城县三区一乡)	洞窟开凿在木素尔河北面岩壁上,东西长达 1500 公尺,临山环水,风景宜人,现在洞窟编号计 235 个,岩下层沙土中可能还有埋藏洞窟。此处虽几经英、法、德、日等帝国主义分子的浩劫——但现存中国古代壁画除敦煌外还以此处为最多。1953 我们调查时在洞窟沙土中清理出古龟兹文残经片、竹简、烧陶、残佛头等。壁画内容以佛本生故事、涅槃说法图等为主,是东西文化交流中中国佛教艺术成长的发展时期和重要艺术遗产。	第 3 世纪至 11 世纪	
	多尔千佛洞	在赫色尔镇西北约五公里	现有洞窟八个,已大部损毁,内容空无一物,岩壁上明屋遗址一处。拾得有古民族文字的陶器残片,农民称此处遗址为吐尔塔木,即汉文塔院之意。	第 3 世纪至 11 世纪	仅存一窟有壁画
	库木吐喇千佛洞	在库车西南 24 公里	洞窟沿干河畔岩壁上,在丁谷山龙口的山沟北。全部共有 99 个洞窟,分东西南部分计,东部有洞窟 27 个,北部有洞窟 72 个,东西两部分石窟距约四公里。胃干河南岸,远望似有洞窟。玄奘记龟兹国有寺百余所。其中有二伽蓝,一名阿奢碧贰,一名昭怙厘。"荒城北四十余里,接山河——河水,有一伽蓝,同名昭——昭怙厘,而东西随称",此处可能即上文所描写的昭怙厘。	第 3 世纪到 11 世纪	龙口对面有佛教寺院遗址两处。现尚残留土炕房屋及塔寺遗址

续表

分区	石窟名称	位置	内容简介	时代估计	备注
古龟兹国区域	赫色尔哈千佛洞	在库车县城北7公里路旁山沟内	现尚存洞窟39个,窟内壁画作风与赫色尔类似。	第3世纪到11世纪	大部为帝国主义分子盗去
	森木撒母千佛洞	在库车县城东北35公里处	此处似为专供僧尼修行学道之所,精舍较多,现存洞窟30个。	第3世纪到11世纪	被破坏极为严重
	玛扎伯赫千佛洞	在库车县城东北30公里,属今五区三乡地方	此处由玛扎伯赫、克利西、阿希依拉克三个小石窟群组成,洞窟修在黄土山丘上,以精舍为多,似为僧尼修行中心,共有洞窟计32个。	第3世纪到11世纪	破坏严重
	吐火拉克埃千佛洞	在新和县东北约五公里处	共有洞窟19个,已全部毁损,内中无物。		
古塔神国	西克辛千佛洞	在焉耆县城西南30公里处	共有洞窟12个,开凿在山丘上,壁画内容极似敦煌唐代形式的藻井及绘有麒麟的穹顶装饰,有唐代文化西披迹象。	第4世纪到11世纪	
古高昌国区域	雅尔崖千佛洞	在今吐鲁番县西10公里处	共有洞窟10个,分西谷、南谷两处。西谷称西谷寺,内容有如敦煌隋唐时代的千佛说法图壁画及有类似印度毗珂罗的精舍。	第6世纪到11世纪	西谷壁画有西谷寺题记"己丑年七月二十九日缺……到此西谷寺"等字
	吐峪沟千佛洞	在吐鲁番县城东南35公里处,属鄯善县。	现存洞窟94个,全部位于吐峪沟口两旁的山崖上,90%以上已残毁,仅有八个洞窟残存部分壁画。	第6世纪到11世纪	

续表

分区	石窟名称	位置	内容简介	时代估计	备注
古高昌国区域	伯孜克里克千佛洞	在吐鲁番东南40公里木头沟内	洞窟建筑一部分是依崖岸凿成的石窟，一部分作明屋式，共有洞窟51个，德人格鲁瓦特及勒库克在1902年至1914年先后四次盗窃壁画、古民族文字、文书等共计436箱，计重37吨。劫后残留壁画已不多，但颜色鲜艳，内容有敦煌唐代壁画的西方净土变及立佛药师等，题记中回鹘文与汉文并列。	第6世纪到14世纪	
	胜金口千佛洞	位于吐鲁番县东南35公里处	残存洞窟10个，其中有两个洞窟保存有完好的壁画和葡萄装饰的穹顶。	第7世纪到14世纪	

三 保护敦煌明珠

长年在地处戈壁滩的敦煌莫高窟工作和生活，其艰难困苦是可以想象的，但这丝毫没有减弱我对敦煌石窟及敦煌一草一木、春夏秋冬景色的热爱之情。

当莫高窟前宕泉的冰河刚刚化冻，春天的信息便悄然而至了。不久，3月间和暖的春风和炽热的阳光，便匆匆把树上的榆钱和地上的苜蓿吹绿，在灰黄的沙岩间点缀出嫩绿的新芽。接着杏花、梨花争相热闹枝头，开放出与枯枝很不相称的艳丽鲜花。在入冬以后就不知去向的黄鸭子，这时又在有九层楼高的岩石隙缝中，孵育它们的小雏鸭。蜜蜂和小鸟的鸣声与树荫路旁水渠中青蛙的叫声，把静静的千佛洞弄得有点闹意。于是莫高窟前千百枝白杨和垂柳，一直到银灰色的沙枣，在一个星期左右的时间中迅速换上了嫩绿的新装，长满在宕泉沙滩边的马兰和红柳也开出花朵。最后，那具有西域情调的金黄色沙枣花，以它那浓郁的香味,送来了农历四月初八释迦牟尼诞生的浴佛节庙会。

这时候粮棉已下了种,春忙季节已告一段落。人们趁着农忙间歇的空隙,喜欢利用这个传统的节日,乘汽车、自行车、牛车、骆驼、马等各式各样的交通工具,携儿带女,带了野餐的锅灶、吃的、用的、玩的,在新店子到千佛洞的30里的马路上络绎不绝地连成一条走马灯般的行列。爱玩好闹的青年男女还随身带着板胡丝竹,三三两两地坐卧在白杨树的树荫下或淙淙不绝的泉水边,一时歌声和郿鄠曲牌的音乐此起彼伏……爱俊俏的敦煌农村姑娘,头上戴着各式各样塑料的发夹和绸带,在沙滩边收集野马兰的花束。

在庙会的时候,敦煌县商业局还组织了临时菜饭点心铺,满足游客的需要。但来自农村的老乡们,还是喜欢自己带上小锅小灶,从树林中拣来枯枝败叶,在泉水畔、树荫里,简单地用土块和石头架起锅灶,就地野餐。在这里,可以听见流行在甘肃青海的"花儿"唱、"二人转"和郿鄠戏……直到新月的斜影照射在宕泉上发出闪闪的寒光,戈壁滩夏夜袭人的寒气,才使热闹的白昼慢慢静寂。

四月初八庙会一过,来自各乡的劳动人民,在此游息了几天以后,就像来时一样的突然,又匆匆地回到自己的岗位上去。

当敦煌夏天的阳光越来越显得炎热时,东风起处,那些娇嫩香艳的春花,像过眼烟云一样,一刹时消灭干净。于是杏树、梨树、桃树、枣树,都是油绿绿的树叶下面露出茁壮的果实,白杨与榆树长满了青葱茂密的枝叶。人们一进三危山的峡谷口,就可以望见鸣沙山和三危山之间的金色沙漠中的一条青翠美丽的织锦!

夏天的敦煌,太阳从上午5时在三危山中升出来之后,一直到晚上10时,才从鸣沙山背后落下去。在长夏的日子里,太阳每天挂在天空整整有17个小时。这些日子里,在幽暗的石室内部,由于烈日的反光缘故，不用电灯也可以观望壁画和塑像。夏天，敦煌沙漠中的气候也显得特别。中午，在太阳下的温度可以直升到 60℃ 以上，如果你愿意的话，把一个鸡蛋埋在晒热的流沙中，不到 10 分钟就可以烤熟。但这里的空气却是那么干净，那么纯洁，人们只要在阳光射不到的树荫下，就会享受到凉爽清快。在房屋中，只要关闭了窗户，放下竹帘，不使阳光射入，室内总是那么清凉。经过半天的劳动，午餐之后，在静悄悄的连小鸟也不叫一声的环境中，小睡片刻，真是一剂消除疲劳的良药！人们在午睡醒来后喝一杯千佛洞到处皆是的甘草凉茶，真是精神抖擞，暑气全消。于是同志们三三两两地拿着夹衣，甚至带着棉袄和老羊皮，背着工具箱，穿过窟前的热的流沙，走到用柏油铺的林荫路上时，就会感到很凉爽，等走到洞窟门口时，就要准备受一股冲出来的冷气袭击，于是披上夹衣或棉袄。这时，人们用清醒的头脑，在自己的岗位上，临摹、摄影，或作记录研究，继续工作。等完成了下半天的工作出来时，傍晚 6 点钟的太阳还是那样火热，人们喜欢再用一点时间在集体的蔬菜瓜果地上转一下。如有成熟的好瓜和该摘的鲜菜，就摘下来一起交给管理员，准备晚膳后，大家在晚凉中围着桌子吃一阵比哈密瓜还要香甜的"古瓜州"的好瓜——我们自己辛勤劳动的成果！这时候，我们最能体会到西北流传的一句耐人寻味的口头语："早穿皮裘午穿纱，围着火炉吃西瓜。"

我们正是带着这种对敦煌深切的热爱而投入到莫高窟的保护工作中去的。莫高窟是我们伟大祖国民族艺术的明珠，也是我们心中的明珠，我们爱护它就像爱护我们自己的眼睛一样。

敦煌的保护工作是一个关系到千秋万代的大事。敦煌石窟自创建至今已一千六百多年。经历了这么长的岁月和各种天灾人祸，至解放时，敦煌许多洞窟已经坍塌或岌岌可危。敦煌石室出土的唐人写"敦煌条"有以下记载：

> 瓜州南有莫高窟，去州二十五里，中过石碛，带坡至彼，斗下谷中。其东即三危山，西即鸣沙山，中有泉自南流水名之宕泉。

这个记载，不但说明了莫高窟的位置，也指出了它所在的环境。莫高窟，修凿在宕泉西岸碛石的岩壁上。这个碛石的岩壁属于第四纪酒泉系的砾岩，一种由卵石和钙化沙土结合的岩层。地质年代并不太远，易于风化剥落，只要在砾岩上灌一些温水，岩壁就会融化脱落，也易于雕凿。幸而敦煌地区雨水较少，否则在雨水冲刷之下，这里恐怕早已遭到毁灭性的灾难了。但风沙的威胁还是严重的。一年春冬两次来自西北和东北的季候风，势头凶猛而持久，往往一夜风沙，就在栈道走廊或窟门口形成一座沙丘，阻碍交通，有时还会压坍洞窟廊檐。经常性危害是石窟壁画的色彩纹样的磨灭及壁画因酸碱画皮剥起、发霉等等。我向社会文化事业管理局反映莫高窟的这些情况，引起了中央的重视。在北京举行的"敦煌文物展览"闭幕后的 1951 年 6 月，中央调请北京大学赵正之教授、清华大学莫宗江教授及余鸣谦、陈明达等古代建筑专家到敦煌，帮助我们对敦煌莫高窟石窟文物保护工作进行了全面的调查、勘察研究，并确定了采取治本与治标相结合、临时与永久相结合、由窟外到窟内的步骤逐步进行的方针。对莫高窟石窟文物保护工作的调查报告，很快得到中央肯定并批准对莫高窟现存岌岌可危的五座唐宋时代窟檐的木构建筑进行抢修。这五座窟檐是：

一、第 196 窟前室窟檐，顶部已坍塌，但原来唐代建筑的梁柱斗拱一承其旧。据窟口甬道壁画上供养人题记：

"敕归义军节度沙瓜伊西等州管内观察处置押蕃落营田等使
□□□军检校户部尚书兼御史大夫钜庶郡开国公食邑贰仟户实

食□百户赐紫金鱼袋上柱国索一心供养"

由此来看，这座窟檐系晚唐时代建筑。这次我们只做了现存木建的加固工程，至于整个窟檐的复原工作有待今后搜集资料进一步进行。

二、第431窟前室木构建筑窟檐一座。这是有宋代纪年的一座建筑，在原来栋梁上有楷书题记：

"□宋太平兴国五年岁次庚辰二月甲辰朔廿二日己丑勅归羲军节度瓜沙等州观察处置管内营押蕃落等使□□检校太传同中书门下平章事谯郡开国公食邑一阡五百户实封七佰户曹延禄之世并建此窟檐纪"

"主节度内亲从知紫亭县令兼御前都押衙银青光禄大夫检校刑部尚书兼衙史大夫上柱国阎员清"

这次修复工程从岩脚支顶已朽损的托梁，复原了扶栏，修复了顶部并做了鸱尾，门窗均按损毁残留部分予以复原。

三、第437窟前室木构建筑窟檐坍塌严重。有窟门甬道南北两壁绘制的男、女供养人题记：

"□□□归义军……西平王曹元忠供养"

"勅受凉国夫人浔阳翟氏……"

由此来看，这是宋代建筑。这次修复工程是按现在损毁残留的梁、柱、斗拱、顶、栏杆、门窗等等作了复原。

四、第444窟前室木构建筑窟檐一座。在横梁上有楷书题记二行：

"维大宋开宝九年岁次丙子正月戊辰朔七日甲戌"

"勅归义军节度瓜沙等州观察处置管内营押蕃落等使特

进检校为传兼牛书令谯郡开国公食邑一千五百户食实封三百户曹延慕之世并建纪"

这次修复了下部托梁，复原扶栏和窟檐顶及鸱尾，门窗按原样修复完整。

五、第 427 窟建于隋代。这是一座前后室完整的大型中心柱窟，前室横梁上有楷书二行：

"维大宋乾德八年岁次庚午正月癸卯朔：十六日戊辰"

"勒推诚奉国保塞功臣归义军节度使特进检校太师兼中书令西平王曹元忠之世并建此窟檐纪"

该窟前室仍保存有完整的四大天王及二力士，系隋代原塑，宋代重妆。修复基本上保持了原貌，整旧如旧。这是新中国成立以来第一次对莫高窟五座唐宋窟檐进行抢修。

新中国诞生以来，中央人民政府连续颁布了一系列有关保护文物古迹的政策、法令。过去长期存在的那种任人盗窃文物和对祖国文化遗产无人过问，让其自生自灭的无政府主义的状态逐渐得到纠正，人民群众也对文物保护工作有了比较正确的认识。随着管理工作的加强，来千佛洞参观游览的人虽然越来越多，但任意损坏壁画、彩塑和在墙上刻写"到此一游"的现象越来越少了。人为的损毁石窟的情况已基本上杜绝了。

自从本世纪初，石室藏经被发现以来，通过愚昧无知的王圆箓道士之手，陆续被帝国主义分子和当地官僚地主们盗走的文物有两万多件。新中国成立前，在没落的清政府和腐败的国民党政府的怂恿下，敦煌文物被奸商恶霸作为捐官致富的工具。有一个时期，流散在敦煌民间的文书、写经有过以尺寸、以行字来零星估售的行市。新中国成立后，由于人民政府一系列新的文物政策、法令的颁布，由于广大人民群众对于文物有了新的认识，不少敦煌农民和商人把家中祖传的一些零散文物主动送到我们敦煌文物研究所来。敦煌县城有一位中药店的店主刘掌柜，主动把菩萨绢画无代价地捐献给研究所收藏。

数年来，敦煌文物研究所收藏了大量文物，其中汉文遗书三百六十余件，还有大量藏文、梵文、回鹘文的卷子和残片。有古代木制回鹘文活字五个。这是新中国成立前，我和窦占彪等在清理北区洞窟时，在第 465 窟内回鹘文残片堆中找出来的。还有在1963 年进行的莫高窟加固工程中，在南区第 130 窟北侧岩壁沙层中发现的，以及 130 窟壁画加固时在"南大像"南侧岩壁小孔中发现的丝织物，如唐代幡幀和太和年间东阳王供奉的彩色刺绣，以及唐代佛像"雕版佛像"等。有汉代玉门关出土的"敦煌长史"泥封印和有年代题记的汉简，这是曾经任过酒泉统领的周统领1946 年作价让给研究所的。中央文化部文物局从海外收购的《景云二年(711)左骁骑尉张君义等 263 人加勋敕文》，1961 年王冶秋局长同意从文物局调给研究所。另外敦煌莫高窟上寺易昌恕老喇嘛收藏的藏经洞出土的一幅唐代白描菩萨绢画(画上并附有于右任的题字)，也捐献给研究所。我还把我在敦煌县城的保长处以 35 元白洋购买的唐人李翰写《蒙求》捐给研究所，这是一本国内仅有的蝴蝶装文书。

　　1950 年，西北军政委员会接管敦煌艺术研究所，1951 年元旦起归属社会文化事业管理局管理，更名为敦煌文物研究所。自此以后，社会文化事业管理局每年固定给研究所拨保护维修费，有计划地逐年进行一般地零星修缮。除此之外，我们也根据洞窟残损情况进行专项抢修工程，并逐年积累资料，为永久性加固工程作准备。

　　1953 年，我们在清理洞窟中，发现第 53 窟内北壁五代风格壁画下部漫漶并出现裂痕。这个洞窟在岩壁的下层，距现今地面四五米以下；当然，在唐、五代建造时位置并不低，由于河床淤积，致使河床路面增高，使这个洞处在了地面以下。窟内阴湿，在北壁东侧裂痕下有土坯堵塞的痕迹。我们取下一块土坯进行试探时，发现里面有一个密室。我们即召集了全所的业务人员一起来,希望发现一个藏满写经文物的密室。因为53窟小密室的位置、情况都与1900年发现大量文物的16窟北壁的17窟藏经洞一样,窟口用土坯砌起,上涂泥作画。大家心情都十分激动。打开看时,里面是一个大约两米见方的小洞窟,东西壁各有板架两层,板架上还留有唐人写经碎片及粗陶制的调色碟子两只。地面上扣了一口大锅,锅内并无什物。西壁北边墙壁上用焦墨直书"广顺叁年藏内记"七个字,笔画遒劲有力,类似石窟出土五代人写经卷文书体式。从洞窟布置情况看,此窟似为当时的库房或藏经洞。这个洞窟我们编号第469窟,处在第53窟内北壁的位置,和第17窟藏经洞在第16窟甬道北壁的位置相同。它们都在距窟内地面二尺许的地方。16窟和53窟都是在晚唐、五代时修建的,可能当时修藏经洞已成为风气。按广顺三年(953)是五代后周太祖年号,这个年号既是第469窟的修建时代,也是第53窟的修建时代。莫高窟石窟群有五代纪年的洞窟还有:

第468窟——后梁开平元年(907)

第84窟——后梁贞明五年(919)

第401窟——后梁龙德二年(921)

第387窟——后唐清泰元年(939)

第412窟——后晋天福年间(936—945)

第123、124、125三窟——后周广顺三年(953)

这是我们从第469窟题记和壁画内容等排比推测出来的结果。以此作为尺度进行类推,从北魏、西魏、隋唐、五代、宋等各时代洞窟近似的内在联系来确定莫高窟492个洞窟的年代。因此一个有绝对年代题记的发现为我们研究石窟纪年历史提供了十分重要的旁记资料。

兰新铁路开通后,铁道部经常有人来莫高窟参观。借此机会,我向有关专家和领导提出帮助我们进一步勘察地质情况,以利加固洞窟和进一步弄清地下埋藏情况的要求。1958年,铁道部设计院勘测队无偿对莫高窟从南到北进行了底层的电测和地形测量。莫高窟的测绘工作是在1944—1945年由测绘师陈延儒作的,绘制了洞窟外貌全图以及全部洞窟的平面剖面测绘图。在1958年,铁道部设计院帮助我们做了石窟立面平面详细的测量图,探查了这个密如蜂房、久经沧桑的古老石窟及岩层情况,以及风化沉降而产生的水平和垂直裂缝的险象的观测,找出了石窟群存在的病害。

为了进一步推进保护工作,我在1962年初向中央文化部写了一个关于如何加强保护石窟群的报告,提出进一步保护壁画、彩塑,防止石窟岩层上鸣沙山向前移动危及石窟的问题,并对石窟岩壁坍塌、在密布如蜂房般的岩壁上存在纵向裂缝、横向裂缝以及平面裂缝等危及石窟寿命的问题,作了详细报告。这个报告受到中央重视,是年8月间,中央文化部派了一个由徐平羽副部长为首的工作组,包括治沙、地质、古代建筑、考古、美术以及出版社、电影制片厂、铁道部设计院等等各方面专家十余人组成的敦煌工作组来莫高窟进行现场考察。工作组于8月29日到所后即开始工作,在进行洞窟考察的同时,听取汇报和分组讨论研究。现场工作进行了15天,解决了机械固沙的问题;对残破塑像、壁画修补复原进行了试验研究;对第130窟修补壁画的工作进行了检查;提出了关于抢修石窟群地质危险部分的处理和出版有关莫高窟全集及研究资料的建议;拟出了大型彩色纪录片的编写提纲。专家们在莫高窟工作期间,研究所组织了研讨活动,请专家们作了有关《石窟艺术的特点和价值》《壁画和彩塑的保护问题》《关于莫高窟治沙问题》《敦煌莫高窟地质情况及全面抢修工程》等专题报告。中央工作组的工作,不但解决了石窟艺术保护和抢修加固工程的实际问题,也推动了石窟艺术的理论研究,对莫高窟的工作起到帮助和促进作用。修复破损洞窟需要大量资金，当时国家经济困难，只能先抢修最危险的部分，然后一步步推进。原计划第一期工程用款为 5 万元，但实际上完成需要 15 万元，因此我们打报告报了 15 万元，对这么一笔巨款的申报，中央工作组回到北京在国务会议上汇报以后，立即得到周恩来总理的同意并批准拨专款进行全面维修。莫高窟工程不是一般民建工程，有隧道、有支撑，还有地基、墙体等复杂结构，因此，中央决定由铁道部承担莫高窟全面抢修加固工程的设计和施工任务。

从 1963 年开春起，铁道部为了搞好这一工作，在他们系统内从全国各地调请了一百多位富有实践经验的桥梁、隧道工程的工人和专家、工程师等，就如何对这一古代艺术宝库进行全面的抢修，从而达到加固岩壁、保证石窟安全，同时还要照顾建筑艺术的形式与石窟的和谐问题共同商讨。这一问题早在 1952 年，中央文化部就曾制定全面加固莫高窟石窟群工程的计划。当时古建专家们认为这一民族艺术宝库经过魏、隋、唐、五代、宋、元千数年不断地修建，各具不同时代的风格，应当保持各种不同的风格。也有人主张全部做唐代窟檐，也有人主张用一个巨型大建筑将莫高窟整个笼罩。当时专家们议论纷纷，莫衷一是，最后，全面维修石窟的工作还是被搁置下来了。现在既属全面抢修工程，以加固为主，经过再三反复讨论，决定莫高窟加固工程的艺术形式的原则，既排除单纯强调复古的建筑形式，又纠正了片面要求工程质量而忽略了艺术形式和文物保护宗旨的做法，要求"在保证石窟的安全条件下，适当照顾艺术形式，尽可能保存洞窟原来面貌，最好能做到尽量隐蔽，使之达到'有若无'的程度"。由铁道部第一设计院勘察设计提出施工方案，铁道部第一工程局进行施工，用钢筋混凝土、预制大梁，浇铸悬臂梁和花岗岩石块大面积砌体，用支顶和推挡的办法。工程自 1963 年开始采用分段分期施工，至

1966 年，工程共计进行三期，范围包括石窟群的南北两区，侧重在南区，总共计 4040 米的长廊中，加固了 195 个石窟，制作了七千多平方米的挡墙砌体和梁柱，对 363 米的岩壁作了彻底的加固。这是一次史无前例的莫高窟全面加固工程，耗资 99 万元。其作用不但对洞窟本身结构起到经久的加固作用，同时，按照需要在有些地方加长甬道，更新风化了的岩壁，彻底解决了石窟艺术经常遭受风沙、雨雪和日照危害的问题，并安全牢固地解决了四百多个洞窟上、下三、四层之间的往来通道。修筑的钢筋混凝土和花岗岩砌体，扎扎实实地代替了唐代文献上记载着的"虚栏"。

如今，当我在巍峨雄壮的虚栏栈道上巡视观览时，不由得回忆起新中国成立前初到莫高窟最高层第 196 窟时，因没有通道可上，只好架设"蜈蚣梯"上去，从山顶悬绳捆住腰，吊在距地面三十多米的高空中，从山顶上双脚悬空往下溜。后来我们在没有钱、没有人力的情况下，自己捡拾窟前的树枝，一筐筐沙土，一块块土坯，拼拼凑凑修建了简易的栈道、土墙，进洞子是连爬带跳，一脚高，一脚低地从危栏断桥上匍匐前进。想到这些，不由得热泪盈眶，深切地感到，只有共产党和毛主席的领导，才能有敦煌的新生，才能有我们幸福的今天。

四　大规模的临摹与研究

自 1951 年敦煌文物研究所作为中央文化教育委员会社会文化事业管理局的直属机构以后，研究所的工作，不论在人力、物力、财力上都得到了加强，同时在工作和学习上也能及时得到中央方针政策的指引。通过学习中央政策，我们明确了对文化遗产的保护工作是我国今后经常性的文化建设工作之一，消除了一些人那种认为保护敦煌文物是维护封建迷信的顾虑和错误认识。

中央文化部曾指示我们："保护工作，首先应明确认识，保护敦煌石窟艺术不使其受到任何损坏是一项重要的政治任务。研究工作，必须从现有条件出发，有计划地逐步展开。同时必须与研究所的具体任务，特别是临摹工作密切结合进行。要重点临摹，全面拍照。临摹是研究工作的基础，也是研究所的基本工作，艺术的发展不能离开传统，临摹就是通过艺术实践，深刻地学习和体会艺术的传统。对于临摹者，临摹的过程就是研究和锻炼的过程，是发扬和发展传统的准备和手段。对于散处在全国的美术工作者，临摹就是他们学习艺术遗产、推陈出新的依据。因此，有计划有重点的临摹必须坚持下去……今后应在研究分析的基础上，有重点地进行临摹，临摹的主要对象，应该是足以代表各时代的、具有优美的艺术形式和丰富的内容的作品。"这样，临摹工作被提到议事日程上来了。临摹工作，在新中国成立前我已做了一些，那时注重全面临摹。由于那时研究所处于无人过问的困境，物资、器材、经费都很缺乏，临摹工作受到很大的限制，除少数代表性作品外，一般都采取缩小比例的方法。有的缩小到原作品的1/2甚至1/4临摹，有的则只临摹立体部分，有的专题临摹仅从整幅壁画中裁取部分，如飞天、交通运输舟车、动物、山水、服饰、人物、供养人、藻井图案、莲座图案、边饰图案、头光图案等等。在1951年首都举办"敦煌文物展览"时，有不少观众和专业人员经常提出疑问，这些优美的飞天和图案究竟在壁画的什么地方，占多少位置，在飞天旁边还有什么等等。有些专家学者还需要知道全面情况以供研究，并希望看到原大原色的临摹作品。现在万事俱备，更来东风。党和国家不但为我们提供物质条件，又给我们下达具体要求，要对莫高窟的重要作品作原大原色的客观临摹，而且还要作记录性的全面摄影。我们都为此而兴高采烈。

为了提高临摹工作质量，我们美术工作者不仅要研究掌握这些壁画艺术的技法，如壁画创作程序、用笔、用色、人物的描绘、建筑、树木和山水的布局，而且还要研究熟悉作品的主要内容、时代背景等。这就需要学习、研究有关的美术史、佛教史、图像学、哲学、社会学、历史等专业知识。在上级领导的大力支持下，我们在很短时期内从国内外购置了一大批图书资料，成立了一个初具规模的图书资料室。以后通过不断和国内外进行资料交换，到1966年"文化大革命"以前，我们已拥有两万多册有关敦煌研究的专著和数以万计的摄影资料。中国科学院已故的竺可桢院长，还把散失在国外的敦煌遗书和文物复制成显微胶卷送给我们，丰富了我们的图书和资料。这些图片资料、遗书资料和书籍资料对我们的学习、研究工作和完成临摹任务起了很大的作用。

我们新中国成立前的临摹，由于种种困难，在无财力、缺器材的情况下，不得不采用那些劣质颜料，有的甚至是用红土、泥土经过自己的漂洗沉淀来代替的。有一个时期买不到矿物色的石青、石绿，只好用调和漆的颜料、染料来代替，因而这些临摹品放了许多年之后，不少已出现严重变色甚至褪色的现象。上级指示我们，一方面要加强对敦煌壁画至今颜色不褪不变的科学研究，同时，为了保证临摹品的质量，必要时应采用石青、石绿、朱砂、朱磦、贝粉、赤金等新中国成立前所不敢奢望的名贵材料。故宫博物院还支援了我们一批他们旧藏的矿物质颜料。地质队在探矿时，为我们找到了朱砂等贵重颜料。使我们难忘的是在西藏工作的周仁山同志，还特别组织人力开采了大箱大箱的原矿石供我们自己来研制颜色。为此，我们还添置了一套手工和电动两用的球磨机，以磨制矿物颜料。

1952年以后，我们集中所里有多年的临摹经验的李承仙、段文杰、史苇湘、欧阳琳等，开展整窟原大原色的临摹工作。从哪一个洞子开始呢？经过反复认真地讨论研究，大家认为 285 窟比较好。这个洞窟就是 1925 年美国人华尔纳第二次"光临"敦煌莫高窟，一心想把整窟壁画剥离去的那个洞窟。华尔纳在 1924 年美国哈佛大学得到福格博物馆（Fogg Museum）的资助，预先把化学药品铺在布上，在莫高窟五天功夫就粘去壁画二十多幅，毁坏了我国古代美术珍品。当地人民知道了华尔纳的无耻行径后，便一群一群地去责问地方官陆县长。是年莫高窟庙会时，又一群一群地去诘责王道士。陆县长卸了任，走到新店台子村，就被群众抓住，非要他取回被华尔纳剥去的壁画不可。陆县长派人赶到敦煌县城邀请来几位绅士调解，才勉强放他走。华尔纳第二次来敦煌的野心更大了。他的大喽罗翟荫率领人马到敦煌时，对当地长官说："此来是要剥离一部壁画……"当时北京大学派去监视华尔纳的陈万里先生在《西行日记》中写到：

> 翟荫君在肃州复新雇一周姓木匠，同人咸呼之为老周。老周前年曾随华尔纳、翟荫二君赴肃州黑城子及敦煌佣工数月。今日告我：华尔纳君在敦煌千佛洞勾留七日，予道士银七十两，作为布施。华以洋布和树胶粘去壁画二十余幅。

> 于 120 号 N 洞发现大魏大统四年及至五年画像题铭，翟荫君告我：在京时所计划剥离者，即系此洞！（注：伯希和120N 洞即今 285 窟）

1952 年，华尔纳因遭到敦煌人民的愤怒抗议，企图未能得逞，不得不鼠窜而回。

285 窟有大魏大统四年（538）、五年（539）题记，历史和艺术价值高，保存完好，是西魏时的代表洞窟。如果我们把这个洞窟的壁画全部按照原大临摹并装置起来展览，既可以让全中国人民及国际上热爱敦煌艺术的朋友们欣赏该窟壁画全貌，宣扬我们伟大祖国的艺术传统，同时又可揭露华尔纳之流盗窃敦煌文物的丑恶行径。这是新中国成立以来第一次接受党和国家交付的大型临摹任务，我们满怀激情地把它当成重大的政治任务来完成。经过六七名同志夜以继日地忘我劳动，历时两年之久，终于完成了第285窟整窟原大、原色、忠实性的临摹。这是5米见方复斗藻井窟，西壁开三龛并有2米高的塑像，共有327平方米的壁画。这个285窟整窟模型完成后，先后在北京故宫博物院、上海博物馆和日本东京、京都展出，受到广大观众的热烈欢迎和赞赏。这个大型整窟临摹品清晰逼真，被认为是壁画临摹工作中的空前巨作。

1954年，我们又集中全部美术工作人员进行一年之久的敦煌图案临摹。敦煌图案是敦煌石窟艺术重要的组成部分，是敦煌艺术中一束鲜艳美丽的花朵，是石窟建筑、壁画、彩塑三方面共有的装饰纹样，主要分布在石窟顶部和平棋式的天花装饰，其次是佛龛上部的龛楣，佛、菩萨头部的圆光，身后的背光以及壁画边缘的部分。敦煌图案，是古代艺术匠师们高度智慧和创造才能的结晶。从这一侧面，不但可以反映出当时的时代色彩，而且可以看出一脉相传的民族形式与作风，为我们提供了重要的借鉴资料。

1955年，我们又集中全部美术工作人员对莫高窟各时代代表作进行原大、原色、忠实的临摹。我参加临摹第217窟盛唐壁画幻城喻品。

1956年至1957年两年中，我们集中全部人力对安西榆林窟壁画进行临摹。安西榆林窟又名万佛峡，与敦煌莫高窟同为我国西北地区重要石窟，1962年列为国家级保护单位。榆林窟在敦煌石窟的东面，安西县城西南150公里的峡谷中，洞窟开凿在榆林河峡谷的东西两岸相距约一百余米。其开凿年代因无文献可考，根据其洞窟形制和现存壁画风格与敦煌莫高窟相比较，时代大体可定为唐、五代、宋、西夏、元、清代，前后计八百余年。石窟有东岩 30 窟,西岩 11 窟,共计 41 个窟。我们重点临摹了第 25 窟整窟,仍是原大原色忠实的临摹。这个洞窟没有修建年代的题记,只在前室东壁门南有"光化三年(900)十二月二十二日悬泉长失奢乞达宁⋯⋯巡礼圣迹"的游人题记。按照这个洞窟壁画内容及风格推断,可能建于天宝—大历之间,约为 8 世纪中期。这是榆林窟唐代杰出的作品,也是我国现存唐代壁画中的代表作品之一。无论在组织结构上、表现技法上、线描、赋彩、人物形象的描绘上,壁画都显示了高度的精致和纯熟,体现了唐代丰腴健康、绚烂富丽的时代风格。尤其线描遒劲、流畅、富有变化,颇有"吴家样"的风趣。这个整窟的临摹作品先后在北京故宫博物院和上海博物馆展出。这两年,我们在榆林窟还临摹了唐、五代、宋、西夏、元各代壁画计六十余幅。

在这以后的几年中,我们又集中临摹了敦煌人物服饰。这是有计划、有选择地搜集敦煌壁画中各时代的供养人和佛经故事中人物服饰资料,有当时的统治者帝王、贵族的服饰,也有一般人的服饰。这些服饰资料中,有一部分根据壁画题记,不但有明确的年代可考,而且还因为供养人结衔的名称,可以分辨出不同时代各种不同官职和阶层人物的服饰礼制。它们与历代文献及舆服志所载资料可以相互印证,对于我们现今科学地研究物质文化史,创作历史画、电影、戏剧、舞蹈等提供了宝贵的资料。

60 年代初期,我们继续作整窟原大原色的忠实临摹,相继进行的有第 249 窟西魏窟、第 220 窟、贞观十六年(642)题记的初唐窟以及飞天、舞乐的专题临摹。敦煌飞天,又名香音神,是能奏乐,尚飞舞,满身香馥的美丽的菩萨,是敦煌石窟艺术采用最广泛的题材,从北魏到元代一千余年的壁画中,不论经变、故事画、说法图及藻井、平棋图案、龛楣、边饰、头光、背光等地方,都绘制了各种不同姿态的飞天。她们翱翔于彩云之中,载歌载舞,在楼台殿亭间穿梭飞舞。她们生动、健美、活泼的风姿是现实主义与浪漫主义的结晶，至今仍使我们喜爱。飞天舞乐形象还对研究我国舞蹈、音乐、戏剧等艺术历史具有重要的参考价值。

临摹古画，是中国民族绘画传统中一项不可缺少的课题。临摹不但要求客观地再现作品的形态与色彩，更重要的是在于展示出作品的神态、笔墨气韵。宋代著名画家米芾（1051—1107）曾说过画可临可摹。他把"临"和"摹"作为两种技术方法分开解释。他认为，"摹"画在于外表的效果，而"临"画则需要通过理解绘画的神态和笔墨气韵。临摹就是力求把一幅绘画作品从"形似"到"神似"都忠实地再现出来。

大家都知道，印度阿旃陀壁画的临摹工作是由英国女画家海林岗于1896年至1897年进行的。当时海氏和她的几个助手，用了两年的光阴一共临摹了百余幅阿旃陀壁画，使得这个埋没在特干高原的古代印度绘画艺术公诸于世，在伦敦举行了一次轰动全英国的阿旃陀壁画临摹展览会。但这些摹本是用英国传统素描勾勒和水彩烘染的技法表达的，很难体现出印度东方壁画那种厚朴生动的特点。可惜这些摹本竟在一场意外火灾中全部化为灰烬了。

日本奈良法隆寺的金堂壁画，由名画家入江波光、桥本明治、中村宏陵等二十余人用10年时间精心完成了临摹工作。当时为了保证质量，规定每人每天完成一平方寸的面积。他们的临摹堪称是细致入微的一种科学文献性的记录工作。不幸的是，在1949年初的一次漏电引起的火灾中，金堂壁画全部烧毁。现在，幸亏有那些摹本代替了壁画真迹，成为存世"孤本"，被日本奉上国宝地位。

敦煌石窟艺术的临摹工作，从1943年开始，已经有三十多年的历史了。但新中国成立前的7年，由于人力设备等条件的限制,规模和收获都不甚大,只有新中国成立后的二十多年,才大规模地开展起来,取得了显著的成绩。我们前后临摹了北魏、隋、唐、五代、宋、西夏、元等各时代的壁画代表作品,共计一千三百余平方米。

我们就是选用这些摹本,在前后大约三十次的国内外举办的敦煌艺术展览会中展出,其中除若干幅整窟原大的摹本外,还有近二千幅各个时代的代表性作品和各种专题的集锦。通过这些摹本的展出,客观地体现了自公元 4 世纪到 14 世纪这一千余年间,敦煌艺术的主题内容、时代与艺术风格方面的发展演变情况。这些摹本,为我国社会主义文艺创作提供了借鉴,同时,也使国际友人看到,虽然斯坦因、伯希和、华尔纳、柯斯洛夫、橘瑞超等盗窃了敦煌部分文物,但敦煌石窟留存下来的艺术遗产正受到共产党和人民政府的保护和重视。

为了改善职工的工作和生活条件,1954 年,中央文化部还拨给我们专款购置了一台 15 千瓦的发电机和一部电影放映机,配备了一个卫生员并办起了托儿所,购置了儿童生活用品和玩具。文化部还拨了一辆带拖斗的吉普车,购置了摄影器材并从北京调来专职的摄影工作人员,从敦煌县城到莫高窟之间架设了电话专线。新的工作和生活条件的创设和改善,是党和人民政府对长年累月在戈壁滩上从事石窟研究和保护工作人员的关心和支持。回想我在 1942 年初来敦煌莫高窟时,为了解决城乡交通,好不容易买了一辆别人不要的大木轮老牛破车。第一次我坐着这辆牛车自敦煌县城出发,车里装了粮食和铺盖,加上又是上坡路,老牛车走几步停一停,从下午 6 时一直走到第二天上午 9 点钟才到莫高窟。1948 年,李承仙为了完成第 61 窟 13.3 米长、5 米高的五台山全图壁画临摹,在 4 米高的由桌椅板凳捆起来的架子上工作。这个洞窟在石窟群的底层,从甬道到洞窟壁画墙面有 20 米距离,光线阴暗,窟内寒冷。她在窟内支撑一大块白布,靠反射光来解决光源问题,有时没有阳光反射,就用煤油灯,一手执灯,一手作画。1948年至1949年,她完成了74平方米的五台山全图壁画的临摹。这些历历在目的情景使我思绪万千,有时激动得流下泪来。记得千佛洞正式发电的那天是1954年10月25日。我在日记中写道:发电机运到后,经过几个月紧张的外线立杆和内部电灯的装置,发电机在千佛洞正式发电放光的不可思议的日子终于到来了! 为赶工作,也是为了"尝新",长年艰苦地在黑洞子中摸索的美术组同志尤其兴奋,急不可待地早早坐在洞窟中新装好的日光灯下守候着,听着发电机的动静,等待光明的到来。当我在洞窟内外奔走时,自己也感到内心就像当年安迪生发明电灯那样急待闪烁火光的产生。对于我们在沙漠洞窟中的人来说,有时生活的嘲弄好像隔世似地变得那样可笑。

怀着这种心情,美术组全体同志,自愿在新装好电灯的洞窟中,做有史以来未曾有过的、破天荒的夜间加班工作。提前吃了晚饭,大家都在洞窟中新安装好的电灯下守候着。电工规定下午6时发电。在这之前,千佛洞是那样寂静。好容易等到时间了,自远而近,隆隆的发动机声划破沙漠寂静。忽然,从中寺经过古汉桥,所有的电灯同时发放出晶亮的光芒,使千余年的石窟内壁画和彩塑散发出从未有过的灿烂的光辉! 在这莫高窟具有历史意义的时刻,我激动地从这个洞子跑到那个洞子。在有灯光的洞窟,我都停下来看看色彩斑斓的壁画,还要看一看模糊不清的漫漶的壁画题记。最后,我走进一个照耀得如白昼的洞窟中,看望一位在高架上临摹的女同志。她手中拿着笔,正激动地望着微微有些闪烁的日光灯管。我注意到她那双因长期在暗黑的洞中工作而损坏的眼睛,此时被强烈的灯光所照耀,有些张不开地望着我,两眼在闪动。我迎着她的目光问:"好吗? 这个电灯?"久久没有听到她的回答,只见在她微笑的脸上挂着两行泪水。这是幸福与激动的泪水。

我来到第 17 窟,那个被盗的藏经洞。这里也被一只 100 瓦的电灯照得满堂通明。我要亲眼看看,这个半世纪以来历经劫难的"石宝"纤毫毕露,空无所有的真实景象。这一切,都是过去昏暗的油灯下所见不到的。北壁上那两幅唐代供奉仕女画像在强烈灯光下显得更加艳丽多姿,呼之欲出。我审视良久,她们从石窟创建那一天起,就寸步不离地守卫在这里。她们是这里一切变迁的目睹者,也是石窟惨痛历史的见证人。

宋仁宗景祐二年,三万多件珍贵文物秘密地在这里珍藏起来。从此,它们安静地度过了千年。光绪二十六年五月二十六日,一个寄宿在千佛洞的游方道人王圆箓在引水冲沙时,无意中把水冲进了 16 窟甬道中,使甬道北壁密室封墙处裂开了一道缝隙。王圆箓用芨芨草从缝中插进去试探,终于发现了这个秘密。于是,他打开破壁,发现了通往现编号第 17 窟的秘密的小板门。打开板门,看到了从地面一直堆到洞顶的一卷卷粗布包扎的包裹。他取出一包打开,发现了佛经、文书、画幡等珍贵古藏。至此,这个沉睡了千年的宝库终于被惊醒了,一场空前的浩劫向它袭来。

开始,王圆箓因为有所顾忌,不敢声张,随即把这个秘密报告了当时的清朝县长。那位不学无术,但却狂妄自大的县太爷竟以古人书法不如他为辞,命王不必大惊小怪,仍将洞封闭了事。王圆箓不死心,又悄悄写了一个草单,"上禀当朝天恩活佛慈禧太后",报功请赏。但这正是八国联军大肆在北京烧杀抢掠,清王朝惶惶不可终日的垂亡关头,丧权辱国的那拉氏忙于对外媚降,对内镇压,其余则是荒淫无耻地尽情享乐,哪里管什么"古物密藏"的区区小事。

　　王圆箓在无人过问的情况下,成了这座稀世宝库的主人。他开始是少量地盗出奉送给来参观的官僚、地主、绅士,后来这些文物辗转互送,传到英国驻新疆领事的手中。1906 年,到新疆做地理勘察的英国斯坦因探听到这个秘密。他于翌年 3 月,和雇佣的蒋孝琬窜到千佛洞,贿通了王圆箓,于是一次便盗走了经卷文书九千余卷,连同木本刻印图佛画等,共装满 24 箱,此外,还有唐人绘画和织绣的绘画 50 箱盗运国外。还是这个盗窃敦煌文物的罪魁祸首,1914 年第二次窜到敦煌,又盗走五百多卷写经。这两次,他共计盗走丝绢、织造、绣像等一百五十余幅,绢本及纸本绘画五百余幅,图书、经卷、写本、木刻印本等六千五百余件。其中有年代题记的三百八十余件,是上起北魏天赐三年(406),下至北宋至道元年(995)的文物珍品。接着各帝国主义分子垂涎相沓而至,如法国的伯希和、俄罗斯的柯斯洛夫、日本的橘瑞超等,都以卑鄙的手段盗走大批文物。等到昏庸的清政府发现时,已经仅剩残余经文八千余件,这才命陕甘总督把它送到北京。

　　从悲愤的往事中醒来,我看到这两个历史的见证人在灯光下露出动人的微笑,仿佛她们在庆幸这样的劫运已经永不复返了,明亮的灯光驱散了陪伴她们的漫长黑暗,给她们带来了光明。这是多么令人动心的幸福的微笑啊,这是足以与世界名画《蒙娜丽莎》比美的另一种具有东方风格的"永恒的微笑"! 我拿出速写本,即兴把她们这幅"永恒的微笑"勾勒出来,记下这幸福的一瞬间。

　　敦煌艺术的临摹工作,是保护文物的一项手段,也是分析研究古代艺术发展演变的重要实践。多年来,我们在进行临摹的同时开展了研究工作,收到很好的效果。通过临摹及对壁画中人物、建筑、山水、花鸟等的描绘、着色、勾勒、烘染、布局等技法、过程的分析和研究,看出这些壁画的无名作者在封建统治者的奴役压迫之下,运用他们的智慧才能,突破宗教和佛经题材的种种清规戒律,在民族绘画传统的基础上,吸收外来营养,创作出新颖的风格。他们的作品,既富于时代特点,又有现实生活的浓郁气息;既表达了作者对邪恶的批判,又展现了对美好事物的无限憧憬。这些作品在千年后的今天,仍然展现着无限的魅力。

从50年代末到60年代初,全国各地的大专院校陆续为我们研究所输送了一批大专毕业生,充实了我们的业务技术力量。他们与多年工作富有经验的同志们一道,共同对这个浩如烟海的古代艺术宝库进行认真的探索和研究,使工作更顺利、快步地向前迈进!

敦煌早期艺术多出自五胡十六国拓跋族画工之手。他们粗犷放达而又富于汉画传统的生动笔触,和那吸取来自犍陀罗的佛像菩萨、飞天的艺术造型,带有域外袒胸露臂的风尚。发展到隋代,壁画的人物线描已趋向细致圆润,一改早期的粗犷之风。正如中国画史所说,隋代画家展子虔的人物描法甚细,遂以色浑开,这种甚细的描法在敦煌壁画中得到印证。隋代短暂的王朝,在敦煌却开凿了大量石窟,在壁画和彩塑上,不惜采用大量的赤金、白银、石青、石绿、朱砂、朱磦等贵重颜料。到了唐宋元各代,敦煌壁画的民族绘画传统进一步显示了中原民族绘画传统的特点。

敦煌艺术是中国美术史的一部分。中国古代美术史,各代只见诸一些零散的文字材料,而作品实物留传较少。敦煌艺术可以说是稀世的伟大艺术遗存,它是宗教艺术,但也是民族、民间艺术。虽然有人至今仍否定它是正统的中国民族传统,但从中国绘画史和近代出土的汉唐墓室壁画作品来看,便不能不承认敦煌艺术是4世纪到14世纪一脉相承的民族艺术传统的杰作。敦煌壁画就其制作技术、制作方法而言,与宫廷的卷轴画有所不同,但其绘画技法还是民族风格的产物。这是一座包涵从北魏到元代一

千多年的丰富多彩的有 4.5 万多平方米的壁画，二千多身塑像的
492 个洞窟的沙漠里的画廊宝库。它系统而完整地填补了 4 世
纪以后 14 世纪以前这一段时期散失了的历史名画真迹。它本身
堪称中国中世纪的美术史。由于它的存在，我们可以上接汉代出
土墓室的壁画，下连永乐宫、法海寺等地的明代清代绘画，一直和
近代衔接起来。这样，通过敦煌这串灿烂的艺术明珠，串连成一
部完整的以绘画为主的中国美术史，这对我国今天的艺术发展具
有重大的意义。

　　临摹工作是我们的一项重要工作，但不是我们工作的唯一目
的。为了使我们所的大多数研究人员除临摹外，还具备一定的研
究能力，从 1954 年起，我要求每个从事临摹工作的研究者，结合
自己的临摹，开展专题研究，看书，查资料，写研究文章。通过两
年多的努力，十多个同志分别结合自己的临摹范围写出了相应的
研究论文，我也集中了一年多的时间对每一篇研究文章进行修改
补充。这些同志是第一次搞研究写文章，通过完成这一阶段的研
究任务，得到了锻炼，认识到了研究与临摹之间的相互关系，也使
大家加深了对所临摹壁画内容的认识和理解，进一步提高了临摹
的水平。1957 年，这批研究成果由北京人民美术出版社以"敦煌
艺术小丛书"的形式出版。它们是：李承仙的晋魏和五代各一本，
霍熙亮隋代一本，李其琼初唐一本，段文杰的盛唐、中唐、榆林窟
各一本，关友惠的晚唐一本，冯仲年的宋代一本，万庚育的西夏和
元一本，孙纪元的彩塑一本，欧阳琳的图案一本，共完成 12 本。
另有孙儒僩的建筑一本未能完成。

　　这次研究工作开了一个好头。从此，许多同志进入了临摹与
研究结合的时期，有的逐渐转入以研究为主的轨道，为更深更全
面的研究打下了坚实的基础。

　　研究工作不是为研究古代而研究。多年的实践经验使我们

注意到,对敦煌石窟历史、存在情况、艺术题材、建筑、石窟档案等等全面资料的调查搜集及整理统计工作,是研究所工作的基础。我们要逐步有计划地搜集、整理加以出版,介绍出来成为大家的东西,能使大家看到,让更多的人来研究。1957年,在国家文物局郑振铎先生的计划安排下,我们开始计划编辑一套全面反映介绍敦煌的大型画册《敦煌图录》,预计达120卷,远远超过日本编辑出版的《云岗石窟》画册。《敦煌图录》将属于敦煌系统的莫高窟、西千佛洞、榆林窟全部窟龛,按时代完整地编辑出版,重要代表性窟或大型窟单编册,一般均以代表窟为中心,照顾窟面关系,成组编辑出版。1958年,组成了《敦煌图录》编委会,编委会成员有夏鼐、翦伯赞、向达、张珩、梁思成、赵万里、吴作人、王朝闻、谢稚柳、史岩、宿白、叶浅予、常书鸿、金维诺、王冶秋、刘敦桢、周一良、夏衍、王天木、赵正之等。经编委会商定,文字部分,拟请郭沫若撰写总的叙论,夏鼐负责撰写历史考古部分,周一良负责撰写佛教历史部分,王朝闻负责撰写美术总评价,常书鸿负责写沿革状况部分。《图录》拟出六开本,每本约有图版200页。后来由于各种原因没能实现原先的计划。

石窟艺术,主要是佛教艺术。在研究工作中,我逐渐意识到,研究宗教和艺术,都离不开对佛教艺术的研究。因此,1958年5月,我致函中国佛教协会赵朴初先生,倡议创刊《中国佛教艺术》杂志。6月收到赵朴初先生复函。1958年12月26日赵朴初先生又在复函中写道:"佛教传入我国以后,对我国艺术发生了巨大的影响,大教所云,我们非常同意。由于我国佛教界在解放之前,局限在宗教活动范围以内,对于佛教艺术很少注意……解放以来,佛教艺术宝库得到党和政府无微不至的保护,又得到先生等许多著名的艺术家亲自参加保护和研究工作,可以说是我国佛教艺术从来不曾有过的幸运,我们非常敬佩与感谢。关于出版《中国佛教艺术》刊物的问题,我们接受先生的建议,拟于明年起试办。"为此,我拟撰了发刊计划草案。发刊的目的是要向国外介绍中国各地丰富而优美的佛教艺术遗产,以促进这方面的研究和交流。经商定,拟请赵朴初、常书鸿、周叔迦、巨赞、郭朋、吴作人、金维诺、常任侠、赵万里、曾毅公、阎文儒、王去非、温庭宽、石鸣珂等14人组成编辑委员会,杂志暂不定期出刊,16开本,图文相半,文章内容约计五万字左右。但后来由于各种原因,计划搁浅了,杂志也没出。

在60年代初,我们经过二十多年搜集、整理,完成了《敦煌莫高窟供养人画像题识》《敦煌莫高窟石窟总录》的编辑任务。1966年5月,正当《敦煌莫高窟供养人画像题识》清样由文物出版社排印出来,准备开机投入大量印刷时,适逢"文化大革命"风暴来临,致使这一部考查敦煌历史的重要资料未能出版。此外,我们编辑完成并与出版社约定的书有:由文物出版社出版的《敦煌莫高窟石窟总录》和《敦煌莫高窟全集(试行本)北魏第248窟》大型图录一册,由上海人民美术出版社出版的《敦煌壁画艺术》(综合性代表作品选集)大型图录一本,它的姐妹本《敦煌彩塑》由文物出版社出版,并准备拍摄一部旨在介绍敦煌艺术的大型彩色纪录片,由新闻电影制片厂的编导何钟幸同志和我合作编写了剧本《敦煌曲》。除此之外,我们还集中了所中业务人员撰写了二十多篇论文。我们期望在新中国成立17周年,也就是莫高窟建窟1600年的时候,对我们的保护、研究等工作来一个大检阅,并以此来更进一步地促进我们的各项工作。纪念莫高窟建窟1600周年,我们为此制定了一个详细计划,准备于1966年9月25日至30日的一周时间,召开纪念会和开展各项学术研讨。专题研讨座谈的主题确定了十个方面:一、石窟加固工程;二、壁画加固试验;三、塑像修复;四、石窟档案工作;五、临摹工作;六、窟前遗址发掘工作;

七、石窟测绘工作；八、关于推陈出新工作的介绍；九、题记内容整理工作；十、其他。除学术研讨会外，还计划举办展览，以及编辑出版介绍敦煌的一系列出版物。

敦煌是我国民族艺术宝库，理应成为培养全国民族艺术人才的圣地。特别是高等艺术院校中国画等专业学生的培养与教育，敦煌是一个非常重要的又是最好的大课堂。因此，我非常希望全国艺术院校师生前来学习和研究。1955 年，叶浅予、邓白、金浪等先生带着中央美术学院、浙江美术学院的一批学生，有刘勃舒、方增先、宋忠元、李振坚等前来临摹学习。先由我们研究所长期从事临摹的同志带他们一起临摹，然后他们自己独立临摹。两个月时间虽短，但同学们反映收获极大。我也看到了同学们在民族传统艺术的海洋中如承受雨露般的学习新东西。从而看到了中国艺术家成长的希望。1959 年，兰州艺术学院美术系师生前来临摹学习，并完成庆祝新中国成立 10 周年在历史博物馆展示敦煌壁画的临摹任务，我们给予了很好的支持和配合。用敦煌千佛洞这个大课堂培养学生是我一贯的心愿。1978 年恢复我所长职务后，1979 年我们与兰州西北师范大学美术系签定了毕业班来敦煌临摹两个月，第一个月由我们指导，第二个月放手让他们自己临摹的协议。为了支持学生的学习，我们还承担了他们来敦煌的一半路费。当时广州美院也希望能仿效这个办法组织学生前来学习，可惜这个工作在我离开后就停止了。

为了培养博物馆和石窟保护、研究人员，1960 年，我们还与甘肃省博物馆联合创办了专业人员的训练班。时间半年，为甘肃省各县、市培养了一批文物专业人员。现任甘肃省武威市文物局长党寿山就是该训练班毕业的。

在临摹、研究的同时，我们所的美术工作者从 1955 年开始，遵照毛主席关于推陈出新的文艺方针，边从事临摹边开始创作，深入生活,搜集素材。在这基础上,1959 年顺利完成北京人民大会堂甘肃厅壁画的创作任务。壁画共二幅,一幅是李承仙为主创作的《姑娘追》,一幅是霍熙亮为主创作的《猎归》,均受到好评。1961 年,李承仙还发表了《挤奶图》等作品,孙纪元创作的《瑞雪》雕塑,展出后获奖。

正当我们夜以继日、勤奋努力,希望早日对石窟全面抢修加固工程、敦煌塑像病害的修复试验等进行检阅时,"文化大革命"开始了,冲击了我们所设想和正在进行的一切。

10 年,像一场可怕的瘟疫,千百万人倒下了,有的再没有起来。

我现在不去回忆这不堪回首的"战斗洗礼"。因为要把这 10 年的感受写下来,将又是一册与本书同样字数的作品,还是留给后人去写吧! 总之,我的概括是:我是个幸存者,一个留下满身"纪念品"的幸存者。

1976 年,是中华民族历史上大悲大喜的一年,这一年,敬爱的毛主席、周总理、朱委员长离开了我们,人们痛不欲生;祸国殃民的"四人帮"垮台了,人们欢天喜地。

10 年风雨初霁,又是一个艳阳天。

我曾写过这样一句诗,表达我的心情:"十年冰霜花事尽,春风喜度玉门关。"中国古诗有"羌笛何须怨杨柳,春风不度玉门关"之句,用来形容大西北戈壁瀚海的荒凉。但我今天深深感到,吹遍中国大地的春风,同样激荡着玉门关外这神话般的沙海中的绿洲孤岛——敦煌莫高窟。

1977 年 9 月,兰州军区肖华政委和韩先楚司令乘直升飞机访问莫高窟。这给我们全体工作人员带来了莫大的喜悦和鼓舞。他们都是身经百战的名将,肖华同志还是一位有才华的诗人。他们参观石窟后,肖华同志挥笔写下了即兴诗句:"银鹰降临沙州城,'飞天'新装挥舞迎。莫高艺术扬中外,阳关春暖观光人。"
1979 年,方毅副总理、宋平书记、黄镇部长都相继来敦煌指导工
作,对我们的工作给予巨大的鼓励和鞭策。

1978 年恢复我所长职务后,我们又开始了一系列保护研究
工作。首先,为五卷本《敦煌莫高窟》选拍画面、彩塑,在文物出版
社的协助下,拍摄了 1500 幅照片。这是我和全体研究人员从莫
高窟的所有洞窟壁画和彩塑中精心选拍的,基本上代表了敦煌艺
术的精华部分。拍完以后,我们进行了分工,组织所里的所有业
务人员参与编辑和撰写工作。按照编辑计划,全书按时代分为五
卷,第一卷北凉、北魏、西魏、北周由我、李承仙、蒋毅明、李振甫负
责;第二卷隋代由霍熙亮、孙纪元负责;第三、四卷初唐、中唐、晚
唐由段文杰、史苇湘、李其琼、欧阳琳、关友惠负责;第五卷五代、
宋、西夏、元由万庚育、孙儒僴、李贞伯、刘玉权负责。专题论文由
樊锦诗、施萍婷、潘玉闪、李永宁、贺世哲、孙修身等负责插入五卷
本中。这种分工和研究工作,我专门写报告到文化局,为五卷本
的出版打下了基础。

方毅副总理来敦煌视察时,曾提出敦煌的开放和宣传介绍的
问题。于是我们在 1962 年在我和新闻电影制片厂何钟幸同志合
写的电影剧本《敦煌曲》的基础上,与上海科学教育制片厂联合拍
摄大型彩色纪录片《敦煌》,全面介绍敦煌的历史和现存遗迹,长
达 2 小时。徐肖冰同志来所,我们共同研究配合中央新闻电影制
片厂,选择有代表性的壁画、塑像、花砖皆完整的洞窟拍摄纪录
片。原计划一个一个洞拍,但拍了第 45 洞一个就暂停了。

为了保存资料和广为介绍,国家文物局文物处陈滋德处长、
新华社石少华同志和我所专业人员共同研究,我们和新华社携
手,采用自然光反射的方式于 1979 年夏又拍摄了数千张照片。
以往的拍摄大都采用电光源。这次我们用玻璃镜从洞外反射阳

光到洞内的锡箔纸板上,再反射到画面上,所拍照片,色相还原好,十分精美。这套照片至今仍保存在新华社国家照片资料档案馆中。

"文化大革命"后期,我在清扫洞窟。这样整天来往于各个洞窟担任清扫工作,对于仔细观察石窟壁画塑像却是非常难得的机会。在这期间,发现有些在我记忆中特别的洞窟,壁画正在变色,如 159、220、217、112 等窟。那些精美的壁画,颜色上好像蒙上薄纱甚至褪色,尤其是 159 窟西壁文殊、普贤,我初到敦煌看到的那精美颜色褪淡了,线条隐没了。220 窟的 1945 年刚从字画下剥离出来的那光彩的珠红、石药、石青等都似蒙上一层淡雾。另外还有许多洞窟也有类似情况,这里就不一一枚举了。

我向方毅副总理汇报了洞窟壁画变色的情况。我认为,在莫高窟 1600 年的岁月中,我这 40 年是非常短暂的。而在这 40 年中,我眼见莫高窟壁画发生如此大的变化,因此,保护壁画不再继续变色是一个刻不容缓的事情。我们应采取积极的措施,首先应了解壁画原来所用的颜色,再研究壁画变色的过程,进一步经过科学的论证,使壁画能复原到当年绘制时的光辉面目。方毅副总理认为,现今兰州科学院涂料研究所有条件开展此项研究。后来兰州科学院与敦煌文物研究所合作进行了此项研究,到我写这个回忆录的今天,兰州科学院涂料研究所已经过化验鉴定,莫高窟壁画用色有 21 种。这一可喜的开端为今后加强对壁画的保护,以及对壁画的复原研究工作是十分可贵的。

我在 1945 年曾将莫高窟全部洞窟分为:代表窟、一般窟、次等窟三种。经过"文革"后期我对洞窟的进一步观察,为了加强保护与研究工作,认为对莫高窟 492 个洞窟应进一步分级别。我带领李承仙、蒋一明同志等,对 492 个洞窟按照现存艺术价值和历史价值分为六类。

　　黄镇部长视察敦煌工作时,我向他汇报了 40 年来莫高窟洞窟壁画变化情况。我认为莫高窟洞内壁画的变化有自然的,但更大的是人为的原因。由于人流的增加,频繁进进出出的人造成了污染,因此,建议在第一类洞窟中,第 3 窟、第 220 窟、第 258 窟等七个洞窟急需特别加强保护,经过国家特许后,一般不对外开放。有的级别的洞窟仅对研究人员、专业人员开放。这种分级参观开放的方法,有利于莫高窟的保护,也得到了上级领导部门的认可和支持。

　　"飞天",佛经中称为"香音神"。她们在天国晴空中往来飞翔,奏乐和散花,是敦煌石窟庄严的佛教壁画中一个轻快美丽的形象。她本来是中国传统的佛教画中,用来刻画"极乐世界"中的一种象征和平幸福景象的,具有现实主义和浪漫主义相融合的色彩。她犹如西洋宗教画中的美丽天使,但没有翅膀,全凭衣带的飞扬,裙裾的曳动和身段的飘浮,显得如此逼真而动人。她使整个石窟产生"天衣飞扬,满壁风动"的效果,博得人们的喜爱。

　　今天的神州大地,到处都焕发着盎然春意。经过 10 年灾难的中国人民,此时对"飞天"更感到亲切。对"飞天"碧空轻舞、百花飘香、乐律萦绕的幸福美好生活又该是多么向往啊!

　　这一天即将来临,美丽的"飞天"正向我们招手!

　　时光在流逝,莫高窟的檐角铁马叮当声永远在我的心头鸣响。它给我一种紧迫感,仿佛在启示我:生命不息,跋涉不止。

　　(原载常书鸿:《九十春秋——敦煌五十年》,甘肃文化出版社1999 年版)

《新疆石窟艺术》绪论

　　新疆石窟艺术是我们中华民族珍贵的文化遗产。它是古代聚居我国新疆地区的各族劳动人民在固有的民族文化传统上接受外来影响之后开放出来的智慧的花朵,亦是汉唐时期沿着"丝绸之路"中国与印度、波斯、希腊、罗马各国人民在文化交流的关系中产生的丰硕的果实。通过这些艺术作品,我们不但可以摸索到约自公元第 3 世纪到 14 世纪的一千多年中,中国佛教艺术在创始和发展过程中演变的情况,而且充分证明了中国人民如何善于在民族艺术的优良传统上吸收和融化外来文化的因素从而丰富了艺术创作的园地。

　　这个现在属于我国新疆维吾尔自治区正在积极从事社会主义现代化建设的广大地域,在过去的时代曾经有许多由各民族组织成的部落部族性质的小国家。《后汉书》上记载着有三十六国,后来又分为五十五国。天山以北由游牧民族建立的行国暂且不论,只在天山以南塔里木盆地周围比较著名的大国就有于阗(现在的和阗)、龟兹(现在的库车)、疏勒(现在的喀什)和鄯善(现在的若羌)等国。当时这些地区的人民大都依靠大戈壁边缘的水草地耕种农田和放牧牲畜来过活。水草田的周围全为高山大岭所环绕,北面是天山,西面是帕米尔高原,南面是昆仑山和喀喇昆仑山。因为雨量稀少,被融化了的高山积雪的水流成为灌溉农田的主要水源,在戈壁滩上形成了一个个绿洲。特别是沿塔里木河畔及其支流两岸,都是黄土构成的农田,土地肥沃,对于谷物及瓜果的生产都很适宜；每当春光明媚的时节，田野上桃红柳绿，桑麻遍野，真有置身江南的感觉。两千多年来，聚居在此地的各族人民，都根据他们自己的习俗在生活和劳作着。但这些处在古代中西交通要道上的各个小国，在汉文化的基础上，在不同程度上也受到西方文化的影响。从今天在吐鲁番、库车、和阗等处发现的文物看来，古代通行在这里的除汉语外，还有于阗语、焉耆、龟兹语（即吐火罗语）、粟特语（即康居或窣利语）、印度梵语和回鹘语等。在宗教方面，佛教以外，还有景教（Nestorianism）、摩尼教（Manicheism）和祆教（Mazdeism）等。就是当 10 世纪末伊斯兰教传播到此地之后，佛教、景教、摩尼教等还同时是不同民族的信仰和崇拜的对象。从地上遗存和出土的其他文物考察，这里还有充分反映汉代特点的丝毛棉麻织物、陶器、货币以及在广泛吸收中外文化的基础上创造的具有西域独特风味的壁画、雕塑等艺术品。

要认识上述文化遗迹的历史，应该追溯到两千多年前的西汉时代。"汉兴至于孝武，事征四夷，广威德，而张骞始开西域之迹。"[①]建元二年（公元前 139 年），汉武帝派张骞出使西域的历史事迹是大家都知道的。出使的目的，是为了联合大月氏夹击匈奴，以解除来自西北方面对汉朝的威胁。《汉书·西域传》记载：大月氏"本居敦煌、祁连间"，是秦汉时期一个比较强大的部落联盟，并和匈奴为世仇。大约在西汉孝文帝后元四年（公元前 160 年）以后，大月氏受到匈奴的迫逐，西迁到伊犁河流域，然后又由伊犁河流域越葱岭，经瓦岗峪地，到达阿姆河以北广大地区。当时张骞奉命出使，就是要说服大月氏在消灭匈奴之后回归故地。但张骞没有走出甘肃河西走廊就为匈奴逻骑所虏，在匈奴被囚居

---

① 《汉书·西域传》。

了十几年之后才伺机逃脱,并经过千辛万苦到达大宛(今费尔干纳盆地)。大宛王热情款待张骞,为发导译送他到康居,然后到达大月氏。大月氏虽然是被匈奴迫逐到这里的,但此时已在这里定居下来了,所以并没有接受汉武帝的邀请;张骞即取道昆仑山北麓东返,于公元前 126 年回到长安。张骞这次出使西域的直接目的虽然没有达到,但他却获得了有关中亚、西亚以及欧洲等地的丰富知识,除他亲自到过的大宛、康居、大月氏以外,还间接了解到奄蔡、安息(波斯)、条支等国的情况,并知道安息以北还有个强大的罗马帝国(当时称为犁轩)。他向汉武帝提出了对西域诸国"以义属之"的主张,得到了汉武帝的赞同。公元前 119 年,张骞奉汉武帝之命第二次出使西域,率随从三百人,携带着大量的币帛,到达伊犁河流域的乌孙,并从这里分遣副使到大宛、康居、大月氏、大夏、安息、印度等国,这些国家随后都派遣使者到了汉朝。

原来,中国、印度、波斯和希腊等这些世界上发展最早的文明国家,从遥远的古代起,一直被阻塞在山岳海洋的一隅。他们都遵循着自己独特的民族文化传统,各不相谋地演变与发展着。其间,虽有公元前 334 年希腊马其顿国王亚历山大的武力征服,但并没有真正打破各地的隔绝状态。穷兵黩武的希腊侵略者,虽然长驱直入地闯进中亚,灭波斯,取大夏,掠夺了葱岭以西的许多国家,并占领了西北印度,却在当地遭到人民的坚决反抗,并给各地留下了彼此混战、最后分裂为几个相互割据、彼此独立的王国。在印度和波斯,希腊占领者的残余统治被推翻,兴起了印度摩揭陀国家的孔雀王朝和波斯的安息王朝。而这一次张骞的"凿空"可就不同了! 他作为汉朝和平友好的使者,率领数百名副使靠驼马的足迹穿越浩瀚的戈壁沙漠,翻过峭岩峻崖的帕米尔高原,分别到了中亚各国。他们抱着和正在衰落下去的、从爱琴海侵略过来的亚历山大的后裔极不相同的感情,象追求真理一般,极为兴奋地发现一切和自己的国家大不相同的印度、波斯、大月氏、大夏等国的政治、经济、宗教和文化生活方式。《汉书·张骞传》说张骞"为人强力、宽大信人",为中亚各国所信赖。他的活动,使得中国、印度、波斯、希腊这些原先被山海沙漠阻隔着的具有高度文明古国的各民族有可能第一次体会到几千年来由人类的劳动和智慧创造出来的世界的伟大和美好。就是在这种力量推动下,一个崭新的时代开始了。

这个新时代的主要标志,就是所谓"丝绸之路"的畅通。张骞通西域之前,中国各族人民虽和中亚、西亚以至欧洲各国的人民有了间接甚或直接的往来,中国的丝绸销行于欧、亚各地,但政府间的政治交往和经济文化交流尚未能够建立,中西交通的道路亦还没有开通。自张骞通西域之后,不仅今天的新疆地区,而且连居住在伊犁河及楚河流域的乌孙和费尔干纳盆地的大宛,也都成了我国统一的多民族国家的重要组成部分,汉朝并设立西域都护进行直接的统治。东西方交流的道路开通了!自兹之后,西汉王朝通过丝绸之路不断派遣使者分赴西域各国进行政治和贸易活动,往来使者相望于途,"一辈大者数百,少者百余人","一岁中使多者十余,少者五、六辈;远者八、九岁,近者数岁而返"。① 同时,各国的使者和商人也纷纷前来,所谓"驰命走驿,不绝于时月;商胡贩客,日款于塞下"②即反映了这种盛况。东汉和帝永元九年(公元 97 年),西域都护班超派遣甘英出使大秦(指罗马帝国),甘英历经安息、条支,直达于西海(今波斯湾),使"丝绸之路"更加扩大和繁荣。

两汉时代,"丝绸之路"在新疆主要分南北两道。《汉书·西

---

① 《史记·大宛列传》。
② 《后汉书·西域传》。

域传》载:

> 自玉门、阳关出西域有两道。从鄯善傍南山北,波河西行至莎车,为南道;南道西逾葱岭则出大月氏、安息。自车师前王廷随北山,波河西行至疏勒,为北道;北道西逾葱岭则出大宛、康居、奄蔡焉。

两汉之后,"丝绸之路"在新疆分为三道。《隋书·裴炬传》称:

> 发自敦煌,至于西海,凡有三道,各有襟带。北道从伊吾经蒲类海、铁勒部、突厥可汗庭,度北流河水,至拂菻国,达于西海。其中道从高昌、焉耆、龟兹、疏勒、度葱岭,又经钹汗、苏对沙那国、康国、曹国、何国、大小安国、穆国至波斯,达于西海。其南道从鄯善、于阗、朱俱波、喝槃陀、度葱岭,又经护密、吐火罗、愢怛、帆延、漕国,至北婆罗门,达于西海。其三道诸国,亦各自有路,南北交通。

从上述记载可以看出,两汉时的北道在晋、隋期间成为中道,另于天山以北增辟一道,称为北道。南道和中道在葱岭以东的线路大致和两汉时代相同,惟葱岭以西则伸展得更远了。

"丝绸之路"发展到唐代,达到极盛。交通线路除上述的三道外,另辟了两条路线,一条是沿天山北麓从庭州到碎叶的路线,另一条是从龟兹翻越拔达岭(今别迭里山口),经过伊塞克湖、碎叶,直到当时中国最西部的边防重镇怛罗斯(今江布尔)的路线。众所周知,唐初著名的高僧玄奘法师西行求法就是沿着这后一条道路进行的。

汉唐时期"丝绸之路"的开辟,使被山海沙漠间隔着的东西世界的大门打开了!政治上的友好往来以及经济文化交流的浪潮像决堤的波澜一般,从黄河经印度河、波斯湾,一直到爱琴海。目前的考古发掘完全可以证实,当时不仅一队队驮着精美华丽的丝绸的骆驼风尘仆仆地往来于中西交通的大道上，而且还带来了当时弥漫盛行在中亚一带的佛教。

佛教于公元前 6 至 5 世纪产生于北印度的迦毗罗卫（今尼泊尔境内），但在相当长的时间内只传播于恒河流域一带。约当公元前 273 年，著名拥护佛法的阿育王（Asoka）登上印度摩揭陀国孔雀王朝的王位后，佛教才在印度全境传播开来。相传，阿育王原为婆罗门教徒，在他率兵征服羯𬹼迦（Kalinga）、统一印度全境的过程中，因战事至为剧烈，他目睹到战争杀戮中惨痛的场面，顿起"忏悔"的心情，因而"放下屠刀，衷心礼佛"。由此可见，他之所以大肆宣扬并支持这个以"慈悲"为怀的宗教的传播，是因为他想把地上的王权（即天地君亲师）和天上的神权结合起来以巩固他的统治。孔雀王朝从表面看来虽然强大威武，但内部却隐藏着极复杂、极矛盾的社会基础瓦解过程。释迦牟尼的创导，从宗教上打破了长期使社会关系固定在种姓制度的桎梏，提出一致的道德观念，用"轮回果报"的唯心想法，在寂灭与空幻中认为任何人都有求得解脱的可能，可以消弭人民的反抗和斗争，以利他成为王朝精神世界和物质世界的主宰。就是因为这样，阿育王可以虔心事佛，乐闻僧徒讲经说法，在全国建立寺塔和石碑，并派教师于四方，号召人民到处巡礼佛迹。阿育王的种种措施，在客观上促进了印度佛教文学和艺术的大发展，印度现在的古代佛教艺术遗产有许多是这个时代留传下来的。虽然如此，但在阿育王及其后继者时，由于印度本土的教徒对于释迦牟尼本身的无限尊敬与热爱，还不敢以有限的形体来描写无边伟大的主宰。众所周知完成于公元前 2 世纪的桑奇大塔面坊上的浮雕佛传故事，在描写"成道""说法""涅槃"等主题时，涉及释迦牟尼的部分，都分别以"菩提树""法轮""舍利塔"等有代表性的纪念物来作象征的。但阿育王的活动只在印度西北部犍陀罗和罽宾一带有深远的影响，东传的道路仍被巨大的山脉(帕米尔高原)阻隔着。阿育王死后,国势渐衰,继阿育王的孔雀王朝,管辖的范围愈来愈小了,最后终于崩溃,由巽伽王朝起而代之。巽伽王朝只有很少的一点领土。同时南方有许多大国如羯饺伽、安达罗正在兴起,北方来的印度希腊人也建立了大夏国。

大夏,又叫巴克特利亚(Bactria),是中亚古国。其范围就是兴都库什山以北和妫水(阿姆河)以南(今阿富汗北部),是通达印度的走廊。公元前 3 世纪,它脱离亚历山大的部将塞琉古一世所建立的塞琉西王朝而独立,但统治者仍是希腊贵族的后裔。公元前 2 世纪初,它曾经侵入印度河流域,占领犍陀罗。强弩之末的希腊黩武主义者的残余,为了保持他们的地位和统治势力,曾经采用种种措施企图冲淡他们与被侵略者之间的矛盾,尽量使自己同化到印度地方的语言习俗和文学艺术中去。为此,他们甚至信仰佛教,崇拜释迦牟尼,并对佛教的内容和偶像的形式作了一些创造性的修正。首先,他们模仿希腊神话中太阳神阿波罗的仪容,作为释迦牟尼生前的造像。后来他们又大胆地把释迦牟尼的造像演变为纪念和崇拜佛的偶像。这是印度希腊佛教徒在艺术上的新贡献,这种艺术后来就被称做是犍陀罗式的佛教艺术。

但是,希腊佛教徒对于佛教的虔诚的信仰和对于佛教艺术的新颖的创造,并不能挽回残余的希腊势力在亚洲失败的命运。约当公元前 130 年左右,大夏遂为大月氏所灭。《史记·大宛列传》大夏条这样写着:

及大月氏西徙,攻败之,皆臣畜大夏。

《后汉书·西域传》也记载着:

大月氏国居蓝氏城,西接安息,四十九日行,东去长史所居六千五百三十七里,去洛阳万六千三百七十里。户十万,口四十万,胜兵十余万人。

初，月氏为匈奴所灭，遂迁于大夏，分其国为休密、双靡、贵霜、肸顿、都密，凡五部翖侯。后百余岁，贵霜翖侯丘就却攻灭四翖侯，自立为王，国号贵霜。侵安息，取高附地，又灭濮达、罽宾，悉有其国。丘就却年八十余死。子阎膏珍代为王。复灭天竺，置将一人监领之。月氏自此之后，最为富盛，诸国称之皆曰贵霜王。汉本其故号，言大月氏云。

总的说来，大月氏这个民族，在占领了富饶的大夏农业地区之后，逐渐地放弃了他们的游牧生活习惯，同化在当地居民之中。经过百余年的经营，而建立了强大的贵霜王朝。在贵霜王朝最著名的国王迦腻色迦(约公元 78—120 年)在位时，它的疆域西起咸海，东连葱岭，北有康居，南部包括整个印度河和恒河流域。王国的首都也从中亚迁到了北印度犍陀罗地区的富楼沙(今巴基斯坦的白沙瓦)，正好处于"丝绸之路"的交通大道上。这时的贵霜王朝西与安息、罗马，东与东汉均有贸易往来，在文化上兼收并蓄。从近时出土的贵霜王朝的钱币上印铸的浮雕造像和文字的考证，可以知道它是接受了各种不同民族的文化的。丘就却之前的钱币上，我们曾看到印度希腊王爱尔苗和奥古斯都的肖像。丘就却时期的钱币，则出现了头戴高帽子、嘴上长着浓厚的胡子、穿着长大衣外套与笨重靴子的肖像。那是大月氏通行的骑士装饰，骑士可能就是丘就却自己，但钱币上文字却又是希腊的。就是这种钱币的背面，又另外刻了一个印度教湿婆神的浮雕。此外，在新疆库车县出土的阎膏珍(Wemakadhises)时代的钱币，虽然图样已比较漫漶，但还可以约略认出正面是着月氏装的王的侧面形象和左角希腊文的说明。背面似乎是骑士像。这是大月氏民族在广泛吸收各民族文化的基础上，创造的一种新文化：贵霜文化，它具有中亚民族的特点，绝非希腊文化简单的重复和再现。

贵霜王朝的迦腻色迦王笃信佛教，在他的倡导下佛教在中亚又有了新的发展。但这时的佛教日益增多地接受了婆罗门教的影响，并在公元前后形成了一个新的教派——大乘佛教。据说，迦腻色迦为恢宏佛教，曾于公元第2世纪初于克什米尔召开佛教经典集结大会，重新审订了佛教经典和教规，佛教更进一步地在印度和中亚发展起来。

佛教就是这样通过贵霜王朝而传入新疆的，这从最初前来中国翻译佛经的多半是大月氏僧人和在"丝绸之路"上发现的大量焉耆文可以作证。传入时间，史籍上虽没有明确的记载，但一般佛教就是通过贵霜王朝而传入新疆的。传入的时间，史籍上并没有明确的记载，因而众说纷纭，莫衷一是。较早的看法是根据《阿育王息坏目因缘经》一段记载，认为：公元前3世纪即已传到了新疆。这段记载说：

> 阿育王闻之喜庆欢洽，和颜悦色，告耶奢曰："吾获大利，其德实显。法益王子，以理治化。率以礼禁，导以恩和，人民之类，莫不载奉。今当分此阎浮利地，吾取一分，一分赐子。使我法益长生寿考，治化人民，如今无异。新头河表，至娑伽国，乾陀越城，乌特村聚，剑浮安息、康居、乌孙、龟兹、于阗，至于秦土。此阎浮半，赐于法益。纲理人民，垂益后世。"

文中所提到的乌孙在公元前3世纪还只是敦煌祁连间的一个部落。后来，它在匈奴和月氏这两个强大的部落之间经常处于被动的境地。直到公元前2世纪中，它在匈奴的扶植下，为追赶大月氏才迁徙到伊犁河流域并建立了奴隶制的政权。因此，在阿育王时代，它根本不可能将乌孙做为法益的封邑。更何况当时史籍上并没有任何记载阿育王的势力曾经越过帕米尔高原，而达到今新疆境内的事实。

中外学者还有一种看法，认为佛教传入新疆应在公元前2世纪末至公元前1世纪上半叶这段时间里。理由是（一）元狩二年

（公元前 121 年），汉武帝派霍去病率兵出陇西，过焉支山（今甘肃省山丹河之东）千余里，大破匈奴，缴获匈奴休屠王的祭天金人。认为这祭天金人即为佛像。佛像此时已在匈奴中传播，那么西域有佛教也就是自然的事了。（二）据现存藏文本《于田国授记》载："于田王 Sa—nu 19 岁时建立李国，他即位为李国第一代王时佛涅槃已二百三十四年……（建国后一百六十五年），当国王尉迟胜（Vijaya Sambhava）即位五年时，佛法在李国兴起。"①按佛涅槃约在公元前 483 年左右，那于田李国建国应在公元前 249 年左右，再去掉建国后的 165 年和即位后的 5 年，佛教传入和田似应为公元前 79 年左右。这个年代和玄奘在《大唐西域记》瞿萨旦那条所载迦湿弥罗国之高僧毗卢折那（Vairochana 遍照），来于田国从事布教活动的传说大致相合。（三）《梁书》卷四十《刘之遴传》："之遴好古爱奇……献古器四种于东宫……其第三种，外国澡灌一口，铭云'元封二年龟兹国献。'"有人考证②说，澡灌，梵文为Kundika，汉译为"军持"或"君持"（见《玄应音义》卷十四），则为佛僧用具。元封二年为公元前 109 年，其时龟兹国即献澡灌，可见这里已有佛教传播了。

上述观点，虽有一定的道理，但都缺乏佐证。我们的基本看法是：佛教在新疆的传播可能略早于内地，但也是在公元 1 世纪，传播开来，已经是 2 世纪中叶以后了。

关于佛教传入新疆和中原的路线，虽有从海从陆的两种说法，但比较中肯的说法还是从陆上传入的。从陆上传入的路线，就是上面已经提到的张骞通西域的路，也就是驰名中外的中西交

① 转引自 R. E. 艾美利光：《关于和田的藏文文献》英文版，1967 年，第23 页；又见日本寺本婉雅：《于田国史》，日文版，大正十年，第 22 页。
② 德人刘茂才，见其所著《公元前 2 世纪至公元 6 世纪库车与内地的关系》，威士巴登，1969 年，第 20 页以下。

通的"丝绸之路"。

从新疆的地理环境方面看,环绕着塔克拉玛干大沙漠周围的"丝绸之路"南北两道的交通情况是极其险恶的。数百里水草俱无的戈壁沙漠,难于攀登的巍峨高山,干燥而骤烈的气候变化,都为旅途往来增加艰难。特别是流沙的移动,往往会把仅有的河流和田舍掩埋起来,使昔日繁华的大道变成人烟荒芜的沙漠旷野。20世纪初发掘出来的尼雅遗址,就是因流沙掩埋了水流的情况而被放弃了的汉代古城。4世纪时著名的西行求法高僧法显自长安出发时有五个人,加上后来在张掖增加的五个,一共有十个人。他们出敦煌后第一个难关就是步行到达鄯善之间的17天沙漠中的旅程。他在《佛国记》上说:

> 沙河中多有恶鬼热风,遇则皆死,无一全者。上无飞鸟,下无走兽。遍望极目,欲求度处,则莫知所拟,唯以死人枯骨为标帜耳。

这些"死人枯骨",都是沙漠中的旅客,受不了干旱冷热的煎熬而不幸中途捐弃了性命的人。法显在同一书上还记载着他们过帕米尔高原的一节:

> ……南度小雪山,雪山冬夏积雪。由山北阴中过,大寒暴起,人皆噤战。慧景一人,不堪复进,口出白沫,语法显云:"我不复活,便可前去,勿得俱死。"于是遂终。法显抚之,悲号……复自力前,得过岭南。

同一个小雪山,在《昙无竭传》中这样描写着:

> 雪山障气千重。层冰万里,下有大江,流急若箭。于东西两山之胁,系索为桥。十人一过,到彼岸已,举烟为帜。后人见烟,知前已渡,方得更进。若久不见烟,则知暴风吹索,人堕江中……复过一雪山,悬崖壁上,无安足处。石壁有故栈孔,处处相对。人各执四栈;先拔下栈,右手攀上栈;展转

相攀,经三日方过。及到平地,料捡同侣,失十二人。

所以,慧立在《大慈恩寺三藏法师传》上称赞玄奘说:

嗟乎! 若不为众生求无上正法者,宁有禀父母遗体而游此哉!

从这些记载中可以了解东西交通旅行中极端艰苦危难的情况。这种旅行不啻是生与死的搏斗,成功与失败的考验。少数幸而渡过了难关的,像法显、玄奘等,也都是在九死中得到了一生,自然是值得庆幸。即使是不幸遇难中途殒命的遗尸白骨,也足够使孤寂的沙漠旅行者以十分的同情。何况在这些死者中知道有往来东西的僧侣,那么这"为普渡众生求法殉道"而来的遗骸,就更容易获得同路人或"善男信女"的尊敬。按照佛教的礼节,他们的遗骸应被烧成灰烬,变为"舍利"。况如果这些遗骸是属于西方来的或者是东方去的高僧的遗体,那么他们所获得的礼遇将不是一时的哀悼与慕拜,十分可能有一些忠实的信徒——乌波娑迦①就随时中止他们的旅行,像对佛"舍利"的圣骨一般,虔诚地守卫在"舍利"的坟塔②旁边暂时不再离开。于是他们就孜孜不倦地为后来经过这些艰险道路上的信徒、商贾或长途跋涉、背井离乡的远征将士们讲述已死高僧的品德戒行和他们出生入死、不屈不挠而牺牲的经过,并求得人们的同情和布施。当然,正处于这样艰险过渡中的旅客,就是没有宗教信仰的人,也是十分容易感动

---

① 乌波娑迦,即有宗教信念而皈依于佛教团体的俗人。乌波娑迦担负着大部分支援僧伽的一定的义务:有的人栽植垄树,建筑或勉强建筑支提;有的人规定出为和尚们举行乌布萨和其他仪式范围,恭恭敬敬地修建了庙宇。

② 坟塔,即宝塔,亦称"窣堵波"或"塔婆",佛教建筑物。公元前2世纪,坟塔的崇拜已广泛流行,原为藏佛舍利之所,是所谓空的象征。后由于教徒们用七宝装饰其塔,逐渐成为某种神圣的东西而为人顶礼膜拜。

而愿意停留下来听听同路人不幸遭遇的故事的，同时也可以顺便打听打听到下一站去的旅途情况，例如到前站还有多少路？中途有没有水草等等必须知道的一些问题，取得相互帮助和乐意的布施。也可能偶然碰到一个德行高超的过路的高僧，或者是一个兼长佛画的能手，于是乌波娑迦们看机会还要邀请他们临坛说法，或是对比丘们传授一点佛和菩萨画像的粉本。诸如此类等等，于是就在此创立了一个小小的佛教宣传中心。这个中心，也许起初是像中亚一带所有的坟塔，或是简单的支提。但后来的发展，必须安排一个能够容纳更多的人的环境和有关生活供应的条件，人们在附近的土地上耕种了一些农作物，修盖了一些简单的房屋与说法的讲堂，等等，逐渐具备了塔寺的规模。这样发展的趋势，就必须看自然环境的具体条件。围绕塔克拉玛干大沙漠周围的绿洲并不是很富足、丰盛的，它们要靠天山或昆仑山上流下来的雪水进行灌溉，至于去西域的交通也就势必沿着山坡行进，僧侣们经过一天的劳累奔波之后，有时就停下来建造庙堂，或在山上开凿石窟。从新疆现存石窟及明屋①分布的情况看来，沿塔里木盆地南北两路一般距乡村或城市都不超过一站路（约七十华里）。

我以为新疆石窟就是在上述这样的一种情况下建立起来的。至于石窟的创始年代，根据现有石窟推测，约当在公元 3 世纪左右。那个时候，佛教正以佛像的造型从印度西北部贵霜境内的迦湿弥罗（也称罽宾，今克什米尔）通过喀喇昆仑山而到达和阗，或者由贵霜王国的首府富楼沙以至安息、康居境内翻越帕米尔高原而到达疏勒。前者是佛教传入新疆境内的最便捷的道路，和阗可视为印度佛教在中国的发源地。后者是"丝绸之路"的交通要道，疏勒是南北两道交通的枢纽。所以，新疆的佛教从开始时起就是

---

① 明屋，即用土坯砌起来的庙堂，维吾尔族称为明屋。

像教,这减少了佛经的语言文字的隔阂。除了可以比较直观地宣传佛与菩萨之外,描写佛传和佛本生故事的绘画与雕刻,也随之应运而生,其势力是不小的。它们最初表现的场合,可能就是上述聚居了善男信女的明屋和石窟。唐玄奘在《大唐西域记》中描写僧伽蓝时说:

> 隅楼四起,重阁三层。榱栌栋梁,奇形雕镂。户牖垣墙,图画重彩。黎庶之居,内侈外俭。奥室中堂,高广有异、层台重阁、形制不拘。

《大唐西域记》卷十二"瞿萨旦那国"条载:

> 王城西行三百余里,至勃伽夷城。中有佛座像,高七尺余。相好允备,威肃巍然,首戴宝冠,光明时照。闻诸土俗曰:"本在迦湿弥罗国,请移至此。"

这可视为和阗产生佛教的开始。"瞿萨旦那国"条还记载着:

> 王城南十余里有大伽蓝,此国先王为毗卢折那(唐言遍照)阿罗汉建也。昔者,此国佛法未被,而阿罗汉自迦湿弥罗国来此林中,宴坐习定。时有见者,骇其容服,具以其状上白于王。王遂躬往,观其容止,曰:"尔何人乎,独在幽林?"罗汉曰:"我,如来弟子,闲居习定。王宜树福,弘赞佛教,建伽蓝,召僧众。"王曰:"如来者,有何德?有何神?而汝鸟栖,勤苦奉教?"曰:"如来慈愍四生,诱导三界,或显或隐,示生示灭,遵其法者,出离生死,迷其教者,羁缠爱网。"王曰:"诚如所说,事高言议,既云大圣,为我现形,若得瞻仰,当为建立,罄心归信,弘扬教法。"罗汉曰:"王建伽蓝,功成感应。"王苟从其请,建僧伽蓝,远近咸集,法会称庆,而未有犍椎扣击召集。王谓罗汉曰:"伽蓝已成,佛在何所?"罗汉曰:"王当至诚,圣鉴不远。"王遂礼请,忽见空中佛像下降,授王犍椎,因即诚信,弘扬佛教。

这座大伽蓝，就是《魏书·西域传》中所记的赞摩寺：

> 城南五十里有赞摩寺，即昔罗汉比丘卢旃为其王造覆盆
> 浮图之所。

《魏书》上说五十里，玄奘说是十余里，可能是《大唐西域记》上有脱文，似应为"五十余里"。也可能是魏时的于阗王城隋唐之际被废，唐初新建的王都向南推进约四十里之故。

东晋时的高僧法显，于公元401年到于阗，挂锡于瞿摩帝僧伽蓝，停留三个月，亲自目睹了这里佛教发展的盛况，他说：

> 此国丰乐，人民殷盛，尽皆奉法，以法乐相娱，众僧乃数
> 万人，多大乘学，皆有众食。

不仅如此，他对这里以"法乐相娱"的主要形式"行像"也作了详细的描写：

> 其国中有十四大僧伽蓝，不数小者。从四月一日，城旦
> 便洒扫道路，庄严巷陌。其城门上，张大帷幕，事事严饰，王
> 及夫人采女皆住其中。瞿摩帝僧是大乘学，王所敬重，最先
> 行像。离城三四里，作四轮像车，高三丈余，状如行殿，七宝
> 花枝，悬缯幡盖，像立其中，二菩萨侍，作诸天侍从，皆金银雕
> 莹，悬于虚空。像去门百步，王脱天冠，易著新衣，徒跣持华
> 香，翼从出城迎像，头面礼足，散华烧香。像入城时，门楼上
> 夫人婇女，遥散众华，纷纷而下。如是庄严供具，车车各异。
> 一僧伽蓝则一日行像，四月一日为始，至十四日行像乃讫。
> 王及夫人乃还宫耳。（《佛国记》）

这里说"大僧伽蓝十四"，其他小伽蓝和尼姑寺一定很多，反映了于阗佛教的全盛时代寺庙的兴起。但因塔里木盆地南缘是一片平原，没有山谷通行，所以在"丝绸之路"的南道上，如于阗的卡大利克、和田的丹丹乌里克、约特干。若羌的米兰古城等，只有土基砌成的寺庙明屋，而没有石窟的开凿。且万里戈壁，平沙莽莽，久

而久之，一切古代佛教遗址全为流沙埋没，沦为废墟矣。

疏勒是"丝绸之路"上南北两道通向西方的枢纽，贵霜时期，大月氏、康居、安息佛教的传入，多是通过帕米尔高原而入疏勒，因此疏勒也是与佛教接触最早的地区之一。东汉中期，疏勒王安国的舅舅臣磐有罪，迁居到大月氏，为迦腻色迦的质子。安国死后，臣磐返回疏勒，被立为王[①]，宣扬佛法。这在释道安的《西域记》中就有记载："疏勒国有佛浴床……王于宫中供养。"

公元400年（东晋隆安四年），法显西行到达竭叉（即疏勒）时，记载当时这里佛教流行的情况是：

> 其国王作般遮越师。般遮越师，汉言五年大会也。会时请四方沙门，皆来云集，集已庄严众僧坐处，悬缯幡盖，作金银莲华，著僧后，铺净坐具，王及群臣，如法供养，或一月二月，或三月，多在春时。王作会已，复劝群臣，设佛供养，或一日或二日或三日或五日乃至七日，供养都毕，王以所乘马，鞍勒自副使国中贵重臣骑之，并诸白氎种种珍宝，沙门所须之物，共诸群臣发愿，布施众僧。布施已，还从僧赎……其国中有佛唾壶，以石作之，色似佛钵。又有一佛齿，其国中人为佛齿起塔。有千余僧，尽小乘学。

疏勒中心地区，亦是一片平原，农业发达，没有可供开凿石窟的山头，所以可能像南道的和田那样，人们利用土基砌起明屋式的寺庙和随之产生的壁画和造像。由于历史的变迁，这些佛教遗迹早已被湮没无闻了。1953年我们调查时，惟在喀什市东北阿

---

① 《后汉书·西域传》："安帝元初中（公元116年），疏勒王安国以舅臣磐有罪，徙于月氏，月氏王亲爱之。后安国死，无子，母持国政，与国人共立臣磐同产弟子遗腹为疏勒王。臣磐闻之，请月氏王曰：'安国无子，种人微弱，若立母氏，我乃遗腹叔父也，我当为王。'月氏乃遣兵送还疏勒。国人素敬爱臣磐，又畏惮月氏，即共夺遗腹印鉴，迎臣磐立为王。"

图什地区的山崖上发现洞窟三个,可能为古疏勒国仅存的石窟遗址,可惜这里只留有几行伯希和和斯坦因的题记,已没有残存的壁画了。

在古代,今巴楚地区也属于疏勒国的范围。我们从 1905 年法国伯希和在巴楚脱库孜萨来古寺庙遗址[①]发掘和盗窃的遗物中可以看出当时疏勒佛教艺术是怎样的。这些遗物我们是从挖掘现场拍照而后发表的五张图片上看到的。从发掘深坑的右上角,可以认出一些单耳型陶罐,估计是属于北魏时代的。另外有大约是 4 世纪用高浮雕烧陶制造的菩萨像。有一张照片的左右两边,是卷草型的装饰图案造型;左侧第一身是一驱直立的天王,右侧三身是有简单头光的菩萨。从这些菩萨的天衣、发型、头饰和璎珞佩带上,可以反映出高度的艺术创造。这是当地居民在吸收中原地区和印度、波斯、希腊文化的基础上,创造出来的具有本地民族特色和风味的艺术珍品,是中华民族的宝贵财富!

新疆重要的石窟艺术遗址主要是保留在"丝绸之路"北道上龟兹、焉耆、高昌等三个古代佛教中心。根据我们 1953 年参加当时西北文化部组织的新疆文物调查组在新疆的调查,其从东到西分布着十三处石窟群,分别属于古龟兹、焉耆、高昌三个古代佛教中心,简况如下表:

---

① 1959 年新疆维吾尔自治区博物馆曾对此遗址进行发掘并在那里获得汉晋时代的陶罐及唐代文书等。

新疆石窟分布情况表

分区	石窟名称	位置	内容简介	时代估计	备注
古龟兹国	托乎拉克店千佛洞	属温宿县。在公路经过的托乎拉克店附近	有残破洞窟六个，内容已空无一物		全部残破
	克孜尔千佛洞	属今拜城县东北赛里木乡克孜尔南约6公里处（属拜城县三区一乡）	洞窟开凿在木素尔河北面的岩壁上，东西长达一千五百米，临山环水，风景宜人。现存洞窟编号共计235个，岩下层沙土中可能还埋藏有洞窟。此处虽几经英、法、德、日等国探险队浩劫，现存古代壁画除敦煌外仍以此处为最多。1953年我们在调查时在洞窟沙土中清理出古龟兹文残经片、竹简、烧陶、残佛头像等。壁画内容以佛本生故事、涅槃说法图等为主，是反映东西文化交流中国佛教艺术成长和发展时期的重要艺术遗产	第三世纪至第十一世纪	已有图录本出版
	台台尔千佛洞	在克孜尔镇西北5公里处	现有洞窟8个，已大部损毁，内容空无一物。另有明屋遗址一处，拾得有古民族文字的陶器残片，农民称此处遗址为吐乎塔木，即汉文"塔院"之意。	第三世纪至第十一世纪	仅存一窟有壁画
	库木吐拉千佛洞	在库车县西南三道桥公社，距县城约二十四公里	洞窟在丁谷山龙口山沟北沿渭干河畔岩壁上。全部有九十九个洞窟，分东西南部分，计南部有洞窟二十七个，北部有洞窟七十二个，南北两部分石窟相距约四公里。渭干河南岸，远望似有洞窟。玄奘《大唐西域记》载：龟兹国有寺百余所。其中有二伽蓝，一名阿奢理贰，一名昭怙厘，"荒城北四十余里，接山阿，隔一河水，有二伽蓝，同名昭怙厘，而东西相称"，此处可能即昭怙厘大寺	第三世纪到第十一世纪	龙口对面有佛教寺院遗址两处。现该处已建设水电站和分水闸
	克孜尔尕哈千佛洞	在库车县城北七公里路旁山沟内	尚存洞窟三十九个。窟内壁画作风与克孜尔类似。	第三世纪到第十一世纪	大部为帝国主义分子盗去

续表

分区	石窟名称	位置	内容简介	时代估计	备注
古龟兹国	森木塞姆千佛洞	在库车县城东北三十五公里处	此处似为专供僧尼修行学道之所,精舍较多,现存洞窟三十个。	第三世纪到第十一世纪	破坏极为严重
	玛扎伯赫千佛洞	在库车县城东北三十公里处	此处由玛扎赫伯、克日西、阿西依拉克三个小石窟群组合而成。洞窟修在黄土山丘上,以精舍为多,似有僧尼修行中心,共有洞窟计三十二个。	第三世纪到第十一世纪	破坏严重
	吐火拉克埃艮千佛洞	新和县东北约四五十公里处	共有洞窟十九个,已全部毁损,内中无物。		
古焉耆国	西克辛千佛洞(七格星)	在焉耆县城西南三十公里处	共有洞窟十二个,开凿在山丘上。壁画内容有极似敦煌唐代形式的藻井及绘有麒麟的穹顶装饰。有唐代文化西传迹像。	第四世纪到第十一世纪	附近有寺院遗址两处俗称千间房子
古高昌国	雅尔崖千佛洞	在今吐鲁番县西十公里处	共有洞窟十个,分西谷、南谷两处。西谷俗称西谷寺。内容有如敦煌隋唐时代的千佛说法图壁画及有类似印度毗珂罗的精舍。	第六世纪到第十一世纪	西谷壁画有西谷寺题记
	吐峪沟千佛洞	在今鄯善县西	现存洞窟九十四个。全部位于吐峪沟口两旁的山崖上。百分之九十已残毁。仅有八个洞窟残存部分壁画。	时代与雅尔崖千佛洞同	
	伯孜克里克千佛洞	在吐鲁番东南四十公里的木头沟内	洞窟建筑一部分是依崖岸凿成的石窟。一部分作明屋式。共有洞窟五十一个,德人格伦威德尔及勒柯克在一九〇一年至一九一四年先后四次"光临"盗窃壁画,古民族文字文书等共计四百三十六箱,重三十七吨。劫后残留壁画已不多。但颜色鲜艳,内容有敦煌唐代壁画的西方净土变及立佛、药师等,题记中有回鹘文及汉文并列者。	第六世纪到第十四世纪	如今已破坏严重
	胜金口千佛洞	位于吐鲁番县东南三十五公里处	残存洞窟十个,其中有两个洞窟保存有完好的壁画,有葡萄图案装饰的穹顶。	第七世纪到第十四世纪	

　　经我们初步调查所得，以上十三处石窟共计有 655 个，是现存新疆石窟艺术遗产的主要部分。这些石窟都开凿在天山的支脉山岩上。岩石地质年代约当第四纪酒泉系的砾岩，是由风化了的泥沙卵石组成，不宜于雕凿。因此，作为佛教庙宇礼拜对象的神祇，只有用泥塑来代替。有少数用木头雕刻，或是用烧陶制成的。但经过长久的风、日、雨水的侵蚀和解放前近五十年中帝国主义分子的摧残和盗窃。现已荡然无存。壁画方面虽然也遭受同样厄运，摧残得很多，但个别地区，如拜城的克孜尔千佛洞、库车的库木吐拉千佛洞等处，在不同程度上尚残留有可观的遗迹，足供我们的学习和研究。关于各处洞窟修建的时代方面，以古龟兹国区域的玛扎伯赫、克孜尔、库木吐拉、森木塞姆等七八处千佛洞为较早，古高昌国区域的雅尔崖、伯孜克里克等四处千佛洞为较晚。从这些洞窟结构形式、壁画内容、作风、供养人服饰和古民族文字题记等各个方面，可以显著地看出它们浓厚的地方色彩和民族风格，也可以显著地看出它们在中西文化交流时期善于吸收外来因素，丰富并加强了艺术创作上的成就。焉耆千佛洞现存的洞窟虽然不多，但从残留的壁画与正在演变时期的洞窟建筑形式，可以显著地看出 7 到 9 世纪时唐代文化对这个地区石窟艺术的影响。吐鲁番是古高昌国的所在地，初唐贞观十四年（640）国亡。唐于此地置西州。此后在唐代佛教艺术的发展中，把中原民族艺术作风带到这个地方。因此，千佛洞的壁画内容保持着较焉耆更浓厚的唐代艺术风格。同时发现在佛教壁画供养人榜书采用古回鹘文、古龟兹文与汉文同时并列的题记，这证明了当时高昌一带各民族和睦相处的简况。

　　这里，我想解释一下石窟寺与一般"寺院"的关系。在中国，所谓"寺"是汉以前帝王将相的官邸，自东汉明帝时用白马将天竺取来的佛经珍藏于洛阳雍门西的白马寺以后，"寺"或"寺院"就成为佛教徒传教念经的地方了。但在印度，由于气候炎热，每年自5月开始至10月又是雨季，几乎每天都要下雨，佛教徒出外化缘、传经讲道都有困难，因而他们选择的胜地都是依山傍水，在丛山中开凿大型石窟。公元前后开凿的阿旃陀就是印度最有名的石窟。其中有修行坐禅、讲经说法和朝拜圣骨的地方，按照印度习惯的称呼，前者叫 Vihara（直译毗诃罗，意即僧舍，或称精舍），后者叫 Chaity（直译支提，意即庙堂）。毗诃罗，梵语为 Sangaram，直译为僧伽蓝摩，意即"大众之园"，缩译即称为"伽蓝"。印度古代著名的伽蓝就有竹林精舍、只洹精舍等。实在说，伽蓝的本意是不包括"支提"的。但是古往今来，我们是把所有的石窟寺都当成"伽蓝"，一概目之为"寺院"了。如玄奘在《大唐西域记》中，即把主要是精舍的阿旃陀石窟称为伽蓝，他说：

> 国东境有大山，叠岭连嶂，重峦绝巘，爰有伽蓝，基于幽谷。高堂邃宇，疏崖枕峰，重阁层台，背岩面壑，阿折罗阿罗汉所建。

又把顶礼朝拜用的今阿富汗巴米羊的大立佛石窟，也称为伽蓝，同书《梵衍那国·大佛像》条说：

> 王城东北山阿有立佛石像，高百四五十尺，金光晃耀，宝饰焕烂。东有伽蓝，此国先王之所建也。伽蓝东有瑜石释迦佛立像，高百余尺，分身别铸，总合成立。

可见，我国古代是把石窟寺和一般寺院视为同一个东西了。所谓"伽蓝数十所""伽蓝百有余所"者，大体上都包括石窟寺在内。明于此，那么对于新疆石窟艺术也就容易理解了。

通过上面的叙述我们可以清楚地看出：随着两千年前"丝绸之路"的开辟和随之而来的佛教的传播，从汉至唐乃至宋元时期的一千多年中，在新疆境内留下了大量的佛教遗迹。大体说来，南道上的于阗、尼雅、米兰等地以明屋式的寺庙为主，北道（隋唐

以后称中道)上的龟兹、焉耆、高昌等地以石窟为主。但上述南北
两路的丰富的佛教艺术宝藏,新中国成立前的半个世纪中,不断
地遭受到帝国主义分子的掠夺和盗窃。已知的南路如著名的米
兰和丹丹乌里克明屋内存在壁画由于墙皮易于剥离,现在已全部
被斯坦因和伯希和等盗毁无存;北路如拜城克孜尔,库车库木吐
拉、森木塞姆、克孜尔尕哈,吐鲁番的伯孜克里克和鄯善的吐峪沟
等重要的石窟寺的壁画,也都被格伦威德尔、勒柯克等盗窃剥离
得千疮百孔,不存在一个完好的洞窟了。真是自古未有的浩劫!
这些被盗走的丰富的宗教文物资料,大部分是被劫盗者片面地作
为"中国文化西来说""中国佛教艺术是受犍陀罗希腊文化影响"
的例证载入他们的著作中的。如从米兰古庙中发现有翼天使的
画像,斯坦因就说成这是从希腊有名的"爱罗神"像抄袭而来的
"犍达婆"①。这完全是别有用心的主观臆断。目前日益增多的
考古发现完全可以证明这个臆断是错误的,现在是更正的时
候了。

　　上面说过,印度佛教艺术,基本上产生于孔雀王朝的阿育王
时代,反映在公元前 2 世纪桑奇大塔面坊上的浮雕佛传故事,大
体是释迦牟尼的出生、成长、出家、修行、成道、涅槃等主题时,基
于对佛本身无限热爱和尊敬,人们还不敢用人的有限的形体来表
现他的佛法无限高大的形象,只是用"菩提树""法轮""舍利塔"来

---

　　① "我们至今还不知道希腊化的近东任何处有很古的天使画像,……
但是这些天使之成为真正中国境内佛寺里的装饰画像,却不难于理解。犍
陀罗派希腊佛教雕刻所有从有翼的爱罗神抄袭来的画像,实在用以代表佛
教神话中借自印度传说,普遍称之为犍达婆的一班飞天。一个人如去拜谒
磨朗寺院,看见了他以前在远处地方如叙利亚、米索不达米亚以及波斯西部
看见而未忘却的那些有翼的奇异画像,若能仔细询问寺院的守者,守者一定
能立刻告诉你那些是犍达婆象。"(向达译《斯坦因西域考古记》,第86页。)

作象征。阿旃陀早期的石窟壁画和王舍城（Bājāgriha）等地的雕刻题材差不多也是如此。在穷兵黩武的希腊主义者建立大夏国并侵占西北印度犍陀罗等地之后，为了维护他们的统治和消弭人民的反抗，他们才模仿希腊太阳神阿波罗的仪容创造了释迦牟尼的仪容。从此之后，再不用菩提树代替涅槃而是用横卧着的穿了宽大的袈裟、右手枕在头下的佛像来表现佛的入灭。这种艺术上的新贡献，就是犍陀罗希腊艺术的特点。但这种艺术在创始时只限于雕刻的造像，佛像作为壁画是非常少见的。即使是以雕刻佛像为主的阿旃陀后期的石窟，壁画的主题内容也大都是描写释迦成佛前的本生故事，服装和生活环境还是印度当时的民族民间的风尚，而且因为创作的时代也比较早，艺术表现手法并未受到犍陀罗希腊佛教艺术的影响，因此看不出希腊佛教壁画的特点。贵霜文化是在"丝绸之路"开通之后，是在中国、印度、希腊和安息文化交光互影之下产生的一种新的文化类型，并不是什么希腊文化的分支，而是大月氏人的杰出创造，充分反映出大月氏人的生活习惯和艺术风格。除雕刻佛像外，在佛教壁画中也看不出犍陀罗希腊文化的影响。印度佛教艺术的另一学派产生于笈多王朝时期（约320—650年），它有两种式样，即摩菟罗式和摩揭陀式，可以分别称之为摩菟罗式和摩揭陀式。前者以壁画为主，后者以塑像擅长。且这时印度本身佛教正在衰亡下去，适应封建制发生的需要，一个融合婆罗门教、佛教教义的宗教——印度教正在兴起，宗教艺术全是印度风格的，壁画艺术更与犍陀罗佛教艺术不相干。

　　知道了这些，我们就比较容易理解斯坦因所说的从米兰古庙中发现的有翼画像是不是"从希腊有名的'爱罗神像抄袭而来的'犍达婆'"的问题了。有翼神像，不仅在巴基斯坦塔克西拉（Taxila）曾经发现过，而且在克孜尔、库木吐拉、森木塞姆等新疆早期石窟窟顶壁画中也出现过,且在敦煌莫高窟壁画上的"西方净土变"中也有与此有翼神像相同的有翼舞人。这种有翼神像和有翼舞人,与佛经中所提到的印度"伽陵频伽"有关。根据南朝刘宋时期的法云解释:

> 迦陵频伽:此云妙声鸟。《大论》云:"如迦罗频伽鸟在敷中未出,发声微妙胜于余鸟。"《正法念经》云:"山名旷野,其中多有迦陵频伽,出妙音声,如是美音,若天若人,紧那罗等无能及者,唯除如来音声音。"(法云:《翻译名义集》"畜生"条)

因此,这种有翼神像,很可能是被佛化了的印度古典文化,而不是希腊的爱罗神像。此外,从中国方面说,佛教的传入,正是汉代老子的哲学思想演变为道教信仰的初期,佛老思想的传播是并行不悖的,甚至可以互相吸收。如果要追溯这有翼神像的来源,与其说是渊源于希腊,倒不如说是渊源于反映老子道家思想的汉代画像石中的"羽人"。在佛教艺术中,犍达婆作为一种诸天伎乐,也只是"飞天"的一种,并不是"飞天"都叫做"犍达婆",真正的"犍达婆",也并不是有翅膀的。

　　米兰古庙有翼神像的面部圆睛大眼的描绘手法,很容易使人想起新疆历史博物馆 1959 年在民丰县北大沙漠中发掘出来的东汉双尸合葬墓中那幅有头光的兰花腊染棉布菩萨象,其眉、眼、嘴的刻画和这个有翼神像有极其类似的地方。这幅兰花腊染佛象,可以说至今是中国发现的最早的一幅佛画。佛菩萨上身裸露,右手执一角形器①,盛满葡萄,左手托着下垂的葡萄,双目斜视,两眼珠像米兰古庙壁画中的天使一样向右斜视,具有挑逗的神色;头和身后有头光和背光,项带缨络。这虽然不象后来魏晋南北朝

---

　　①　这角形器是希腊供奉神祇的花果专用的器皿。

时期那样富有民族风格，但仍能反映出汉代壁画含有线描那样遒劲简括的艺术特色。所以新疆的佛教艺术，包括石窟寺的壁画和造像，它所表现出来的言语、服装和风俗习惯，都具有新疆地方的民族色彩，最雄辩地证明了新疆各民族丰富灿烂、百花齐放的创造成果。如果一定要我们说出新疆石窟艺术的特点时，我们说，富有新疆的民族特色，这是我们中国的佛教艺术，是佛教艺术（Sarit Sino-Bouddhiqae）在古代"丝绸之路"上中西文化交流中产生的一颗明珠。

遗憾的是古代"丝绸之路"南北两道上的石窟艺术遗迹和寺庙遗址，千百年来由于自然风沙的侵蚀和人为损坏，特别是经过新中国成立前帝国主义分子的剥离盗窃和在十年浩劫中的严重破坏，已经面目全非了。从 1953 年至 1978 年，在经过四分之一世纪之后，笔者再去调查时，对此情景倍感痛心！如今，在十一届三中全会以后，在党中央领导下，全国人民正积极努力实现伟大祖国社会主义四个现代化的建设进程中，为保存和发扬中华民族的文化艺术宝库，我不惮以年纪的老迈和学识上的浅陋，愿将二十多年前的拙稿《新疆石窟艺术》再作一番修改补充，以贡献于广大读者，并求教于有志研究新疆石窟艺术的专家、学者。

（原载常书鸿：《新疆石窟艺术》，中共中央党校出版社 1996年版）

"浙江学者丝路敦煌学术书系"已出书目

序号	作者	书名	定价/元
1	朱 雷	敦煌吐鲁番文书研究	36
2	柴剑虹	丝绸之路与敦煌学	38
3	刘进宝	敦煌文书与中古社会经济	38
4	吴丽娱	礼俗之间:敦煌书仪散论	45
5	施萍婷	敦煌石窟与文献研究	45
6	王惠民	敦煌佛教图像研究	42
7	齐陈骏	敦煌学与古代西部文化	38
8	黄 征	敦煌语言文献研究	36
9	张涌泉	敦煌文献整理导论	39
10	许建平	敦煌经学文献论稿	38
11	方 豪	中西交通史	45
12	冯培红	敦煌学与五凉史论稿	38
13	黄永武	敦煌文献与文学丛考	45
14	姜亮夫	敦煌学论稿	42
15	徐文堪	丝路历史语言与吐火罗学论稿	48
16	施新荣	吐鲁番学与西域史论稿	36
17	郭在贻	敦煌文献整理论集	39
18	夏 鼐	丝绸之路考古学研究	40
19	卢向前	敦煌吐鲁番与唐史研究	48
20	贺昌群	丝绸之路历史文化论稿	48
21	张金泉	唐西北方音丛考	48
22	郑学檬	敦煌吐鲁番经济文书和海上丝路研究	78
23	尚永琪	敦煌文书与经像传译	78
24	常书鸿	敦煌石窟艺术	58